128

G. **NIQUET** - R. COULON - L. VARLET - J.-P. BECK

grammaire
des
collèges
5^e

Exercices adaptés aux différents niveaux
- grammaire
- orthographe
- vocabulaire
- expression

Dessins d'Émilienne Dubois

HATIER

avant-propos

Une grammaire des collèges

Ce livre s'intitule Grammaire des collèges car il s'efforce de corres-
pondre à la réalité quotidienne des C.E.S. En effet, l'on rencontre de plus
en plus, dans nos collèges, une grande disparité de niveaux. Le manuel
se donne donc pour objet de répondre à cette situation, tant au niveau
du contenu que de l'organisation des exercices. Ainsi, conformément
aux Instructions officielles, le livre « étudie la plupart des notions à des
degrés divers d'approfondissement » ; par ailleurs, pour toute notion tant
soit peu complexe, le manuel démultiplie les exercices en **trois niveaux
différents** :

○ facile   ◇ difficile   ☆ tous niveaux

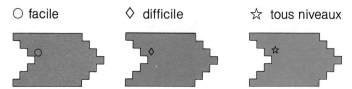

Ainsi conçu, cet ouvrage s'adresse à l'ensemble de la population scolaire d'un C.E.S., et permet notamment le travail par groupes de niveaux.
Plusieurs notions vues en **6ᵉ** sont **reprises** et **approfondies** en 5ᵉ de
façon à aboutir à des acquisitions sûres.

Un appareil pédagogique complet

Dans chaque chapitre, le manuel propose les exercices nécessaires à l'assimilation des connaissances. Chaque type d'exercices joue
un rôle indispensable et complémentaire dans la formation des acquisitions. La nature de ces différentes activités est clairement indiquée :

- **Repérage :** activité d'identification et d'analyse.
- **Manipulation :** activité de maniement des matériaux linguistiques
  étudiés (substitution, déplacement, etc.).
- **Emploi :** utilisation d'un matériau linguistique avec l'aide d'un support.
- **Création :** utilisation libre d'un matériau linguistique, ou utilisation
  tournée vers la création poétique.

Une « leçon » précède chaque batterie d'exercices. Elle n'a pas pour
objet de se substituer au professeur, mais seulement de permettre à
l'élève de retrouver clairement les notions qu'il aura dégagées durant
le cours.

Une progression cohérente et souple

Ce livre commence par une approche de **la phrase**, qui insiste particulièrement sur ses différentes constructions : phrase verbale/phrase non verbale — phrase simple/phrase complexe. Le manuel se poursuit par un rappel **des fonctions essentielles dans la phrase** (sujet, COD, attribut, etc.). Puis on aborde **les matériaux de la phrase** : le **GN** (ses déterminants, son expansion), **les pronoms**, **le verbe** (ses différentes voix et ses modes personnels). On étudie ensuite **la phrase complexe** et ses divers constituants : proposition principale, propositions subordonnées. On termine par une approche du **système lexical** français et de son organisation : polysémie, synonymie, etc. Ainsi conçue, la progression est cohérente, car elle part d'une perception globale de la phrase pour inviter ensuite l'élève à détailler sa structure et son contenu. Mais semblable progression est également flexible, car elle se prête à d'autres modes d'utilisation. On peut, par exemple, commencer par étudier les matériaux de la phrase pour en arriver à une approche globale de cette dernière, etc. L'utilisateur du manuel garde donc sa liberté pédagogique.

Une liaison avec le vocabulaire et l'orthographe

Conformément aux Instructions officielles, le livre se donne pour objet de permettre aux élèves de perfectionner leur connaissance et leur maîtrise de la langue. C'est pourquoi chaque leçon de grammaire est mise en liaison avec l'enseignement du vocabulaire et celui de l'orthographe à chaque fois que ces connexions s'imposent. Le manuel propose alors des **exercices de vocabulaire** et d'**orthographe grammaticale.** De façon systématique, chaque leçon comporte deux dictées (○ : facile, ◇ : difficile) qui prennent en compte les difficultés d'orthographe grammaticale soulevées par la leçon.

Par ailleurs, ce manuel commence une étude systématique du vocabulaire, qui sera poursuivie en 4e et en 3e.

Une attention portée à la ponctuation

Connaissant la carence dont souffrent les élèves dans le maniement de la ponctuation, le manuel propose des **exercices de ponctuation** à chaque fois que la leçon de grammaire s'y prête (ex. : étude de la juxtaposition, de l'apposition, etc.). Cette démarche sera poursuivie en 4e et en 3e.

Un suivi des connaissances

Pour chaque grande partie de la progression, le livre propose des **tests de contrôle** qui permettent à l'enseignant d'évaluer la progression des élèves et le degré d'assimilation des connaissances.

Un moyen de progression et d'épanouissement

S'efforçant de mettre en œuvre une grande clarté d'exposition, de présenter des exercices variés et gradués, d'offrir des occasions de révision, le manuel souhaite devenir un réel outil de perfectionnement linguistique pour les jeunes élèves du 1er cycle qui seront amenés à l'utiliser, en même temps qu'une incitation constante à développer leurs capacités créatrices.

sommaire

Les loisirs

Nous appartenons à la civilisation des loisirs. Dès maintenant, on peut prévoir que bientôt la journée de travail sera de sept heures, six heures, cinq heures et que les trois semaines de congés payés deviendront trois mois.

Cependant, le monde occidental ne manquera de rien. Le problème de la production sera résolu par la science qui construira des machines de plus en plus automatisées. Les usines marcheront toutes seules ; les ordinateurs remplaceront les cadres. Le travail perdra son importance. Le vrai problème sera l'organisation des loisirs. Qu'en pensez-vous ?

A. Maurois, *Lettre ouverte à un jeune homme*, Éditions Albin Michel.

1 La phrase
phrase simple - phrase complexe

1. LA PHRASE

• La phrase peut se limiter à un seul terme : « Viens ! », « Bonjour ! », mais le plus souvent elle est constituée de plusieurs mots. Ceux-ci sont disposés dans un certain ordre car ils ont entre eux des liens grammaticaux (exemples : lien « sujet/verbe », lien « verbe/complément », etc.).

Nous appartenons à la civilisation des loisirs.

    sujet   verbe   complément d'objet indirect

• La phrase a un sens global. Elle est généralement compréhensible pour celui qui la lit ou l'entend :
Le travail perdra son importance. Le vrai problème sera l'organisation des loisirs.

• La phrase se prononce entre deux pauses longues, et elle est pourvue d'une intonation :
Il va pleuvoir.//Rentrons-nous ?//Beaucoup de campeurs partent.//

• A l'aide de phrases, nous composons des messages qui nous permettent de communiquer. Parfois, le message ne comporte qu'une phrase : « Le train a du retard. » Le plus souvent, le message a plusieurs phrases qui forment un texte. Celui-ci est souvent organisé en paragraphes.

Qu'est-ce qu'une cellule ?

Vers 1660, grâce à son microscope rudimentaire, le physicien anglais Hooke a observé un morceau de liège. Il a vu des rangées de petites formes géométriques régulières qui ressemblaient aux alvéoles que construisent les abeilles dans leur ruche.

Il les a nommées « cellula » (petite loge en latin). Mais il n'a pas su à quoi elles servaient, et n'a donc pas compris l'importance de sa découverte.

Il a fallu attendre presque deux siècles pour que deux scientifiques allemands, Schleiden et Schwann, annoncent que cette cellule était l'unité de base de tous les êtres vivants !

Okapi, n° 2267-316,
15-31 janvier 1985.

---

2. LA PROPOSITION

• La proposition est un ensemble de mots organisé autour d'un verbe conjugué. Celui-ci a son sujet propre :
Denis aime le miel ; Anne préfère la confiture.

• Il existe des propositions **indépendantes**. Elles sont autonomes et ont un sens en elles-mêmes :
L'azalée pousse bien ; le cyclamen dépérit.

• D'autres propositions sont associées les unes aux autres. La proposition-noyau est appelée **principale** ; celles qui s'y rattachent sont les **subordonnées**. Le sens des subordonnées est lié à celui de la principale :
Si tu viens, avertis-moi afin que je prépare ta chambre.

    proposition   proposition   proposition subordonnée
    subordonnée   principale

3. LA PHRASE SIMPLE

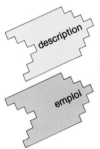

• La phrase simple ne comporte qu'une proposition. Elle est l'équivalent d'une proposition indépendante :
Je sors.   Pierre a-t-il téléphoné ?   Suivez-moi.

• La phrase simple permet d'évoquer isolément des faits ou des idées sans marquer la relation qui existe éventuellement entre eux. Son emploi donne souvent au texte un style sobre et rapide :
Le brouillard s'épaississait. La visibilité diminuait. Je décidai de rentrer.

4. LA PHRASE COMPLEXE

• La phrase complexe comporte plusieurs propositions : une **principale**, et une ou des **subordonnées** :
Je demande qu'on vote.
Mon père décida qu'on sortirait bien qu'il fît froid.

Les subordonnées peuvent occuper dans la phrase différentes fonctions :

a. La subordonnée : expansion du groupe nominal

• Il s'agit essentiellement de la subordonnée **relative**. Elle vient en expansion à un groupe nominal de la phrase. Ce dernier est son antécédent :
*Je vois un chien **qui court.** La ville **que tu aperçois** est Beaune.*

    antécédent sub. relative antécédent   sub. relative

b. La subordonnée : sujet de la phrase

• Il s'agit de la subordonnée **conjonctive** introduite par « que », ou de la **relative sans antécédent**, c'est-à-dire d'une subordonnée relative qui ne se rapporte à aucun nom :
Qu'il neige en cette saison surprend. (sub. conjonctive)
Qui a vu Venise ne peut l'oublier. (relative sans antécédent)

c. La subordonnée : constituant du groupe verbal

• *Diverses subordonnées peuvent être des constituants essentiels du groupe verbal :*
— La subordonnée **conjonctive** introduite par **que** :
Mon regret est qu'on ferme ce théâtre. (attribut)
— La subordonnée **relative sans antécédent** :
Je parlerai à qui voudra. (C.O.I.)
— La subordonnée **interrogative** : elle vient après un verbe qui exprime l'interrogation. Elle est introduite par un terme interrogatif :
On se demande pourquoi vous partez. (C.O.D.)
— La subordonnée **infinitive** : elle n'est introduite par aucun terme de subordination. Son verbe est à l'infinitif. Son sujet est différent de celui de la principale :
Je vois Pierre glisser. (C.O.D.)

d. La subordonnée : complément circonstanciel

• Deux types de subordonnées peuvent être compléments circonstanciels :
— La subordonnée **conjonctive** : elle est introduite par une conjonction de subordination ou par une locution conjonctive :
Je ris quand le clown grimace. (complément de temps)
Tu réussiras parce que tu es courageux. (complément de cause)
— La subordonnée **participiale** : elle n'est pas introduite par un terme de subordination. Son verbe est au mode participe. Son sujet est différent de celui de la principale :
La porte fermée, vous auriez plus chaud. (complément de condition)

• La phrase complexe permet d'exprimer commodément, en un seul énoncé, des faits qui sont étroitement associés. Par exemple, au lieu de dire :
Je crois quelque chose. Tu te trompes.
on peut dire, au moyen d'une phrase complexe :
Je crois que tu te trompes.

• La phrase complexe permet encore de souligner les relations logiques existant entre des faits ou des idées :
Dès que Pierre rentra, je me confiai à lui, parce que j'étais soucieux.
(relation de temps)   (relation de cause)

Résumé

• Une **proposition** est organisée autour d'un verbe conjugué qui a son sujet propre :
La marée était haute ; des bateaux sortaient du port.

• Une **phrase simple** n'a qu'une proposition.
Une **phrase complexe** a plusieurs propositions.
Je somnole.   Rémi dit qu'il ira camper s'il fait beau.
Ph. simple   Ph. complexe

exercices

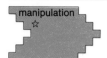

manipulation
☆

Vous trouverez ci-dessous quatre suites de mots. Chacune d'elles provient d'une phrase dont les mots ont été mélangés. Retrouvez l'ordre de succession des mots afin de reconstituer la phrase.

1. de rami sa grand-mère avec une partie fait Dominique.
2. à souffler le gendarme l'automobiliste imprudent dans l'alcootest oblige.
3. mon père des caisses de journaux le grenier qui s'y trouvent débarrasse.
4. par était supportée une centaine de petits cubes la statue.

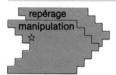

repérage
manipulation
☆

Certaines des phrases suivantes sont absurdes. Repérez-les et changez-y l'ordre des mots afin que la phrase retrouve son sens.

1. La pyramide photographia le savant.
2. Les savants découvrirent une pyramide.
3. La généalogie s'intéresse à mon frère.
4. Mon frère fait du karaté.
5. Un pédiatre examine le bébé.
6. Ce défunt pratiqua l'autopsie d'un médecin légiste.

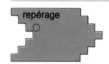

repérage
○

Recopiez le texte suivant en marquant de ce signe // les endroits où se fait une pause longue, et en indiquant sous chaque phrase le mouvement de l'intonation.

Le week-end se termine. Les automobilistes rentrent chez eux. La circulation s'intensifie. Un hélicoptère survole l'autoroute.

repérage
◇

Même consigne que pour l'exercice précédent.

Ce petit chien est souffrant. Tousse-t-il ? Est-il fiévreux ? Un vétérinaire l'examine. L'animal se contracte.

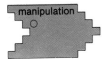
manipulation
○

*Le texte ci-dessous a été composé en trois paragraphes par le journa-
liste qui l'a rédigé. Mais ces paragraphes ont été fondus en un seul. Récrivez le texte en essayant de retrouver le découpage que lui avait donné
son auteur. (Prêtez attention aux personnages introduits successivement
dans le récit.)*

LA NEIGE N'EST PAS (TOUJOURS) TRISTE

Pour les jeunes, la neige constitue l'heureux événement de ce mois de janvier. Il fallait voir avec quelle joie ils se roulaient dans la poudreuse hier après-midi au parc Barbieux de Roubaix. Pour eux, pas de problème de tenue de route. Chaudement vêtus, chaudement chaussés, ils ont pu se livrer à toutes les pitreries qu'inspirait leur imagination. A quelques dizaines de mètres du théâtre de leurs ébats, les automobilistes maugréaient contre les difficultés que leur imposait cette même neige. Quant aux résidents du quartier, frileusement abrités derrière leurs fenêtres, ils s'amusaient : « Il faut bien que jeunesse se passe », se disaient-ils.

Nord-Eclair, 10 janvier 1985

ponctuation
☆

Ponctuez le texte suivant à l'aide de ces signes : / . / (5 fois) / , / (2 fois) :

Notre groupe de promeneurs progressait mon père marchait en tête sa haute silhouette dominait toute la file connaissant la forêt il nous indiquait les raccourcis ma petite sœur le suivait fière de participer à cette randonnée

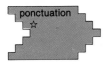
ponctuation
○

Ponctuez le texte suivant à l'aide de ce signe : / . / (5 fois) :

Mon correspondant anglais vient d'arriver ma mère est allée le chercher à la gare Peter restera chez nous toute la semaine il ne s'ennuiera sûrement pas je le présenterai à tous mes camarades

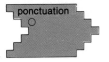
manipulation
◇

Réécrivez ce texte en le découpant en paragraphes.

L'HISTOIRE DES MICROSCOPES

Au 17e siècle, les premiers microscopes étaient rudimentaires. Ils étaient simplement composés de petites billes de verre fixées sur une plaque de cuivre. Leur maniement était peu pratique, et leur capacité d'agrandissement restait faible. Plus tard, d'autres savants pensèrent à utiliser un système de deux lentilles placées l'une derrière l'autre. C'était déjà là le principe du microscope moderne, et le physicien anglais Hooke fut un des premiers à y avoir songé. Malheureusement, les lentilles étaient de mauvaise qualité, ce qui était très fatigant pour les yeux. Aujourd'hui, il existe des microscopes qui peuvent grossir jusqu'à 1 500 fois ! On peut même observer dans le détail des objets presque transparents, grâce à l'amélioration des moyens d'éclairage. Les progrès réalisés ont été tels que le plus simple microscope d'amateur est une merveille comparé à celui qu'eut l'Anglais Hooke.

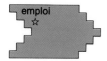

emploi
☆

Voici quatre séries de mots. Composez une phrase où figurent les mots de la série 1, puis une phrase où figurent les mots de la série 2, etc. (Vous n'êtes pas obligé d'employer les mots dans l'ordre où ils sont présentés.)

SÉRIE 1 : maison . . . . . musique . . . . . vivre . . . . .
SÉRIE 2 : un rêve . . . . . être . . . . . nuage . . . . .
SÉRIE 3 : la montre . . . . . lunaire . . . . . fabriquer . . . . .
SÉRIE 4 : flamme (s) . . . . glace . . . . . vague (s) . . . . .

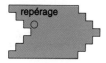

repérage
○

Recopiez le texte suivant en soulignant chaque proposition et en indiquant sa nature : proposition indépendante, principale ou subordonnée.

Le garagiste a changé les bougies d'un véhicule : à présent, il règle le delco. Il se presse parce qu'il a beaucoup de travail. Le client a demandé que l'allumage soit entièrement revu.

repérage
◇

Même consigne que pour l'exercice précédent.

Un funambule traverse la place à douze mètres de haut ; il avance lentement. Comme le temps est beau, les spectateurs sont nombreux. Ils se demandent comment l'acrobate maintient son équilibre. Chacun souhaite qu'il réussisse.

repérage
☆

Même consigne que pour l'exercice 10.

1. Le médecin exige que ce malade soit hospitalisé.
2. Georges est pensif ; il a des soucis.
3. Les robots travaillent, les robots produisent, les robots émettent, les robots font mille choses.
4. Ma dent s'est cassée si bien que je dois aller chez le dentiste.
5. Si mon père m'y autorise, je participerai à ce cross.
6. Dès que tu seras arrivé à bon port, téléphone-nous.

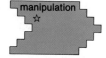

manipulation
☆

Cherchez une proposition principale pour les subordonnées suivantes :

1. . . . . que la télévision n'existait pas quand il était jeune.
2. qu'on me taquine.
3. qu'ils iront un jour sur Pluton.
4. que le spectacle soit plus long.
5. parce qu'on leur signale un incendie.
6. bien qu'il ait la grippe.

Donnez une ou des propositions subordonnées à chacune des propositions principales suivantes, de façon à terminer la phrase :

1. Le prestidigitateur affirme . . . .
2. Le baromètre indique . . . .
3. Les journaux annoncent . . . .
4. Les cosmonautes se demandent . . . .
5. La concierge souhaite . . . .

*1. Indiquez le nombre total de phrases que comporte le texte suivant.
2. Indiquez ensuite combien il y a de phrase(s) simple(s) et de phrase(s) complexe(s).*

Le repas est prêt. Je mets le pain à cuire. La nuit est tombée. Les bêtes s'endorment dans les granges. Le loir qui habite la maison commence à fouiller partout. Demain, ce sera autre chose. Chaque jour est bon.

Michel Jourdan, « Une bonne journée »,
Le Monde, 24-25 juillet 1977.

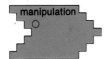

Dans le texte suivant, relevez deux phrases simples et deux phrases complexes de votre choix.

AU PAYS DES TREMBLEMENTS DE TERRE

Mes nuits sont parfois troublées par les tremblements de terre. Quand la maison commence à trembler un peu fort, je me lève. Je me réfugie près d'une armoire ou à côté de mon lit. Dans mon enfance, ma grand-mère me disait ce qu'il fallait faire au moment d'un tremblement de terre. [...] On nous a toujours dit qu'ils arrivaient par cycle tous les quarante où soixante ans. [...] Nous vivons sur une terre chaude d'où jaillissent de partout des sources chaudes. [...] Nous, Japonais, sentons constamment la présence violente de la nature.

Tomiko Asabuki, *Les Temps Modernes,*
n° 272.

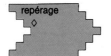

Passez de la phrase simple à la phrase complexe. Sur ce modèle :
     Au lever du soleil, la brume se dissipera.
→ Quand le soleil se lèvera, la brume se dissipera.
Vous pouvez employer divers termes de subordination : dès que - quand - lorsque - pendant que - si - parce que.

1. Dès la fin de la réunion, je partirai.
2. Pendant ton absence, nous avons pris des décisions.
3. Avec un chasse-neige, nous pourrions dégager la route.
4. A la tombée de la nuit, je ferme les volets.
5. A la vue du perdreau, le chasseur tira.
6. Véronique claqua la porte de colère.

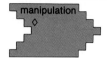

manipulation
◇

Comme dans l'exercice 17, passez de la phrase simple à la phrase complexe. Termes possibles : pour que - bien que - avant que - quand - si.

1. Le directeur vous recevra avant votre départ.
2. Sans motif valable, vous ne pourrez sortir.
3. Les murs anti-bruit sont conçus pour votre tranquillité.
4. En cas de brouillard, prenez le train.
5. En dépit de soins réguliers, cette plante dépérit.
6. Par beau temps, on aperçoit les îles de Lérins.

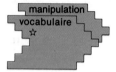

manipulation
vocabulaire
☆

Passez de la phrase complexe à la phrase simple en remplaçant la subordonnée relative par un adjectif.

1. On m'a apporté un paquet qui a un grand volume.
2. Sur la place, on pose une horloge qui a les proportions d'un monument.
3. Cet homme souffre d'une maladie qu'on ne peut guérir.
4. J'aime le travail qu'on fait à la main.
5. Vous avez une tondeuse qui se manie aisément.
6. Guy mange encore des gâteaux. C'est un enfant qu'on ne peut rassasier.

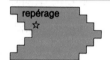

repérage
☆

Dans chacune des phrases suivantes, indiquez si la subordonnée est conjonctive-COD, conjonctive circonstancielle ou relative.

1. Je crois que mon cousin va se marier.
2. Les enfants s'agitent parce qu'ils ont froid.
3. J'achèterai une tarte, si la pâtisserie est ouverte.
4. Tu nous montreras les timbres que tu as achetés.
5. On dit qu'un supermarché s'ouvrira bientôt.
6. Au zoo, j'ai vu une lionne qui avait quatre petits.

repérage
◇

Dans les phrases suivantes, indiquez la nature de la subordonnée : conjonctive, interrogative, infinitive.

1. On dit que le prix de l'essence va baisser.
2. Valérie affirme qu'elle a vu un fantôme.
3. Ma mère ne sait pas pourquoi les éboueurs ne sont pas passés.
4. J'entends tousser Marie-Françoise.
5. On se demande comment cet accident a pu se produire.
6. Les jurés estiment que cet homme est coupable.

EXERCICE 22

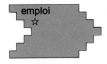
emploi
☆

Décrivez la situation évoquée par la bande dessinée. Votre texte comportera au moins une phrase complexe.

EXERCICE 23

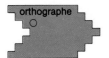
orthographe
○

Lisez le texte suivant ; il vous sera ensuite donné en dictée.

Ma poubelle pousse un cri plaintif lorsque je passe devant elle. Je crois d'abord que je rêve. Mais le même gémissement se reproduit peu après. Aucun doute, alors : ma poubelle se plaint ! Avec précaution, j'entrouvre le couvercle. Ma surprise est grande ! Il y a là un petit chiot, tout rond. Il a faim, il a peur, il a froid. Peut-être aussi est-il incommodé par les odeurs qui l'entourent. Mon hésitation est de courte durée. L'instant d'après, le petit chien est dans mes bras. Je sens que je vais l'adopter.

EXERCICE 24

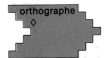
orthographe
◇

Même consigne que pour l'exercice précédent.

Gaston Dutaillis, qui réparait le manche de sa faux au coin de la cheminée, dressa l'oreille. Un grand frémissement semblait monter de la campagne, faisant craquer les branches et gémir les blés. Le souffle devint plus terrible. Brutalement la nuit fut zébrée d'éclairs. Les grondements sinistres de la foudre se répercutaient sans fin. Soudain, une nuée de grêlons gros comme des œufs de poule s'abattit comme de la mitraille. Le bruit devint assourdissant. Les tuiles brisées de la toiture tombaient le long des murs. Cela dura à peine dix minutes. « La grêle ! La grêle ! » pleurait Louise qui se précipitait pour mettre des draps sur les meubles.

Jacques Marseille, *Une famille de paysans du Moyen-Age à nos jours*,
Éd. Hachette.

Pierre est seul dans sa
chambre. Il tourne la clé
dans la serrure, puis il tire
de sous son lit deux grandes bottes molles de cuir
doré. Ce n'est pas difficile
de les chausser, elles sont
tellement trop grandes
pour lui! Il serait bien
empêché de marcher, mais
il ne s'agit pas de cela. Ce
sont des bottes de rêve.

Il s'étend sur son lit et
ferme les yeux. Le voilà
parti, très loin. Il devient un
immense marronnier aux
fleurs dressées comme des
petits candélabres cré-
meux.

M. Tournier,
La fugue du Petit Poucet,
Éditions GP.

16

2 La juxtaposition
La coordination

1. LA JUXTAPOSITION

a. La notion de juxtaposition

• Divers éléments peuvent être **juxtaposés** dans une phrase.
A l'écrit, ils sont séparés par la virgule. A l'oral, ils sont détachés par une courte pause. Ces éléments sont généralement de même nature et de même fonction :
Je pratique le judo , le karaté, la boxe anglaise.
GN/COD   GN/COD   GN/COD

Il répétait qu'il avait froid, qu'il avait faim, qu'il voulait rentrer.
sub. conj./COD   sub. conj./COD   sub. conj./COD

• La juxtaposition permet d'éviter une répétition qui alourdirait inutilement la phrase :
Je cassai un vase, (je cassai) un plat, (je cassai) un cendrier.

• La juxtaposition permet souvent de créer un effet d'accumulation. En ce cas, on dit qu'elle est un « procédé stylistique » :
Luc portait une chemise de laine, deux pull-overs, un gilet, une veste, un anorak, un imperméable, un long ciré ! On aurait dit qu'il partait pour le pôle Nord.

b. Les propositions indépendantes juxtaposées

• Des propositions indépendantes peuvent être juxtaposées.
Elles ont alors les caractéristiques suivantes :

1. Elles ne dépendent pas grammaticalement les unes des autres. Aucune n'est subordonnée à une autre :
Le vent montait, le ciel s'obscurcissait, l'orage se préparait.

2. A l'oral pourtant, elles sont reliées par l'**intonation**. Seule, la dernière proposition porte la mélodie conclusive de la phrase. Les autres propositions sont séparées par des pauses brèves et leur intonation n'est pas descendante :
Je nettoierai, /je peindrai, /je tapisserai, /je rénoverai la pièce.

17

3. A l'écrit, les propositions juxtaposées sont séparées par une virgule, quelquefois par un point-virgule :
Des enfants jouent, d'autres bavardent ; c'est la récréation.

4. Les propositions indépendantes juxtaposées sont encore liées par le **sens**. Il existe entre elles une relation temporelle ou logique :
Le ciel devenait mauve, des étoiles s'allumaient, un grillon chantait.
(relation temporelle : les faits évoqués se produisent simultanément)

Les trois angles sont égaux, ce triangle est équilatéral.
(relation logique : le second fait est la conséquence du premier)

• On emploie souvent les propositions juxtaposées pour donner au style vivacité et rapidité. Parfois d'ailleurs, pour accentuer la vivacité, on n'exprime pas le sujet de plusieurs propositions. Quand on juxtapose ainsi les mots, on emploie un procédé stylistique appelé **asyndète**.
L'écureuil courait, sautait, voltigeait, tournoyait dans les branches.

• On emploie encore les propositions juxtaposées lorsqu'on ne veut pas exprimer la relation logique qui existe entre des faits ou des idées. On dit alors que cette relation est **implicite** dans la phrase :
Ce n'est pas difficile de chausser ces bottes, elles sont tellement grandes !
(relation de cause implicite)

2. LA COORDINATION

• A l'intérieur d'une phrase, on peut **coordonner** des mots, des groupes de mots ou des propositions. On les relie alors entre eux par une conjonction de coordination :
*Tu étais <u>fatigué</u> **mais** <u>heureux</u>.*
*J'utiliserai <u>une tenaille</u> **ou** <u>une pince</u>.*
*Je pense <u>que Maud s'est énervée</u> **et** <u>qu'elle a agi précipitamment</u>.*

• Les éléments coordonnés ont toujours **la même fonction**, et généralement **la même nature**. Il est important de bien respecter cette loi grammaticale lorsqu'on utilise la coordination :
*J'aime <u> skier </u> **et** <u> patiner </u>.*
          infinitif/COD   infinitif/COD

*Je n'incite pas <u>à la discorde</u> **mais** <u>à l'union</u>.*
                  GN/COI   GN/COI

• Les conjonctions de coordination usuelles sont :
et - ou - ni - mais - car - or - donc.

• La coordination permet de manifester la relation logique qui existe entre des éléments, des faits ou des idées. On dit alors que cette relation est **explicite** :

addition	: *J'ai acheté des pommes **et** des poires.*
alternative	: *Je ferai du vélo **ou** je jouerai aux billes.*
addition négative	: *Je n'ai **ni** crayon **ni** stylo.*
opposition	: *Nous voulions nous promener **mais** il pleut.*
cause	: *Ce coureur gagnera **car** il est le plus fort.*
raisonnement	: *Tu prétends avoir vu Sylvie ce matin, **or** elle est en Suisse.*
conséquence	: *Tu n'as pas besoin de moi, **donc** je pars.*

Résumé

• On peut **juxtaposer** des propositions ou des groupes de mots. En ce cas, le lien qui existe entre ces éléments n'est pas exprimé :
La pluie redoublait, j'étais trempé, je me hâtais.

• On peut **coordonner** des propositions ou des groupes de mots. On souligne alors le lien logique qui les unit :
Je ne peux participer au rallye car j'ai une entorse. (cause)

exercices

Classez les phrases du texte suivant à l'aide de la grille ci-dessous :

| *Groupe de propositions juxtaposées* | *Phrase simple* | *Phrase complexe* |

Il était dix-huit heures, la circulation était dense. Un camion-citerne déboucha dans le boulevard Pasteur. Le conducteur ne vit pas qu'une voiture arrivait de la rue Kennedy. La collision qui s'en suivit fut violente.

EXERCICE 2

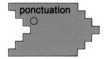

1. En étant attentif au sens du texte et aux majuscules, ponctuez le poème suivant.
2. Composez un poème du même genre à partir d'une personne ou d'un autre animal. (La . . . . a mangé . . . . etc.)

La vache a mangé toute la prairie
Elle a glissé doucement dans l'eau du ciel
Maintenant elle est bleue elle a des ailes
elle broute des étoiles et des étincelles
et bondit de galaxie en galaxie

André Laude, *Animalphabet*,
Ed. Saint-Germain-des-Prés.

EXERCICE 3

Ponctuez le texte suivant à l'aide de ces signes : | . | (4 fois) | , | (2 fois).
(Le texte comporte des propositions juxtaposées.)

Le public enthousiaste accompagne le guitariste tout le monde est debout on crie on tape des pieds on bat des mains le vacarme est indescriptible

EXERCICE 4

Transformez les groupes nominaux ci-dessous en propositions juxtaposées. Sur ce modèle :

Atterrissage de l'avion - silence des passagers.
→ L'avion atterrit, les passagers sont silencieux.

1. Arrivée du chanteur - Applaudissements du public.
2. Aggravation de la situation - Anxiété de la population.
3. Neige abondante sur la Bretagne - Formation de congères.
4. Brillante plaidoirie de l'avocat - Délibération des jurés.
5. Démarrage du maillot jaune - Réaction du peloton.
6. Augmentation des primes d'assurances - Protestation des automobilistes.

emploi
☆

Complétez le texte ci-dessous en créant des propositions juxtaposées :

Les clowns battent des mains, les éléphants dansent en mesure, l'écuyère mène ses chevaux sauvages, les acrobates . . . . . , le presti-digitateur . . . . . , la voyante . . . . . : c'est la parade du cirque !

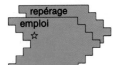

repérage
emploi
☆

1. Relevez dans le texte ci-dessous des propositions juxtaposées dans lequel le sujet de deux propositions n'a pas été exprimé.
2. A la manière de ce texte, composez un paragraphe qui évoque une suite d'actions rapides.

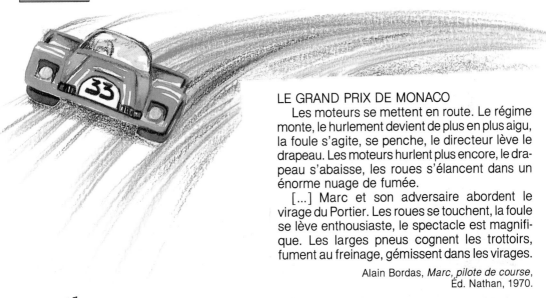

LE GRAND PRIX DE MONACO

Les moteurs se mettent en route. Le régime monte, le hurlement devient de plus en plus aigu, la foule s'agite, se penche, le directeur lève le drapeau. Les moteurs hurlent plus encore, le drapeau s'abaisse, les roues s'élancent dans un énorme nuage de fumée.

[...] Marc et son adversaire abordent le virage du Portier. Les roues se touchent, la foule se lève enthousiaste, le spectacle est magnifique. Les larges pneus cognent les trottoirs, fument au freinage, gémissent dans les virages.

Alain Bordas, *Marc, pilote de course*,
Éd. Nathan, 1970.

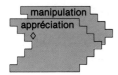

manipulation
appréciation
◇

1. Les propositions juxtaposées ci-dessous entretiennent un rapport logique implicite. Précisez la nature de ce rapport : opposition - cause - condition - temps - conséquence.
2. Réunissez chaque couple de propositions en une phrase complexe.

1. Les chemins sont boueux, il a plu toute la nuit.
2. Nous skiions à cet endroit, nous provoquerions des avalanches.
3. Yann a une angine, il veut participer au rallye.
4. Pierre s'est entraîné longuement, il est courbatu.
5. Je serrais les boulons, Yves démontait le cric.

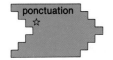

ponctuation
☆

Recopiez les phrases suivantes en rétablissant la ponctuation qui y a été supprimée :

Dans un coin de la grotte je découvris des cordes des piolets des clous rouillés des marteaux des maillets des mousquetons des piles une trousse de secours à l'évidence des spéléologues avaient abandonné là leur matériel

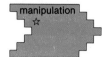

manipulation
☆

Reliez les propositions juxtaposées ci-dessous au moyen de conjonctions de coordination. Sur ce modèle :
Le soleil se leva, le brouillard se dissipa.
→ Le soleil se leva et le brouillard se dissipa.

1. Soudain, la pluie cessa, l'orage s'éloigna.
2. J'étais inquiet, je ne le montrais pas.
3. Il n'y avait pas de téléphone, on ne pouvait appeler les pompiers.
4. Tu auras le choix : tu grimeras les comédiens, tu régleras l'éclairage.
5. Je déteste ce jeu, il est compliqué.
6. Vous dites que vous êtes né le 29 février 1975, il n'y avait que 28 jours en février cette année-là ; vous faites assurément erreur.
7. Je n'aime pas les caramels, je n'aime pas les chocolats.
8. Je n'aime pas les caramels, j'aime les chocolats.

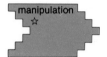

manipulation
☆

Complétez les phrases suivantes par la conjonction de coordination qui convient.

1. Des goûts . . . . . des couleurs, on ne discute pas.
2. Je ne prends . . . . . thé . . . . . café au petit déjeuner.
3. Donnez-moi des oranges . . . . . des mandarines, peu importe.
4. Je me tais . . . . . je n'en pense pas moins.
5. Il faut qu'une porte soit ouverte . . . . . fermée.
6. Il était désarmé, ... inoffensif.
7. Bruno n'est pas robuste . . . . . il est courageux.
8. Nous sommes inquiets . . . . . Luc n'est pas rentré.

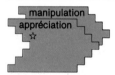

manipulation
appréciation
☆

Appréciez les phrases suivantes à l'aide de ces signes : | C | *(correct),* | I | *(incorrect). Corrigez les phrases incorrectes.*

1. Je souhaite qu'on aille au cinéma ou d'organiser une partie de scrabble.
2. On est heureux d'être ensemble et se rappeler les vieux souvenirs.
3. Nous serions ravis de vous rencontrer et de vous interviewer.
4. Il faudrait qu'on téléphone à Laurent ou qu'on lui envoie un télégramme.
5. Ce garçon est chétif mais du courage.
6. Il faut créer des emplois et qu'on généralise le travail à mi-temps.
7. Cette fille est rude mais serviable.

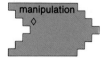

manipulation
◇

Les phrases suivantes ne sont pas bien construites. Corrigez-les en commençant la phrase par le sujet et le premier verbe, puis en utilisant une conjonction et un pronom en cours de phrase. Sur ce modèle :
Je m'approche et parle à une hôtesse.
→ Je m'approche d'une hôtesse et je lui parle.

1. Anne connaît et s'occupe d'une personne âgée.
2. Frank possède et se sert souvent d'un minitel.
3. Annick désire et s'engage à bien travailler.
4. Je conteste et je m'oppose à cette décision.

5. Ma grand-mère a rencontré et se souvient très bien de l'ancien président.
6. Les soldats assiègent et s'emparent de la ville.

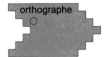

Lisez le texte suivant ; il vous sera ensuite donné en dictée.

Cette maison est vraiment futuriste. Dans la cuisine, le petit déjeuner se prépare automatiquement : un ordinateur invisible parvient à commander et à régler la mise en marche de la cafetière électrique et de la rôtissoire. Quand les gens se lèvent, ils ont à leur disposition du café, du lait, des tartines grillées et des brioches passées au four. La salle de bain est également ultra-moderne. Un programmateur permet de régler la température de votre bain et de contrôler le débit d'eau dans la baignoire. Vous pouvez même lui indiquer votre sel de bain préféré, il le mêlera à l'eau. C'est une maison où tout est fait pour être agréable à l'homme.

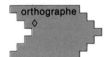

Même consigne que pour l'exercice précédent.

Lullaby regarda à nouveau autour d'elle, mais il n'y avait personne dans les rochers, aussi loin qu'on puisse voir. Alors, elle continua sa route. Elle grimpa, elle redescendit, elle sauta par-dessus les fissures, et à la fin elle arriva au bout du cap, là où il y avait un plateau de pierres et la maison grecque.

Lullaby s'arrêta émerveillée. Jamais elle n'avait vu une aussi jolie maison. Elle était construite au milieu des rochers et des plantes grasses, face à la mer, toute carrée et simple avec une véranda soutenue par six colonnes, et elle ressemblait à un temple en miniature.

J.-M.-G. Le Clézio, *Lullaby*,
Éd. Gallimard, Folio.

le verbe dire

INDICATIF		SUBJONCTIF	
PRÉSENT	**PASSÉ COMPOSÉ**	**PRÉSENT**	**IMPARFAIT**
je dis	j'ai dit	que je dise	que je disse
tu dis	tu as dit	que tu dises	que tu disses
il/elle dit	il/elle a dit	qu'il/elle dise	qu'il/elle dît
nous disons	nous avons dit	que nous disions	que nous dissions
vous dites	vous avez dit	que vous disiez	que vous dissiez
ils/elles disent	ils/elles ont dit	qu'ils/elles disent	qu'ils/elles dissent

IMPARFAIT	**PLUS-QUE-PARFAIT**	**CONDITIONNEL**	
je disais	j'avais dit	**PRÉSENT**	**PASSÉ**
tu disais	tu avais dit	je dirais	j'aurais dit
il/elle disait	il/elle avait dit	tu dirais	tu aurais dit
nous disions	nous avions dit	il/elle dirait	il/elle aurait dit
vous disiez	vous aviez dit	nous dirions	nous aurions dit
ils/elles disaient	ils/elles avaient dit	vous diriez	vous auriez dit
		ils/elles diraient	ils/elles auraient dit

PASSÉ SIMPLE	**PASSÉ ANTÉRIEUR**	**IMPÉRATIF**	
je dis	j'eus dit	**PRÉSENT**	
tu dis	tu eus dit	dis disons dites	
il/elle dit	il/elle eut dit		
nous dîmes	nous eûmes dit	**INFINITIF**	
vous dîtes	vous eûtes dit	**PRÉSENT**	**PASSÉ**
ils/elles dirent	ils/elles eurent dit	dire	avoir dit

FUTUR SIMPLE	**FUTUR ANTÉRIEUR**	**PARTICIPE**	
je dirai	j'aurai dit	**PRÉSENT**	**PASSÉ**
tu diras	tu auras dit	disant	dit(e) ayant dit
il/elle dira	il/elle aura dit		
nous dirons	nous aurons dit		
vous direz	vous aurez dit		
ils/elles diront	ils/elles auront dit		

le verbe écrire

INDICATIF		SUBJONCTIF	
PRÉSENT	**PASSÉ COMPOSÉ**	**PRÉSENT**	**IMPARFAIT**
j' écris	j'ai écrit	que j' écrive	que j' écrivisse
tu écris	tu as écrit	que tu écrives	que tu écrivisses
il/elle écrit	il/elle a écrit	qu'il/elle écrive	qu'il/elle écrivît
nous écrivons	nous avons écrit	que nous écrivions	que nous écrivissions
vous écrivez	vous avez écrit	que vous écriviez	que vous écrivissiez
ils/elles écrivent	ils/elles ont écrit	qu'ils/elles écrivent	qu'ils/elles écrivissent

IMPARFAIT	**PLUS-QUE-PARFAIT**	**CONDITIONNEL**	
j' écrivais	j'avais écrit	**PRÉSENT**	**PASSÉ**
tu écrivais	tu avais écrit	j' écrirais	j'aurais écrit
il/elle écrivait	il/elle avait écrit	tu écrirais	tu aurais écrit
nous écrivions	nous avions écrit	il/elle écrirait	il/elle aurait écrit
vous écriviez	vous aviez écrit	nous écririons	nous aurions écrit
ils/elles écrivaient	ils/elles avaient écrit	vous écririez	vous auriez écrit
		ils/elles écriraient	ils/elles auraient écrit

PASSÉ SIMPLE	**PASSÉ ANTÉRIEUR**	**IMPÉRATIF**	
j' écrivis	j'eus écrit	**PRÉSENT**	
tu écrivis	tu eus écrit	écris écrivons écrivez	
il/elle écrivit	il/elle eut écrit		
nous écrivîmes	nous eûmes écrit	**INFINITIF**	
vous écrivîtes	vous eûtes écrit	**PRÉSENT**	**PASSÉ**
ils/elles écrivirent	ils/elles eurent écrit	écrire	avoir écrit

FUTUR SIMPLE	**FUTUR ANTÉRIEUR**	**PARTICIPE**	
j' écrirai	j'aurai écrit	**PRÉSENT**	**PASSÉ**
tu écriras	tu auras écrit	écrivant	écrit(e) ayant écrit
il/elle écrira	il/elle aura écrit		
nous écrirons	nous aurons écrit		
vous écrirez	vous aurez écrit		
ils/elles écriront	ils/elles auront écrit		

exercices
de conjugaison

Exercice 1

Dans les phrases suivantes, mettez au présent de l'indicatif les verbes notés entre parenthèses :

1. Stéphanie (*dire*) . . . . . à ses parents qu'elle désire un tourne-disques.
2. Vous (*dire*) . . . . . avoir envoyé une lettre.
3. Toute l'enquête (*contredire*) . . . . . le témoignage de l'inculpé.
4. Le professeur (*faire*) . . . . . une remarque : il (*dire*) . . . . . de mieux présenter les devoirs.
5. Tous les journalistes (*dire*) . . . . . les mêmes choses sur l'événement.
6. Vous n'(*écrire*) . . . . . pas dans la marge.
7. Mes amis (*souscrire*) . . . . . à ce que vous (*dire*) . . . . . .
8. Le médecin me (*prescrire*) . . . . . des antibiotiques.

Exercice 2

Même consigne que pour l'exercice précédent.

1. Jean me (*dire*) . . . . . qu'il (*expédier*) . . . . . un colis.
2. Tu (*prédire*) . . . . . un échec de la fête ; cela ne (*remédier*) . . . . . guère au déficit de l'association.
3. La vedette (*dédier*) . . . . . sa chanson aux enfants.
4. Après avoir affirmé que l'automobiliste était passé au rouge, le témoin (*se dédire*) . . . . . .
5. Marc (*lire*) . . . . . cette bande dessinée ; pourtant son professeur le lui (*interdire*) . . . . . .
6. Si l'on me (*congédier*) . . . . . , je me plaindrai.

Exercice 3

Dans les phrases suivantes, mettez au passé simple les verbes notés entre parenthèses :

1. Les propos de l'enquêteur (*contredire*) . . . . . ceux des journalistes.
2. En 1980, des astrologues (*prédire*) . . . . . une catastrophe mondiale.
3. Bernard (*ranger*) . . . . . ses affaires de classe et (*dire*) . . . . . qu'il partait à l'entraînement.
4. Je (*redire*) . . . . . à mes camarades ce que j'avais vu.
5. De Tunis, Lise m'(*écrire*) . . . . . une longue lettre.
6. Les volontaires (*inscrire*) . . . . . leur nom sur une liste.
7. Le régime que tu (*prescrire*) . . . . . fut efficace.

Exercice 4

Dans les phrases suivantes, mettez au passé composé les verbes notés entre parenthèses :

1. Lorsque Brigitte (*dire*) . . . . . que le spectacle était terminé, toute la salle (*applaudir*) . . . . . sans réserve.
2. Nous étions contents de partir ; mais lorsqu'on nous (*dire*) . . . . . qu'il fallait dormir à la belle étoile, nous (*frémir*) . . . . . .
3. Lorsque Lucie (*contredire*) . . . . . Bernard, celui-ci (*bondir*) . . . . . de son siège et a répliqué violemment.
4. Les grands-parents l'(*dire*) . . . . . souvent : ils (*grandir*) . . . . . à une époque où il y avait moins de confort.
5. Des gendarmes m'(*interdire*) . . . . . de passer. Mais j'(*réagir*) . . . . . avec insistance.
6. (*Retranscrire*) . . . . . -vous . . . . . les notes sur le bulletin scolaire ?

Exercice 5

Dans les phrases suivantes, mettez les verbes aux mode et temps qui conviennent :

1. Réunissez les joueurs et (*dire*) . . . . . -leur de se préparer pour l'entraînement.
2. Il faut que nous (*étudier*) . . . . . le projet et que nous (*dire*) . . . . . si nous le retenons.
3. Si l'on nous interrogeait à nouveau, nous (*redire*) . . . . . la même chose.
4. (*Dire*) . . . . . -moi ce que tu souhaites comme cadeau.
5. Il faut qu'elle nous (*dire*) . . . . . ses goûts.
6. De New York, je t'(*écrire*) . . . . . ce que je découvrirai.
7. Il vaut mieux que les candidats s'(*inscrire*) . . . . . avant lundi.
8. Si vous le souhaitez, je vous (*inscrire*) . . . . . au tableau d'honneur.
9. Si Jean se (*réinscrire*) . . . . . au club, il devra renouveler sa carte.

Exercice 6

Même consigne que pour l'exercice précédent.

1. Allons trouver le responsable et (*dire*) . . . . . lui ce que nous pensons.
2. Si tu m'avais téléphoné, je t'(*dire*) . . . . . de me rapporter mon livre.
3. Si vous (*lire*) . . . . . le journal, vous seriez au courant de la nouvelle.
4. En (*prédire*) . . . . . un tel dénouement, vous nous faites peur.
5. Il faut que tu (*finir*) . . . . . ce travail et que tu (*dire*) . . . . . combien de temps tu y as passé.
6. Nous (*dire*) . . . . . la vérité si nous la connaissions.
7. (*Inscrire*) . . . . . ton nom en bas de la page !
8. Chaque fois que nous partions en vacances, nous (*écrire*) . . . . . pour rassurer nos parents.

VOL 5328 - Retour de l'enfer

Quelques heures après leurs émotions marseillaises[1], les Bleus sont montés dans l'avion du suprême espoir. Puis ils ont rejoint leur retraite de Saint-Lambert.

D'un de nos envoyés spéciaux
Didier Braun

Marseille. Aéroport de Marignane, hier matin, peu avant onze heures. Embarquement du vol IT 5328 pour Paris. Porte n° 55. Brouhaha habituel des au revoir, des à bientôt. Tendres embrassades ou plongée silencieuse dans le journal. Et puis, quelques mouvements divers. Un cri. Des vivats. Des applaudissements.

Platini, Fernandez, et les autres : pas la peine de vous cacher derrière vos lunettes. Vous êtes découverts, dans ce couloir d'à côté où vous avez évité les formalités. Une dame d'âge mûr n'apprécie pas ce passe-droit. Elle se radoucira plus tard. Ces jeunes sont si beaux ! D'autres voyageurs sont ravis. Ils vont passer une heure en compagnie des Bleus.

in *L'Equipe*, 25 juin 1984.

---

1. Demi-finale des championnats d'Europe 1984. L'Équipe de France faillit être battue par le Portugal.

3 La phrase non verbale

1. LA PHRASE VERBALE/ LA PHRASE NON VERBALE

description

• La phrase **verbale** se construit autour d'un verbe conjugué :
Les voyageurs <u>sont</u> ravis.
Ils <u>vont passer</u> une heure en compagnie des Bleus.

• La phrase **non verbale** ne comporte pas de verbe conjugué. Elle se construit le plus souvent autour d'un nom ; quelquefois, autour d'un autre terme :
Un cri.   Des vivats.   Bravo !

• La phrase **verbale** donne des indications temporelles. La forme et la terminaison de son verbe indiquent si l'action se situe dans le passé, le présent ou l'avenir :
L'assemblée a voté. L'assemblée vote. L'assemblée votera.

• Dépourvue de verbe, la phrase **non verbale** ne donne pas ces informations. Par exemple, ce titre de presse :
Vote de l'Assemblée Nationale,
ne permet pas de savoir si le vote a eu lieu, a lieu, ou va avoir lieu.
Il faut lire l'article du journal pour le savoir.

• La phrase **verbale** donne encore des indications « modales ». Cela signifie que le mode du verbe indique si l'action est certaine ou incertaine :
Le dollar est en hausse. Le dollar serait en hausse.

• La phrase **non verbale** ne donne pas ces informations. Ainsi, la phrase suivante :
Voyage du Pape en Australie,
ne permet pas de savoir s'il faut comprendre : « Le Pape fera un voyage en Australie » ou « Le Pape ferait un voyage en Australie ». L'intonation et la ponctuation sont souvent nécessaires pour préciser ces informations :
Voyage du Pape en Australie ? (action incertaine)

emploi

• La phrase **non verbale** met en valeur l'information, parce qu'elle la formule uniquement avec les mots essentiels. Les mots intermédiaires sont supprimés :
Des souterrains murés. Partout, silence, obscurité.
Visage de pierre. Voilà le château de Combourg. (Chateaubriand)

• La phrase **verbale** détaille davantage l'information, mais ne met pas spécialement en valeur l'un de ses éléments :
Le château est construit sur un roc.

• Si l'on veut mettre en valeur un élément de la phrase verbale, il faut souvent transformer la phrase :
Ce roc, je l'escaladerai. (= J'escaladerai ce roc.)

2. LES DIFFÉRENTES SORTES DE PHRASES NON VERBALES

a. La phrase nominale

• Quand la phrase non verbale a pour noyau un nom, on dit que c'est « une phrase nominale ».

Chute de pierres. Chien méchant.
noyau   noyau

• La phrase nominale provient d'une phrase verbale qui a été transformée. Elle peut se construire de différentes façons.

1. Elle provient de l'effacement d'un verbe.

• On supprime le verbe de la phrase verbale.
    Ph. verbale   : *Un congrès d'ornithologues se tient à Megève.*
    Ph. nominale : *Congrès d'ornithologues à Megève.*

2. Elle provient d'une nominalisation.

• On substitue au verbe de la phrase verbale le nom qui lui correspond.
    Ph. verbale   : *On démolit le vieil hospice.*
    Ph. nominale : *Démolition du vieil hospice.*

• On substitue à un adjectif de la phrase verbale le nom qui lui correspond.
    Ph. verbale   : *Les joueurs français sont optimistes.*
    Ph. nominale : *Optimisme des joueurs français.*

b. Les autres phrases non verbales

• Elles peuvent avoir pour mot-noyau des termes très divers :
    Remarquable.   *Certes.*   *Oh !*   *Vlan !*
    adjectif   adverbe   interjection   onomatopée

• Elles proviennent souvent de phrases verbales abrégées :
Très juste. (= Ta remarque est très juste.)

• Les différents types de phrases non verbales s'utilisent à l'écrit comme à l'oral. Leurs valeurs d'emploi sont nombreuses ; elles répondent à plusieurs nécessités de la communication :

Mettre en valeur

Le bouquet du feu d'artifice fut une féerie. Un lac de lumière !
Ton discours restera dans tous les cœurs. Inoubliable !

Rédiger des titres de presse et des slogans publicitaires

Attentat à Roissy.   Splendide Gauloise.

(Pub des parfums "Molyneux", in *Paris-Match*, 2.12.83)

Exprimer un sentiment intense

Maman chérie !   Quel bonheur !   Hurrah !

Raccourcir utilement la communication

Télégramme : *Sincères condoléances.*
Annonce   : *Vends accordéon - parfait état - bon prix.*
Ordres   : *Stop. Feu ! Debout.*
Questions   : *Votre nom ? Prénom ? Date de naissance ?*

Quel que soit leur contenu, les phrases non verbales peuvent être : déclaratives, impératives, exclamatives ou interrogatives. Elles conviennent donc aux différents types de situation de communication.

Éviter des répétitions dans le dialogue

— *Quand partons-nous ?*
— *Vendredi.* (= Nous partirons vendredi.)

Résumé

• Une phrase **non verbale** n'a pas de verbe conjugué :
Manifestation d'agriculteurs.   Excellent.

• Le noyau d'une phrase non verbale est très souvent **un nom**. Il s'agit alors d'une phrase nominale :
Arrivage d'huîtres. Lancement d'un nouvel emprunt.

• Les phrases non verbales permettent de **mettre en valeur** un message ou de l'**abréger** utilement :
Centre magnifique de Giresse !   Bonsoir.

exercices

EXERCICE 1

En utilisant ces signes $\boxed{V}$, $\boxed{NV}$, dites si chacune des phrases suivantes est verbale ou non verbale :

1. Il a plu toute la nuit.
2. Pluies diluviennes sur la région parisienne.
3. Efficacité du plan O.R.S.E.C.
4. Le plan O.R.S.E.C. se révèle efficace.
5. On envisage de créer de nouveaux emplois.
6. Création probable de nouveaux emplois.

EXERCICE 2

Relevez dans le texte suivant une phrase verbale et une phrase non verbale de votre choix :

Grand tumulte sur le pont. La brume empêche de voir. Les matelots vont et viennent, effrayés. Plus de gouvernail. La manœuvre est impossible. La ''Sémillante'' en dérive file comme le vent. C'est à ce moment que les douaniers la voient passer. Il est onze heures et demie. A l'avant de la frégate, on entend comme un coup de canon. Les brisants ! Les brisants !... C'est fini, il n'y a plus d'espoir. On va droit à la côte.

A. Daudet, *Lettres de mon moulin*,
Éd. Fasquelle.

EXERCICE 3

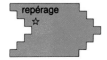

Relevez, parmi les phrases suivantes, celles qui donnent des indications temporelles. Soulignez le ou les mots apportant ces informations.

1. Diminution des impôts.
2. Les eaux de la Seine baissent.
3. Création d'un palais de la musique.
4. Lancement d'une fusée Ariane.
5. L'essence augmentera demain.
6. On a lancé un satellite.

EXERCICE 4

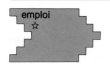

Dans le texte suivant, l'auteur emploie plusieurs phrases non verbales pour présenter le décor et les circonstances dans lesquels va s'inscrire l'action principale : l'accident. Composez un texte du même genre, mais pour un autre événement.

Autoroute A6 à la hauteur de Nemours. 5 heures 10. Nuit trouée par les phares des voitures. Chaussée sèche. Un camion semi-remorque devant. Un autre derrière mon véhicule. Je double.

Soudain, la direction ne répond plus. L'avant de la voiture semble se dresser devant moi. C'est l'accident. Je le sais. Cause inconnue. Pas le temps de chercher le pourquoi de cet incident mécanique. Quelques secondes seulement pour réfléchir et agir. Je me cale au fond de mon siège ; ma ceinture de sécurité me maintient. Je rentre la tête dans les épaules et j'attends le choc.

Richard Deutsch, *Le Monde*,
19-20 novembre 1978.

EXERCICE 5

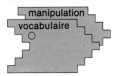

Transformez les phrases verbales suivantes en phrases nominales :

1. Le brouillard persiste.
2. Des quintuplés naissent à Dijon.
3. L'état des routes s'améliore.
4. Une fillette disparaît à Rennes.
5. Le maillot jaune s'échappe.
6. Les eaux de la Loire montent.

EXERCICE 6

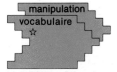

Même consigne que pour l'exercice précédent.

1. Une canalisation de gaz se rompt.
2. Les négociations échouent.
3. Les hostilités cessent.
4. Les effectifs se réduisent.
5. Les brumes matinales se dissipent.
6. Nos troupes se retirent.

EXERCICE 7

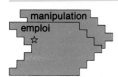

Même consigne que pour l'exercice 5.

1. Notre défense est faible.
2. Le tribunal se montre ferme.
3. Le combat de boxe fut bref.
4. François Welt est coupable.
5. Le jeune champion est las.
6. Ces produits sont nocifs.

EXERCICE 8

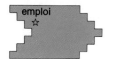

Transformez les phrases verbales suivantes en phrases nominales :

1. On relèvera les salaires le 1er juin.
2. On relèvera les compteurs d'eau la semaine prochaine.
3. On relèvera la garde toutes les deux heures.
4. On a déposé des ordures dans le bois des Aures.
5. Un témoin dépose dans l'affaire Cedachi.
6. On réglera gratuitement votre magnétoscope.
7. Vous réglerez la facture à votre convenance.

EXERCICE 9

1. Pour faire les titres du "Journal de votre collège", transformez les phrases verbales suivantes en phrases nominales.
2. Classez vos titres en quatre rubriques : « sport »/« communication »/« activités manuelles »/« voyages ».
3. Choisissez un titre et développez un petit article qui y corresponde.

1. On va organiser un tournoi de handball. — 2. On affiche des petites annonces sous le préau. — 3. On visitera le château de Versailles avec un guide. — 4. Un club d'aéromodélisme s'est ouvert. — 5. Un bulletin « Inter/5e » paraît. — 6. Le collège participera au cross départemental. — 7. On crée un atelier de marionnettes. — 8. Une classe de 5e a séjourné à Monaco.

EXERCICE 10

Chacun des panneaux ci-dessous appartient au code de la route. Traduisez en phrase non verbale le message qu'il exprime.

emploi
☆

Composez une phrase non verbale qui serve de slogan publicitaire à un produit, puis rédigez un petit texte d'accompagnement.

103 Peugeot. Ton premier permis de partir.

repérage
☆

Dans le texte suivant, relevez les phrases non verbales ; indiquez leur nature (nom, adjectif, etc.).

Il a neigé abondamment cette nuit, puis le gel a durci toute chose. La campagne est figée sous l'épaisseur de neige. Le ciel est bas. Grisâtre. Les maisons ont des allures de fantômes. On n'entend pas un bruit. Silence. Le village est replié sur lui-même. Sa vie semble fragile, cachée. Secrète. Alentour, c'est une immensité blanche. En une nuit, l'hiver a assiégé la terre. Il l'a investie. Totalement.

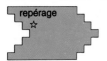

manipulation
☆

Dans les expressions ci-dessous, retrouvez la phrase verbale qui correspond à chacune d'elles.

1. Votre profession ?
2. Pluie ou vent, il faut partir.
3. Les canots à la mer !
4. Après les trapézistes, les jongleurs.
5. Des pas dans le jardin. Va voir.
6. Un lait-grenadine, s'il vous plaît.

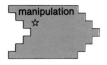

repérage
☆

Indiquez pour chaque phrase non verbale si elle est déclarative, impérative, interrogative ou exclamative.

1. Ouverture des Jeux Olympiques.
2. Quelle chaleur !
3. Halte !
4. Votre prix ?
5. A table.
6. Bravo !
7. Hausse des carburants.
8. A ta santé !

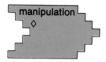

Vous trouverez ci-dessous la fin ou le début de proverbes construits avec des phrases non verbales. Essayez de retrouver chacun des proverbes.

1. Après la pluie, ...
2. A cœur vaillant, ...
3. Aux grands maux, ...

4. . . . ., chose due.
5. . . . ., dent pour dent.
6. . . . ., tout honneur.

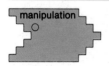

Réduisez les phrases ci-dessous en phrases non verbales de façon à constituer le texte d'un télégramme.

Il y a du verglas sur les routes. Il m'est impossible de venir. Je le regrette sincèrement. Michel.

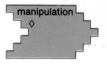

Réduisez les phrases ci-dessous de façon à en faire le texte d'une annonce.

Je vends un circuit automobile. Il n'a pas de barrières. Il a deux voitures. Il est en bon état. Le prix est à débattre.

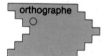

Lisez le texte suivant ; il vous sera ensuite donné en dictée.

En attendant l'arrivée du train, Sophie feuillette le journal. Elle apprécie particulièrement la page locale intitulée : « Quelles nouvelles de votre région ? » Sophie en regarde les titres : « Vol de cigognes au-dessus de Fleury », « Vol de sable dans une cimenterie », « Carambolages en séries sur l'autoroute », « Rues piétonnes dans le centre de Dijon ». Ce dernier titre intéresse Sophie. Elle aime flâner en ville et déplore que les promeneurs y soient souvent gênés par les voitures. L'idée que des rues seront dorénavant réservées aux piétons lui plaît beaucoup. Elle imagine les devantures des magasins et les titres qui s'y trouvent : « Soldes », « Remise importante sur tout achat », « Dépannage immédiat », « Sélection du mois », etc.

Même consigne que pour l'exercice précédent.

J'ai cavalé aux trousses du chat à travers l'Europe. [...] J'ai compulsé des thèses mais aussi des bandes dessinées et des livres d'enfants [...] ; j'ai regardé des estampes, lu des poèmes, remué des ossements, et reniflé des pâtés en boîte. Et j'ai suivi mes chats. [...]

Poils longs et poils courts. Couverts de cocardes ou d'électrodes. Sentant le foin, l'ambre ou la misère. Chats fous et chats trop sages. Chats d'intérieur et chats de cimetière. Chats du jour et chats de la nuit. Prenant le bateau ou l'avion. Lorgnant un poisson rouge ou endormis près d'un brûle-parfum. Chats dansant. Chats chassant. Chats couchant. Chats enfuis.

J.-L. Hue, *Le chat dans tous ses états*, Éd. Grasset.

33

Césaire et son père

Il tenait à bail[1] une petite ferme, toute petite, car ils **n'**étaient **pas** riches son père et lui. Seuls, avec une servante, une enfant de quinze ans qui leur faisait la soupe, soignait les poules, allait traire les vaches et battait le beurre. Ils vivaient péniblement, bien que Césaire fût un bon cultivateur. Mais ils **ne** possédaient **ni** assez de terres, **ni** assez de bétail pour gagner plus que l'indispensable.

Le vieux **ne** travaillait **plus.** Perclus de douleurs, courbé, tortu, il s'en allait par les champs appuyé sur son bâton.

Guy de Maupassant, *Contes*, « Le Père Amable ».

1. Le paysan n'est pas propriétaire de la terre. Il doit donner une partie de la récolte à celui qui lui loue le terrain : le bailleur.

La négation dans la phrase

1. LA NÉGATION GRAMMATICALE

• On distingue deux formes de négation grammaticale : la négation totale et la négation partielle.

a. La négation totale

1. Formation

• La négation totale se forme au moyen des adverbes « **ne... pas** ». Elle porte sur l'ensemble de la phrase.

    Phrase affirmative : *Ils étaient riches.*
    Phrase négative   : *Ils n'étaient pas riches.*

Dans la langue choisie, **point** peut remplacer **pas** :
*Je n'ai **point** de temps à vous consacrer.*

2. Place des adverbes de négation

• Les adverbes « ne... pas » se placent généralement de part et d'autre du verbe ou de l'auxiliaire :
*Tu **ne** triches **pas**.*   *Tu **n'**as **pas** triché.*

• Quand le verbe est à l'infinitif, le groupe « ne... pas » se place avant le verbe :
*Le dentiste te demande de **ne pas** bouger.*

Quand l'infinitif est **être** ou **avoir**, le groupe **ne... pas** peut se placer de part et d'autre de l'infinitif ou avant lui :
*Je crains de **ne pas** être à la hauteur de ma tâche.*
*Je crains de **n'**être **pas** à la hauteur de ma tâche.*

3. Cas d'omission d'un adverbe négatif

• Omission de l'adverbe « **pas** ».
On omet généralement l'adverbe « pas » avec les verbes « cesser », « oser », « pouvoir », « savoir » :
Je ne puis dire ce que je pense.
On ne sait ce qui va se passer.

On omet encore l'adverbe « pas » dans les cas suivants :
— Avec la conjonction « ni » : *Je n'ai ni montre ni pendule.*
— Avec certaines tournures : *Si je ne m'abuse...   N'aie crainte...*
                              N'importe...

- Omission de l'adverbe « **ne** ».

La langue orale familière a tendance à élider l'adverbe « ne » :

Je ris pas.   On a pas le temps.

A l'écrit, l'adverbe « ne » subsiste :

*Je **ne** ris pas.   On **n'**a pas le temps.*

4. Cas d'omission des déterminants

- Dans une phrase négative, les articles partitifs et indéfinis disparaissent au bénéfice de « de » :

*Je bois **du** lait.* → *Je ne bois pas **de** lait.*

*Tu as **des** soucis.* → *Tu n'as pas **de** soucis.*

Avec « ni », ces déterminants disparaissent totalement :

Je n'ai ni stylo ni crayon.

- On emploie « ne... pas » lorsqu'on veut nier totalement l'existence d'un fait :

Il n'y a pas de brouillard.   Je n'ai pas menti.

- On emploie également « ne... pas » dans une tournure impérative, pour formuler une interdiction : *Ne sortez pas.*

b. La négation partielle

- La négation est dite partielle quand elle ne porte que sur un élément de la phrase. Il existe plusieurs cas de négation partielle.

1. La négation porte sur un déterminant

- Elle se forme au moyen des adjectifs indéfinis « aucun(e) », « nul(le) », associés à l'adverbe « ne » :

*Je n'ai vu **aucun** élève.* (Ph. affirmative : *J'ai vu **tous les** élèves.*)

***Nul** joueur n'a protesté.* (Ph. affirmative : ***Tous les** joueurs ont protesté.*)

2. La négation porte sur un constituant de la phase (sujet, COD, etc.)

- Elle se construit avec des pronoms indéfinis associés à « ne » :

Je n'ai vu <u>personne</u>. (Ph. affirmative : *J'ai vu <u>tout le monde</u>.*)
COD   COD

<u>Rien</u> ne bougeait. (Ph. affirmative : <u>Tout</u> bougeait.)
sujet   sujet

3. La négation porte sur un adverbe

- Elle se forme au moyen des adverbes « jamais », « plus », « guère », associés à « ne » :

*Le vieux **ne** travaille **plus**.* (Ph. affirmative : *Le vieux travaille **encore**.*)

*Il **ne** pleut **jamais** ici.* (Ph. affirmative : *Il pleut **toujours** ici.*)

*Je **ne** sors **guère**.* (Ph. affirmative : *Je sors **souvent**.*)

« Ne... guère » peut encore se substituer au déterminant « beaucoup de » :

J'ai mangé beaucoup d'abricots → *Je **n'**ai **guère** mangé d'abricots.*

• On emploie les indéfinis négatifs associés à l'adverbe « ne » pour indiquer qu'un élément de la phrase est négatif :

<u>Nul</u> n'a vu l'accident.   Je ne vois <u>rien</u>.
sujet   COD

• On emploie « ne... jamais » et « ne... plus » quand on veut donner à la négation une valeur temporelle :
« Ne... jamais » permet d'affirmer qu'un fait n'a pas existé, n'existe pas et n'existera pas :
On **n**'a **jamais** vu d'ours en Bretagne.
« Ne... plus » permet d'affirmer qu'un fait a cessé d'exister :
Je **ne** fume **plus**.

• *On emploie « ne... guère » pour indiquer qu'un fait n'existe que partiellement :*
*Je **n**'ai **guère** d'entrain.*

c. Le cas de la négation restrictive

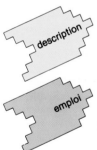

• La négation restrictive se forme au moyen des adverbes « **ne... que** ». Elle équivaut à l'adverbe « seulement » inclus dans une phrase affirmative :
Il reste seulement trois brioches.   *Il **ne** reste **que** trois brioches.*

• On emploie la négation restrictive pour indiquer qu'un fait existe à l'exclusion des autres :
Il n'aime que les caramels.

2. LA NÉGATION LEXICALE

• Elle se forme au moyen de préfixes négatifs ajoutés à un nom ou à un adjectif. Les principaux préfixes sont les suivants : « non - a - dé - dés - dis - il - im - in - ir - mal - mé - mes » :
*Un pacte de **non**-agression.*   *Une écriture **il**lisible.*   *Une odeur **dés**agréable.*

• Comme la négation grammaticale totale, la négation lexicale nie l'existence d'un fait :
*La situation est **a**normale. (= La situation n'est pas normale.)*

Résumé

• La **négation grammaticale** peut être totale, partielle ou restrictive :
Tu <u>ne sors pas</u>.   *Tu <u>ne sors guère</u>.*   *Tu <u>ne sors que</u> le dimanche.*

• La **négation lexicale** se forme le plus souvent au moyen de préfixes négatifs :
Cet acte est <u>il</u>légal.   *Vous êtes <u>dés</u>agréable.*

exercices

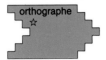

Appliquez la négation totale aux phrases suivantes en utilisant « ne... pas » :

1. J'ai de la monnaie.
2. Tu es en bonne santé.
3. Il est nécessaire de crier.

4. Je me limiterai à cette démarche.
5. On me refusera ce service.
6. Il m'est agréable de prendre parti.

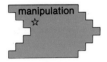

Dans les phrases suivantes, faites porter la négation totale sur l'infinitif au moyen de « ne... pas » :

1. Je voudrais partir.
2. On te demande de tousser.

3. Je crois avoir fait des erreurs.
4. Il prétend être au courant.

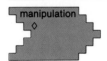

Substituez un infinitif à chaque proposition subordonnée. Sur ce modèle :
J'ai décidé que je ne sortirai pas. → J'ai décidé de ne pas sortir.

1. Jacques espère qu'il ne déménagera pas en janvier.
2. Vous êtes sûr que vous ne rougirez pas.
3. Nous pensons que nous ne faiblirons pas.
4. Tu dis que tu n'es pas malheureux.
5. Je crois que je n'ai pas tort.

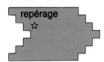

Relevez les phrases dans lesquelles il est possible de supprimer « pas » :

1. Je n'ose pas insister.
2. Je ne pense pas être en retard.
3. Marie n'entend pas céder.

4. Le docteur ne peut pas se prononcer.
5. On ne sait pas ce qui va arriver.
6. Tu ne dois pas faire ce devoir.

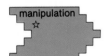

Transformez les phrases suivantes en phrases négatives en employant « ni... ni » :

1. J'aime la bière et le cidre.
2. Nous irons à Cannes et à Nice.
3. Je sais coudre et tricoter.

4. Je vois des tigres et des lions.
5. Vous avez bu et mangé.
6. Tu as graissé tes patins et ceux de Jean.

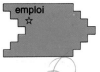

emploi ☆

Composez trois phrases qui soient successivement construites sur le modèle suivant :

a. Ni la vipère ni la fourmi ne sont des mammifères.
b. Nous n'avons trouvé ni muguet ni jacinthes dans le bois.
c. La brouette n'était ni dans le garage ni dans le jardin.

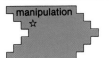

manipulation ☆

1. Appliquez la négation « ne... pas » aux phrases suivantes.
2. Indiquez la nature des déterminants qui subissent une modification.

1. On a découvert une nouvelle planète.
2. J'ai photographié la tour Montparnasse.
3. Cet animal mange de la viande.
4. Il y a du brouillard.
5. Tu aimes les pâtes.
6. Cette usine fabrique des moteurs.

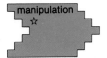

manipulation ☆

Ces phrases appartiennent au registre de langue familier. Transposez-les dans un registre plus soutenu en rectifiant la composition de la négation.

1. J'ai pas envie de sortir.
2. Le docteur est pas venu.
3. I' fait pas beau.
4. T'as pas l'air content.
5. J't'ai pas dit la vérité.
6. Marche pas sur les fleurs.

appréciation ☆

Voyez s'il faut placer un « n' » après « on ». Si oui, recopiez la phrase en effectuant cette modification ; sinon, n'intervenez pas.

1. On est pas malheureux.
2. On est furieux.
3. On a un beau terrain de jeu.
4. On a pas vu la fin du film.
5. On apprécie pas ton geste.
6. On aime beaucoup ce disque.

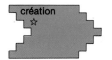

création ☆

Ajoutez deux strophes au poème suivant à l'aide de phrases impératives négatives (fin du poème p. 254).

CONSEILS DONNÉS PAR UNE SORCIÈRE
(A voix basse, avec un air épouvanté, à l'oreille du lecteur)

Retenez-vous de rire
dans le petit matin !

N'écoutez pas les arbres
qui gardent les chemins !

Ne dites votre nom
à la terre endormie
qu'après minuit sonné !

A la neige, à la pluie
ne tendez pas la main !

J. Tardieu, *Colloques et interpellations,*
Éd. Gallimard.

repérage
○

Relevez dans le texte suivant une négation totale et une négation partielle.

AU FOND DU GOUFFRE

Je ne peux pas m'imaginer que je vais pénétrer dans ce puits. Mes gestes sont ceux d'un automate. J'enfile une combinaison, aidé par deux camarades, puis mes bottes. Bientôt, je suis prêt. Ma nervosité est à son comble. Mes actes ne sont plus coordonnés à ma pensée. Je suis à la fois distrait et surexcité.

Michel Siffre, *Hors du temps*,
Éditions Fayard.

repérage
◇

Recopiez le texte suivant en y soulignant les termes négatifs.

NOËL À LA CAMPAGNE

Nous n'avions ni boudin noir, ni boudin blanc, ni dinde aux marrons ; mais les marrons seulement, bouillis et rôtis, et le chef-d'œuvre de Sido : un pudding blanc, clouté de trois espèces de raisins : Smyrne, Malaga, Corinthe. [...] Aucun de nous ne souhaitait davantage, ne se plaignait d'avoir trop peu.

Colette, *Paris de ma fenêtre*,
Éditions du Milieu du monde, Genève.

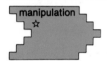

manipulation
☆

En utilisant, selon les cas, un adjectif indéfini ou un pronom indéfini associé à « ne », ou les groupes « ne... plus », « ne... jamais », « ne... guère », dites le contraire des phrases suivantes :

1. Tous les passants ont témoigné.
2. Tu as toutes les raisons de te fâcher.
3. Tout le monde a ri.
4. Tout a changé.
5. Je pense encore à cet incident.
6. J'interviendrai souvent.
7. Le loup attaque toujours l'homme.
8. Il y a beaucoup de biches dans ce bois.

repérage
☆

Dans le texte suivant, relevez deux négations grammaticales partielles et une négation restrictive.

LES CHASSEURS DE PHOQUES

J'ai une combinaison blanche par-dessus mes vêtements de fourrure. Les phoques peuvent croire que je suis un bloc de glace en train de dériver. Quand ils regardent de mon côté, j'arrête de pagayer. Je pense que je suis un bloc de glace, et j'avance comme lui. Nous sommes tout près maintenant. Je ne vois plus Azak. Je ne vois plus les nuages. Je ne vois que mon phoque.

P.-É. Victor, *Nanouk, l'eskimo,
mes carnets de croquis.* Éd. Seghers.

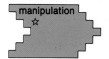

EXERCICE 15

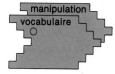

manipulation
☆

Dans les phrases suivantes, remplacez « seulement » par « ne... que ».

1. J'ai seulement des brioches à vous offrir.
2. Tu as seulement le temps de manger.
3. Bruno a seulement dix ans.
4. Il est seulement midi.
5. Tu inviteras seulement Marie.
6. On entend seulement le chant des cigales.

EXERCICE 16

manipulation
vocabulaire
○

Appliquez la négation lexicale aux adjectifs des phrases suivantes en utilisant des préfixes négatifs :

1. La situation est normale.
2. Cette entrevue a été agréable.
3. Cette action est légale.
4. Il y a là un risque négligeable.
5. La punition est méritée.
6. Ta demande est acceptable.
7. Votre projet est réaliste.
8. Ma tâche est aisée.

EXERCICE 17

orthographe
○

Lisez le texte suivant ; il vous sera ensuite donné en dictée.

Comme il fait beau, la forêt est envahie de promeneurs. Au parking, les voitures sont innombrables. Il n'est guère possible de trouver un coin pour s'isoler. Voilà un petit emplacement inoccupé. Il faut le prendre car nous n'avons guère le choix. Après une partie de ballon, nous songeons à manger. Tartines, brioches, fruits et galettes sont très appréciés. Mais nous avons oublié les boissons dans la voiture. François dit malicieusement à Laurence : « Va les chercher. On n'est jamais si bien servi que par soi-même. »

EXERCICE 18

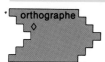

orthographe
◇

Même consigne que pour l'exercice précédent.

C'était le manque d'une scie dont Robinson souffrait le plus. Cet outil — impossible à fabriquer avec des moyens de fortune — lui aurait épargné des mois de travail à la hache et au couteau. Un matin, il crut rêver encore en entendant à son réveil un bruit qui ne pouvait être que celui d'un scieur en action. Parfois, le bruit s'interrompait comme si le scieur changeait de bûche, puis il reprenait avec une régularité monotone. [...] Robinson avança à pas de loup vers l'endroit d'où provenait le bruit. D'abord, il ne vit rien, mais il finit par découvrir au pied d'un palmier un crabe gigantesque qui sciait avec ses pinces une noix de coco serrée dans ses pattes.

© M. Tournier, *Vendredi ou la vie sauvage*,
Éd. Gallimard.

41

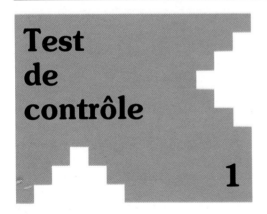

Test de contrôle

1

☆ REPÉRAGE

Exercice 1

Dans le texte suivant, relevez une phrase simple et une phrase complexe de votre choix :

L'enfant a une douzaine d'années. Il a des yeux bleus et des cheveux noirs qui lui descendent presque jusqu'aux épaules. On le surnomme « Furet », parce qu'il est vif et curieux. Dès qu'il nous voit, il grimpe à un arbre. Il atteint rapidement le faîte du chêne. On n'entend aucun bruit. Je sais pourtant qu'un gamin rieur nous regarde.

☆ REPÉRAGE

Exercice 2

1. Recopiez chacune des phrases suivantes en soulignant les différentes propositions.
2. Indiquez sous chaque proposition s'il s'agit d'une indépendante, d'une principale ou d'une subordonnée :

1. Le soleil va se coucher, les tournesols se tournent vers l'ouest.
2. Mon chien devine que nous allons sortir.
3. Bien qu'il soit décoloré, mon vieux jean me plaît toujours.
4. Nous arrivons à Nice, le temps est magnifique.
5. Je connais la chanson que William fredonnait.
6. Couchez-vous, ne bougez pas, restez silencieux.

☆ EMPLOI

Exercice 3

Inventez une principale pour chacune des subordonnées suivantes :

1. . . . . que la blessure est sans gravité.
2. . . . . qui était captivant(e).
3. . . . . qui était répugnant(e).
4. . . . . parce qu'il a mangé trop de chocolats.

5. . . . . si tu viens avec moi.
6. . . . . qu'elle s'éclairait au gaz autrefois.

○ EMPLOI, VOCABULAIRE, ORTHOGRAPHE

Exercice 4

Chacun des sons suivants, noté en phonétique, peut renvoyer à des mots différents. Employez chacun de ces mots dans une phrase simple.
[m ɛ r] - [s ã] - [f ɛ̃] - [s õ]

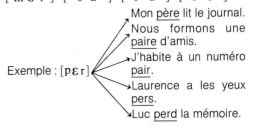

Exemple : [pɛr]

Mon <u>père</u> lit le journal.
Nous formons une <u>paire</u> d'amis.
J'habite à un numéro <u>pair</u>.
Laurence a les yeux <u>pers</u>.
Luc <u>perd</u> la mémoire.

☆ REPÉRAGE ET EMPLOI

Exercice 5

1. Recopiez le texte suivant en soulignant les groupes de mots juxtaposés et en indiquant leur fonction.
2. Construisez un paragraphe du même genre en évoquant une autre saison. (En hiver, ... Au printemps, ...)

A l'automne, érables, chênes, bouleaux se paraient de couleurs chatoyantes qui scintillaient entre les fûts sombres des pins. Les renards appelaient dans les collines. Les cerfs traversaient paisiblement les champs voilés à demi dans les brumes matinales de novembre. [...] Les lauriers, les viornes[1], les aulnes, les hautes fougères, les fleurs sauvages enchantaient l'œil du voyageur.

Rachel L. Carson, *Le printemps silencieux*, Éditions Plon.

1. Arbustes à fleurs blanches.

☆ REPÉRAGE

Exercice 6

Recopiez le texte suivant en encadrant chaque conjonction de coordination et en indiquant la relation logique qu'elle manifeste : opposition - cause - addition positive - addition négative.

Nous n'avions qu'une petite maison car nous n'étions pas riches. Mon père travaillait à l'usine et s'occupait du jardin en rentrant. Nous ne possédions ni réfrigérateur ni machine à laver. Nous étions pauvres mais nous étions heureux.

Exercice 7
Recopiez le texte suivant en le scindant en trois paragraphes :

Y a-t-il une limite à la hauteur des vagues ? La réponse à cette question est encore incertaine, de même que l'appréciation de la force d'une vague. Les constructeurs de plates-formes de forage le savent bien. Dans leurs calculs, ils tiennent toujours compte de deux paramètres : la vague centenaire et le phénomène de résonance. La vague centenaire peut atteindre jusqu'à 30 mètres en mer du Nord et 35 mètres dans le Pacifique. Elle est susceptible de se produire tous les cent ans. Cependant, elle n'est qu'une donnée statistique. Il y a toujours une chance, même infime, pour qu'elle soit surpassée. Le phénomène de résonance est d'un autre ordre. Il se produit lorsqu'une vague entre en résonance avec la structure d'une plate-forme. Les 50 000 tonnes d'acier d'un forage peuvent alors se disloquer, exactement comme un verre de cristal qui serait soumis aux ultrasons. Le phénomène de résonance n'est pas lié à la hauteur des vagues. Un clapot de deux mètres de creux suffit pour détruire une plate-forme.

☆ REPÉRAGE ET APPRÉCIATION

Exercice 8
Dans le texte suivant, relevez une phrase non verbale. Indiquez la raison de son emploi.

Les athlètes de la lutte et du pancrace s'en donnaient à cœur joie. J'ai remarqué un homme de Boétie, inscrit pour les deux épreuves, qui faisait peur rien qu'à le regarder. [...] A la lutte, il étouffait ses adversaires avec des hurlements de bête fauve et les projetait au sol où ils se tordaient comme des serpents. Au pancrace, il désarticulait les mains et les pieds. Les manchettes à la gorge laissaient l'adversaire inconscient. Un vrai cyclone !

Jean Séverin, Le soleil d'Olympie,
Éditions Robert Laffont.

☆ MANIPULATION

Exercice 9
Transformez les phrases verbales ci-dessous en phrases nominales :

1. Une bouteille de gaz explose.
2. Un passant témoigne.
3. Il pleut abondamment en Alsace.
4. Un accord intersyndical est signé.
5. Un nouveau satellite est lancé.
6. Les usagers sont satisfaits.

☆ MANIPULATION

Exercice 10
Transformez les phrases suivantes en phrases négatives au moyen des adverbes « ne... pas : :

1. Je perds mon sang-froid.
2. Tu as vu ce film.
3. Nous aimons les croissants.
4. Nous voulons des croissants.
5. Je prendrai du café.
6. Mes amis ont une voiture.

☆ MANIPULATION

Exercice 11
En utilisant, selon les cas, un adjectif indéfini ou un pronom indéfini associé à « ne » ou les groupes « ne... plus », « ne... jamais », « ne... guère », dites le contraire des phrases suivantes :

1. Tout est perdu.
2. Tout le monde réagit.
3. Tous les élèves sont sortis.
4. Tu tousses encore.
5. Vous protestez toujours.
6. Il y a beaucoup de gibier.

☆ ORTHOGRAPHE

Exercice 12
Dans les phrases suivantes, voyez s'il faut ou non remplacer les pointillés par « n' ». Dans la négative, n'intervenez pas ; dans l'affirmative, placez la négation.

1. On . . . . . a bien ri.
2. On . . . . . a jamais dit ça.
3. On . . . . . entend rien.
4. On . . . . . arrive à Lyon.
5. On . . . . . approuve pas votre geste.
6. On . . . . . imagine ta surprise.

☆ REPÉRAGE

Exercice 13
Recopiez le texte suivant en encadrant chaque conjonction de coordination et en indiquant entre parenthèses la nature du lien logique qu'elle manifeste : cause, conséquence, addition, etc.

LES ÉCOLIERS DE L'ÉGYPTE ANTIQUE
De bonne heure le matin, le maître réveillait les garçons. Ils enfilaient rapidement leurs vêtements et se précipitaient, car les retardataires recevaient des tapes sur les doigts. (...) Si un garçon était indiscipliné, il pouvait être enchaîné et mis au cachot. On ne s'étonnera donc pas d'apprendre que, dès l'instant où la cloche sonnait midi, les garçons se ruaient dehors avec des hurlements de joie.

B. Winer, Vie et mœurs dans l'Antiquité, Éditions R.S.T.

Paris crève de froid, Paris crève de faim. L'hiver 1423 a anesthésié[1] la France tout entière. Le gel a recouvert routes et chemins le premier de l'an. (...) Les rues sont constellées de meules de neige. Dans le creux d'un arbre, une concierge trouve 140 oiseaux. Ils sont morts, pétrifiés par le froid.

« Le vinaigre et le vin gèlent dans les caves et dans les celliers, raconte dans son journal un bourgeois de Paris. Des glaçons pendent aux portes cochères et les puits ne contiennent plus que de la glace. » Les activités économiques sont nulles.

Maurice Sza Fran, C. de Villeneuve, in *Le Matin*. Interview d'Emmanuel Le Roy Ladurie.

1. L'hiver a engourdi la France. Celle-ci semble sous l'effet d'une anesthésie.

5 Le sujet - L'attribut

1. LES PRINCIPALES STRUCTURES DE LA PHRASE VERBALE

• La phrase verbale peut avoir différentes structures :

	groupe sujet	groupe verbal	exemple
Structure 1	sujet + verbe		*Luc tousse.*
Structure 2	sujet + verbe + attribut		*Maryse est pâle.*
Structure 3	sujet + verbe + COD		*Tu casses un vase.*
Structure 4	sujet + verbe + COI		*Tu ressembles à Marc.*
Structure 5	sujet + verbe + COD + COS		*Guy prête son jeu à Luc.*

Remarque :
A ces structures de phrases s'en ajoute une autre de construction différente :
Présentatif + élément présenté : *C'est une belle soirée.*

2. LE SUJET

a. Critères de reconnaissance

description

• Le sujet se reconnaît à plusieurs marques grammaticales.

1. Place

• Le sujet se place généralement avant le verbe :
Des glaçons pendent aux portes cochères.
    sujet   verbe

• Le sujet se place après le verbe dans les cas suivants :
— Dans les propositions incises :   *Allons, dit-**elle**, partons !*
— Dans certaines constructions interrogatives :   *Prendrons-**nous** le TGV ?*
— Dans certaines constructions exclamatives :   *Est-**il** mignon !*
— Quand la phrase commence par certains adverbes : *Sans doute avez-**vous** mangé.*
                                          *Du moins as-**tu** obtenu gain de cause.*

• On peut également placer le sujet après le verbe pour mettre en valeur l'information qu'on donne : *Survint alors **un incident.***

2. Accord avec le verbe

• Le sujet impose au verbe sa personne et son nombre :
Les rues sont constellées de neige.
  sujet

• Quand le sujet est un groupe nominal complexe, c'est le mot-noyau du GN qui détermine l'accord du verbe : *Les **entrepôts** de l'usine brûlent.*

PARTICULARITÉS DE L'ACCORD
• Quand le sujet est un nom collectif suivi d'un complément au pluriel, l'accord du verbe est variable :

Une foule de manifestants → *se rassemb**le*** / → *se rassemb**lent*** *sur la place.*

• Quand le sujet est introduit par une locution du type **la plupart de**, **beaucoup de**, le verbe est au pluriel : *Beaucoup de gens se plaign<u>ent</u>.*
• Quand le sujet est un **infinitif** ou une **proposition**, le verbe reste au singulier : *Déménager <u>est</u> fatigant.   Que vous fassiez ces travaux m'<u>étonne</u>.*
• Quand il y a **plusieurs sujets**, le verbe se met au pluriel : *Le chien et le chat dorm<u>ent</u> côte à côte.*
• Quand il y a des sujets de **personnes différentes**, la règle est la suivante :
  — La 1re personne l'emporte sur les deux autres : *Anne, vous et moi <u>sommes</u> de la même ville.*
  — En l'absence de la 1re personne, la 2e l'emporte sur la 3e : *Anne et vous <u>êtes</u> de la même ville.*
• Quand il y a un « sujet apparent » et un « sujet réel », c'est le **sujet apparent** qui règle l'accord du verbe : *Il m'<u>arrive</u> de grands malheurs.*

3. Interrogation
• Le sujet peut se remplacer par les pronoms interrogatifs suivants : « qui, qui est-ce qui, qu'est-ce qui » :
Jean a parlé. → Qui a parlé ?   Une tôle vibre. → Qu'est-ce qui vibre ?

4. Mise en relief
• Le sujet peut être mis en relief par la tournure « **c'est... qui** » :
Jeanne gagnera. → C'est Jeanne <u>qui</u> gagnera.

• **Attention** : l'emploi de cette construction ne doit pas faire perdre de vue l'accord du verbe avec le sujet : *C'est toi qui parleras = tu parleras - C'est vous qui riez = vous riez - C'est moi qui vais en ville = je vais en ville.*

b. Nature du sujet
• Le sujet peut appartenir à diverses espèces grammaticales. Il peut être :
un nom : *Anne pleure.*   un GN : *La neige tombe.*   un pronom : *Il gèle.*
un infinitif : *Crier n'arrange rien.*   une proposition subordonnée : *Que tu démissionnes surprend tout le monde.*

• Le sujet représente généralement le **thème** de la phrase, c'est-à-dire ce dont on va parler. Le groupe verbal représente ce qu'on dit du thème, il est le **prédicat** de la phrase : *Le gel a recouvert les chemins.*

Gr. sujet   Gr. verbal
Thème   Prédicat

3. L'ATTRIBUT

a. Construction

• L'attribut appartient au groupe verbal dont il est un constituant essentiel. On ne peut pas le supprimer : *Cet hiver* | *fut <u>rigoureux</u>.*
attribut
groupe verbal

• L'attribut du sujet est le plus souvent construit avec le verbe « être » ou l'un des verbes suivants : « sembler, paraître, avoir l'air de, s'annoncer, passer pour, devenir, se faire, rester, demeurer ». Ces verbes sont généralement appelés **verbes d'état** : *Cette maison **semble** vétuste.*   *Notre chien **se fait** vieux.*

• La tournure passive « être considéré comme » peut être suivie d'un attribut du sujet :
*Tu **es considéré comme** un excellent gardien de but.*

b. Place

• L'attribut se place généralement après le verbe :
Le ciel reste gris.   *La journée s'annonce belle.*

• L'attribut se place avant le verbe dans les cas suivants :
— Quand il est pronom interrogatif : *Que deviens-tu ?*
— Dans les tournures de mises en valeur : *Ravissant est ton bracelet serti d'étoiles.*
                                                Résolus, nous le sommes.

c. Accord avec le sujet

• Quand il est un nom, un groupe nominal ou un adjectif, l'attribut s'accorde avec le sujet :
Cet homme est un acteur. → *Cette femme est une actrice.*
Cette poire semble mûre. → *Ces poires semblent mûres.*

d. Nature de l'attribut

• L'attribut est le plus souvent un nom, un groupe nominal ou un adjectif :
— Un nom : *Cet homme est pilote.*
— Un GN : *Ce chien est un boxer.*
— Un adjectif : *Le temps devient frais.*

• Cependant, les éléments suivants peuvent également faire fonction d'attribut :
— Groupe nominal prépositionnel : *Son visage est d'une grande finesse.*
— Pronom : *Ce manteau est le vôtre.*
— Infinitif : *Promettre n'est pas tenir.*
— Proposition subordonnée : *L'idéal serait que je réussisse.*

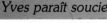

• L'attribut du sujet désigne une qualité ou un état de l'élément représenté par le sujet. On dit qu'il le « caractérise » :
Cette fille est une coquine.   *La mer devient houleuse.*

Résumé

• Le **sujet** est le « thème » de la phrase ; le groupe verbal est le « prédicat » :
<u>*Le pilote*</u> <u>*sort le train d'atterrissage.*</u>
  Thème   Prédicat

• L'**attribut** caractérise l'élément représenté par le sujet :
Yves paraît soucieux.   *La soirée s'annonce froide.*

exercices

EXERCICE 1

repérage
☆

Indiquez la structure de chacune des phrases suivantes (ex. : « sujet + verbe + COD », « sujet + verbe », etc.) :

1. Un camion-citerne a dérapé.
2. Un passant téléphone à la police.
3. La chaussée devient glissante.
4. Les gendarmes balisent l'accident.
5. Un médecin donne les premiers soins au chauffeur.

EXERCICE 2

repérage
○

Dans les phrases suivantes, soulignez le groupe sujet :

1. La locomotive entre en gare.
2. Le départ de mon frère bouleverse toute la famille.
3. Un immense chaudron de cuivre fut fixé sur un trépied.
4. Nous envoyons un télégramme à Marie-France.
5. Que tu fasses de la boxe inquiète tes parents.
6. Démissionner serait une lâcheté.

EXERCICE 3

repérage
○

Recopiez les phrases suivantes en soulignant le sujet. Au cas où celui-ci ne serait pas en tête de phrase, indiquez la raison de son inversion.

1. Demain matin, nous irons chercher mon cousin à l'aéroport.
2. Des milliers de téléspectateurs enthousiastes suivirent l'exploit du champion.
3. Alors survint un personnage extraordinaire.
4. « Oui, s'écria Bernard, restons unis ! »
5. Avez-vous réparé ma bicyclette ?
6. Et jaillit soudain le bouquet du feu d'artifice.
7. L'arbre que tu vois là-bas ressemble à un pinceau.

EXERCICE 4

repérage
◇

Dans le texte suivant, trois groupes sujets sont mis en valeur : soit par inversion, soit par l'emploi d'une tournure de mise en relief. Relevez ces groupes sujets.

L'ÈRE QUATERNAIRE

Sur les hautes chaînes alpines, les neiges accumulées engendrent de gigantesques glaciers qui descendent vers les plaines. Le climat est devenu affreusement froid. Il chasse vers le midi les éléphants et les hippopotames. Quand la température s'adoucit définitivement, c'est le renne qui remonte vers le nord. De la fusion des glaces naissent d'énormes fleuves : Rhône et Garonne. L'érosion fait son œuvre, amollissant les reliefs, apaisant la nature. La faune se met à l'unisson : les cerfs occupent les taillis, les sangliers sont dans les fourrés, les écureuils cabriolent sur les branches. Dans les prés, jaunissent les boutons d'or.

René Sédillot,
Survol de l'Histoire de France, Éd. Fayard

emploi
☆

Composez un court paragraphe qui évoque l'avènement d'une saison, ou le déroulement d'un fait. Votre texte comportera un sujet mis en valeur par inversion.

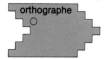

orthographe
○

Dans les phrases suivantes, mettez le verbe noté entre parenthèses au présent de l'indicatif :

1. Deux immenses chapiteaux (se dresser) sur l'esplanade.
2. L'entraîneur de ces coureurs (sembler) optimiste.
3. Les efforts de ce garçon (mériter) récompense.
4. Soudain, dans le ciel bleu, (s'ouvrir) les parachutes orange de mes amis.
5. Delphine et Sophie (chantonner) dans la cuisine.
6. Delphine ou Sophie (chantonner) dans la cuisine.

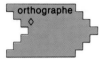

orthographe
◇

Même consigne que pour l'exercice précédent.

1. Une foule de personnes (assister) à la cérémonie.
2. Beaucoup d'oiseaux (manger) des graines.
3. La plupart de mes amis (aimer) le rock.
4. Sylvie, vous et moi (devoir) nous réunir.
5. Toi et moi (être) du même avis.
6. Dominique et toi (avoir) du courage.

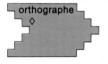

orthographe
◇

Dans les phrases suivantes, mettez au présent de l'indicatif les verbes notés entre parenthèses.

1. C'est moi qui (aller) en ville.
2. C'est toi qui (avoir) raison.
3. C'est nous qui (faire) erreur.
4. C'est vous qui (dire) des bêtises.
5. C'est toi qui (être) le plus fort.
6. Ce sont elles qui (chanter) le mieux.

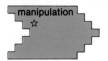

manipulation
☆

Dans les phrases suivantes, remplacez le sujet par « qui est-ce qui » ou « qu'est-ce qui », selon les cas :

1. Alexandre Dumas a écrit *Les Trois Mousquetaires*.
2. Le sel fait fondre la neige.
3. Le stéthoscope permet d'ausculter les malades.
4. Le picador combat le taureau à cheval.
5. Le terrier sert d'abri aux lapins.
6. Van Leenwenhock a inventé le microscope.

repérage
☆

Recopiez la phrase suivante et soulignez l'élément qu'on peut mettre en valeur par « c'est... qui ».

Demain après-midi, à l'occasion de l'Epiphanie, Catherine coupera la galette des rois.

Indiquez la nature du sujet dans chacune des phrases suivantes :

1. Madrid est la capitale de l'Espagne.
2. La pendule de la mairie retarde.
3. Nous allons être en retard.
4. Qui a téléphoné ?
5. Négocier n'est pas facile.
6. Que Pierre ait ce projet préoccupe sa maman.

Dans les phrases suivantes, cherchez un groupe sujet (thème) pour chaque groupe verbal (prédicat).

1. . . . . . sert à aplanir le bois.
2. . . . . . impose au verbe sa personne et son nombre.
3. . . . . . permettent au cavalier de mener le cheval.
4. . . . . . est la capitale de l'Egypte.
5. . . . . . est quelqu'un qui observe et étudie les astres.
6. . . . . . est quelqu'un qui prédit l'avenir d'après les astres.
7. . . . . . indique qu'une voyelle doit être lue séparément de·celle qui la précède.

Dans les phrases suivantes, soulignez les attributs et justifiez leur accord.

1. La neige est dure aujourd'hui.
2. Cet arbre semble vieux.
3. Vos visites se font courtes.
4. Lise partit radieuse.
5. Luc et Pierre restent vigilants.
6. Guy et Marc demeurent fermes.

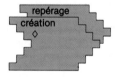

1. Dans le texte suivant, relevez un attribut mis en valeur.
2. En utilisant le même procédé, mais en choisissant un autre adjectif, construisez un texte qui évoque votre rue, un paysage ou un objet.

ÉBLOUISSANTE ÉTAIT MA RUE
   [...] Oui, éblouissante, avec ses immenses gris que le soleil peignait en blanc, ses pavés nacrés sertissant l'herbe verte, ses bornes qui préservaient sa solitude. Éblouissante au point de fixer les instants sur le négatif de la mémoire. À jamais.

R. Sabatier, *Les allumettes suédoises*,
Éd. Albin Michel.

De chaque nom figurant ci-dessous, donnez une définition qui comporte un GN - attribut du sujet. Sur ce modèle :
nénuphar → Un nénuphar est **une fleur aquatique**.

1. un mulot
2. un chimpanzé
3. une île
4. une dune
6. un Toulousain
6. Bruxelles
7. la brise
8. la bise

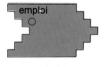

Même consigne que pour l'exercice précédent.

1. la guenon
2. la laie
3. un iceberg
4. l'équateur
5. un coutelas
6. un quiproquo
7. un octogénaire
8. une facétie

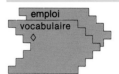

EXERCICE 17

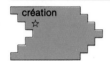

emploi
vocabulaire
◇

Inventez une comparaison originale avec des GN attributs du sujet. Votre phrase comportera l'un des verbes suivants : « sembler - paraître - avoir l'air de ». Sur ces modèles :

Dépouillé de ses feuilles, cet arbre a l'air d'une grande main noire.

Le soleil couchant semble un bouclier flamboyant.

Dans ce brouillard, les arbres paraissent des fantômes.

1. Dans sa carapace luisante, ce scarabée avait l'air d . . . . . .
2. Vue d'avion, la forêt semble . . . . . .
3. Dans ce miroir déformant, mon petit frère paraît . . . . . .

EXERCICE 18

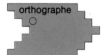

création
☆

Le poème ci-dessous est essentiellement construit avec des attributs du sujet. En gardant la même structure, composez un texte qui évoque le visage de quelqu'un ou la tête d'un animal.

CURIEUSE
Tes cheveux sont des araignées
noires et griffues
ton front un désert de sable blond
ton nez une vague de son
tes dents ont faim
ta bouche est fine
ton menton
une colline aiguë
mais tes yeux sont deux cratères
de lave et de gouffres ouverts
semés d'étincelles et de feu
Tes yeux sont deux mondes perdus

Lise Deharme,
Éd. des cahiers libres.

EXERCICE 19

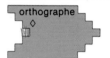

orthographe
○

Lisez le texte suivant ; il vous sera ensuite donné en dictée.

La nuit était noire et froide. Elle semblait une grande plaque de marbre posée sur la terre. On en sentait presque le poids. Les oiseaux se taisaient ; les voitures se faisaient rares sur les routes. Partout, on s'apprêtait au repos. L'obscurité était telle dans le bois qu'on ne voyait pas à trois pas. Courir était risqué. Nous marchions en file indienne pour ne pas nous perdre. Nos pas semblaient pesants car la boue se collait à nos bottes. Pourtant, notre allure restait rapide car nous avions hâte de sortir de ce bois. Comme les plantes et les taillis étaient noirs ! Ce fut Denis qui aperçut enfin le clocher du village. L'instant d'après, nous étions sur la route.

EXERCICE 20

orthographe
◇

Même consigne que pour l'exercice précédent.

La petite fille alluma encore une allumette. Elle se trouvait alors assise sous un superbe arbre de Noël ; il était encore plus grand et plus paré que celui qu'elle avait vu par la porte vitrée chez le riche commerçant, au dernier Noël ; des milliers de lumières brûlaient sur les branches vertes et des images bariolées, comme celles qui ornent les fenêtres des boutiques, la regardaient. La petite étendit les mains en l'air... et l'allumette s'éteignit. Les multiples lumières de Noël montèrent encore plus haut ; elle vit qu'elles étaient devenues des étoiles scintillantes ; l'une d'elles fila et traça une longue raie lumineuse dans le ciel.

Andersen, *Contes*, Traduction de P.-G. La Chesnay,
Éd. Flammarion.

51

Billy racontait à Jody bien des choses sur les chevaux. Il lui expliquait qu'ils avaient terriblement peur pour leurs pieds, si bien qu'il fallait prendre l'habitude de leur lever la patte et de tapoter le sabot et le paturon[1] pour chasser leur terreur. Il disait à Jody combien les chevaux aiment la conversation. [...] Billy n'était pas sûr qu'un cheval comprenne tout ce qu'on lui disait ; mais il était impossible de savoir à partir de quel point il ne comprenait plus. [...]

Jody écoutait attentivement, car il savait, et tout le pays savait, que Billy Buck s'y connaissait comme pas un en chevaux.

John Steinbeck, *Le poney rouge.*
Trad. de l'anglais par M. Duhamel et M. Morise,
Éd. Gallimard, Folio Junior.

1. Bas de la jambe du cheval.

6 Les compléments d'objet

1. LE COMPLÉMENT D'OBJET DIRECT (COD)

a. Critères de reconnaissance

• On reconnaît le complément d'objet direct à plusieurs marques grammaticales.

1. Construction

• Le complément d'objet direct appartient au groupe verbal. Il se construit sans préposition et accompagne un verbe « transitif direct » :

$$\text{Vous} \begin{array}{|ll|} \hline \text{trouverez} & \text{un parterre de roses.} \\ \text{v. transitif} & \text{COD} \\ \text{direct} & \\ \hline \end{array}$$

groupe verbal

2. Place

• Le COD se place généralement **après** le verbe : Le roi appela <u>ses enfants</u>.

COD

• Quand le COD est un pronom personnel, un pronom relatif ou un pronom interrogatif, il se place avant le verbe :

Je <u>te</u> vois.   Voilà un refrain <u>que</u> je connais.   <u>Que</u> dites-vous ?

pr. personnel   pr. relatif   pr. interrogatif

• Attention ! A l'impératif affirmatif, le pronom personnel COD est après le verbe :
Attends-<u>moi</u>.   Regarde-<u>nous</u>.

• Le COD peut encore se placer avant le verbe pour être mis en valeur. La phrase est alors segmentée et le COD repris par un pronom : Ce voyage, je <u>le</u> ferai.

3. Possibilité de tourner la phrase au passif

• Une phrase construite avec un COD peut être généralement tournée au passif. Le COD devient alors le sujet de la phrase passive :
L'orage a surpris <u>ces promeneurs</u>.

COD

<u>Ces promeneurs</u> ont été surpris <u>par l'orage</u>.

Sujet   Compl. d'agent

4. Possibilité d'avoir un attribut

• Le COD peut avoir un attribut. Celui-ci se construit généralement avec l'un des verbes suivants : « appeler, nommer, élire, choisir, juger, trouver, estimer, considérer comme, tenir pour » :
Nous trouvons <u>cette machine</u> <u>trop encombrante</u>.

COD   attribut du COD

• Le COD peut appartenir à différentes espèces grammaticales :

Nom : *Je vois Pierre.*   GN : *Tu casses un bol.*   Pronom : *On te connaît.*
Infinitif : *On peut sortir.*   Proposition subordonnée : *Je crois qu'il pleut.*

• *Attention* : il ne faut pas confondre le groupe nominal/COD et le groupe nominal/attribut. L'attribut peut généralement se remplacer par un adjectif ; le COD ne le peut pas :
*Cet homme est **un voleur**.* → *Cet homme est **malhonnête**.* (attribut)
*Cet homme attend **l'autobus**.* →　　　　　　　　　(COD)

• Le COD désigne le plus souvent l'objet de l'action, c'est-à-dire la personne ou la chose sur laquelle porte l'action exprimée par le verbe :
J'interroge un passant.   *Tu nettoies ta planche à voile.*

2. LE COMPLÉMENT D'OBJET INDIRECT (COI)

1. Construction

• Le COI est le complément des verbes qui se construisent avec une préposition : « ressembler à », « penser à », « s'occuper de », « s'emparer de », etc. Ces verbes sont dits « transitifs indirects ». Toutefois, quand le COI est un pronom, la préposition n'est pas toujours exprimée :
*Je parle **à** Gisèle.*   *Je **lui** parle.*
　　COI nom　　　　　COI
　　　　　　　　　　pronom

2. Place

Le COI se place le plus souvent **après** le verbe :
Nous nous opposons à cette décision.   *Tu t'occupes de Benoît.*

• Quand il est pronom interrogatif ou pronom relatif, le COI se place avant le verbe de la proposition où il figure :
A quoi *penses-tu ?*   *Voilà une lettre **à laquelle** tu répondras.*

• Quand il est pronom personnel, le COI se place avant ou après le verbe selon les cas :
*Je **te** souris.*   *Je pense **à toi**.*

3. Impossibilité de tourner la phrase au passif

• Contrairement au COD, le COI ne permet pas la transformation de la phrase au passif.

• Le COI peut appartenir aux mêmes catégories grammaticales que le COD :
Nom : *J'écris à Luc*. Infinitif : *On rêve de voyager*. Proposition subordonnée : *On s'attend à ce que je crie ;* etc.

• On emploie le COI pour désigner la personne ou la chose sur laquelle porte l'action exprimée par le verbe :
Tu penses à ton ami.   *Je me sers d'une tenaille.*

3. LE COMPLÉMENT D'OBJET SECOND (COS)

1. Construction

• Certains verbes se construisent avec deux compléments : « offrir quelque chose à quelqu'un », « débarrasser quelqu'un de quelque chose », etc. On appelle « complément d'objet second » le deuxième complément de ces verbes. Il est introduit par une préposition :

Je donnai un gâteau <u>à la petite fille</u>.
COS

• Quand le COS est un pronom, la préposition n'est généralement pas exprimée :

*Je **te** prêterai mes skis.*

2. Place

• Selon sa longueur, le COS se place avant ou après le COD (ou le COI). Le complément le plus court est exprimé le premier :

J'ai expédié <u>un colis</u> <u>à mon correspondant anglais</u>.
CODCOS
J'ai expédié <u>à Luc</u> <u>l'écharpe qu'il avait oubliée</u>.
COSCOD
Tu feras part <u>à ton frère</u> <u>de cette merveilleuse nouvelle</u>.
COSCOI

• Le COS appartient aux mêmes catégories grammaticales que le COD et le COI :

J'offre un livre <u>à mon frère</u>.   *Tu incites Philippe <u>à réagir</u>.*
GN/COSinfinitif/COS

• Lorsqu'il représente un animé, le COS désigne le destinataire de l'action. On peut alors l'appeler « complément d'attribution » :

Tu remettras cette lettre <u>à Jean-Marie</u>.
COS

• Le plus souvent, on emploie le COS pour désigner le second objet de l'action :

Le professeur dispense <u>les élèves</u> <u>du devoir de mathématiques</u>.
objet 1objet 2
CODCOS

Résumé

• Le COD, le COI et le COS appartiennent au **groupe verbal**. Ce sont généralement des **compléments essentiels** :

Tu tailles <u>les rosiers</u>.   *Je rêve <u>d'un beau voyage</u>.*
CODCOI
Nous annoncerons <u>la nouvelle</u> <u>à Marie-Claude</u>.
CODCOS

exercices

repérage
☆

Recopiez le texte suivant en encadrant le COD des verbes encadrés. S'il s'agit de groupes nominaux, faites une croix au-dessous du mot principal du GN.

UNE FEMME ACTIVE

La Péguinotte ⃞avait accaparé⃞ les gros travaux domestiques. Elle ⃞lavait⃞ les carreaux, *coupait le bois,* ⃞allumait⃞ le feu, ⃞coulait⃞ la lessive, ⃞cassait⃞ les olives, ⃞salait⃞ le jambon, ⃞fumait⃞ le lard, ⃞repassait⃞ le linge, ⃞cuisait⃞ les confitures, ⃞servait⃞ la pâtée aux chiens, ⃞étrillait⃞ la mule et ne ⃞refusait⃞ jamais de donner un coup de main, quand on ⃞battait⃞ le blé en juillet, sur l'aire brûlante. Moyennant quoi, elle ⃞s'était arrogé⃞ le droit de tout dire. [...]

Henri Bosco, *L'Ane Culotte,*
Éd. Gallimard.

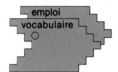

emploi
vocabulaire
○

Dans les phrases suivantes, remplacez les pointillés par un COD :

1. Le médecin rédige . . . . . .
2. La jument allaite . . . . . .
3. Le cowboy selle . . . . . .
4. Un sismographe enregistre . . .
5. Un pisciculteur élève . . . . . .
6. Le jardinier émonde . . . . . .
7. Le crépuscule précède . . . . .
8. Les fumistes ramonent . . . . . .
9. Romulus a fondé . . . . . .
10. Le mot « equus » signifiait . . .
11. George Sand a écrit . . . . . .
12. Fleming a inventé . . . . . .

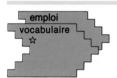

emploi
vocabulaire
☆

Cherchez le verbe transitif direct qui convient pour combler les pointillés de chacune des phrases suivantes :

1. Le verglas p . . . . . souvent des accidents.
2. Toute la soirée, nous avons é . . . . . des souvenirs.
3. Il faut bien p . . . . . un texte : mettre les points et les virgules à leur place.
4. Mes souvenirs d'enfance sont précis : je me r . . . . . nettement mon premier puzzle.
5. Le vent d'hiver a d . . . . . les arbres ; on dirait des squelettes.
6. Le citoyen d . . . . . son bulletin dans l'urne : il a voté.

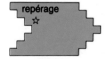

repérage
☆

Recopiez les phrases suivantes en y soulignant le COD. Indiquez sa nature.

1. Le grand air stimule mon appétit.
2. Le maire nous écoute.
3. Le garçon que je te présente est mon ami.
4. Mes parents aiment voyager.
5. Cet exercice, je le réussirai.
6. Je pense que tu te trompes.
7. Que désires-tu pour ta fête ?

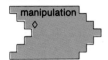

Dans les phrases suivantes, déplacez le COD de façon à le mettre en valeur :

1. Je réussirai cette tarte.
2. Guy a bien mérité cette victoire.
3. Nous admirons beaucoup ton courage.
4. Je me rappellerai cette journée.
5. Nous avons mangé des crêpes.
6. J'ai suffisamment de jouets.

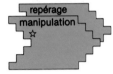

1. Toutes les phrases suivantes ne peuvent être tournées au passif. Indiquez celles qui peuvent l'être et donnez-en la raison.
2. Transformez ces phrases au passif.

1. Deux camions stationnent dans la rue.
2. Deux camions obstruent le boulevard.
3. La baleine est un mammifère.
4. Un harpon a blessé la baleine.
5. La Seine coule à Paris.
6. Le marin repère une baleine.
7. La Seine traverse Paris.
8. Pierre se rendra à Paris.
9. Danièle a écrit cette lettre.
10. Danièle a écrit à son amie.

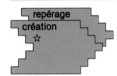

Recopiez les phrases suivantes et soulignez les attributs du complément d'objet :

1. Je trouve votre réaction excessive.
2. Le professeur juge cette copie satisfaisante.
3. Les journalistes tenaient ce coureur pour un champion ; ils furent déçus.
4. Nous avons élu Laurent délégué de classe.
5. L'équipe te choisit comme capitaine.
6. Vous appelez cela de la bière ! C'est du cidre.

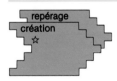

1. Dans le texte suivant, relevez un attribut du COD. 2. A la manière du texte, imaginez un autre animal fabuleux et décrivez-le en quelques lignes. Votre texte comportera un attribut du COD.

Le phénix est le plus beau des oiseaux fabuleux. Certains disent qu'il est d'or rouge, d'autres qu'il est pourpre avec un col doré, d'autres encore le prétendent mauve avec une queue bleu ciel et de longues plumes roses. Le phénix change donc de couleur à sa guise, ou bien les gens le verraient selon leurs désirs...

Alison Lurie,
Des animaux extraordinaires,
Éd. Gallimard.

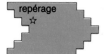

repérage
☆

Recopiez le texte suivant en soulignant d'un trait les COD et de deux traits les COI :

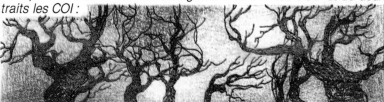

Je connais la nuit, je connais la forêt et cependant j'ai peur des ténèbres, ce soir. Novembre, ta brume endeuille mon cœur. Tout est sombre. Je rêve de couleurs. Je vois des roses tendres, j'imagine des verts rieurs, je souris à des bleus profonds. Je dessine un grand bouquet printanier et j'aspire à la douceur des beaux jours.

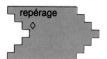

repérage
◇

Toutes les phrases suivantes n'ont pas de COI. Recopiez celles qui en ont un et soulignez le COI.

1. Mon frère téléphone à un camarade.
2. Le ministre s'intéressa beaucoup à l'exposition des ébénistes.
3. Je te pardonne bien volontiers.
4. Soudain, dans l'obscurité, jaillirent de grandes étincelles.
5. Au beau milieu de la conférence, Pierre se mit à tousser.
6. Cette épicerie vend de l'alcool à brûler.
7. On s'habitue à tout.
8. Cette caisse ne contenait pas d'outils.

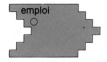

emploi
○

Complétez les phrases suivantes par un COI :

1. Je me souviens de . . . . . .
2. Ce nuage ressemble à . . . . . .
3. L'infirmière se sert de . . . . . .
4. Il ne faut pas toucher à . . . . . .
5. Mes parents rêvent de . . . . . .
6. J'ai dû renoncer à . . . . . .

emploi
◇

Même consigne que pour l'exercice précédent.

1. J'ai été heureuse de collaborer à . . . . . .
2. Le magasin regorgeait de . . . . . .
3. Tout citoyen doit se conformer à . . . . . .
4. Mon ami(e) et moi sommes convenus de . . . . . .
5. La responsabilité de l'accident incombe à . . . . . .

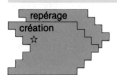

repérage
création
☆

1. Dans le texte suivant, relevez un COS.
2. Prolongez ensuite le poème d'une strophe. (Fin du poème p. 255.)

Je te souhaite un jour de velours,
D'iris, de lis et de pervenche,
Un jour de feuilles et de branches,
Un jour et puis un autre jour.

Je te souhaite . . . .
etc.

P. Gamarra, *Des mots pour une maman*,
Éd. Ouvrières.

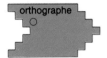

1. *Dans les phrases suivantes, soulignez le COS.*
2. *Indiquez l'accord du verbe.*

1. Tu as un microscope ; tu me le prêt . . . . . .
2. J'ai un classeur neuf ; je te le donn . . . . . .
3. Nos amis ont reçu cette carte ; ils nous l'adress . . . . . .
4. Mon voisin a deux enfants ; il nous les conf . . . . . .
5. Les touristes ne connaissent pas cette auberge ; tu la leur recommand . . . . . .
6. Ces jeunes vendent leurs disques ; je les leur achèt . . . . . .

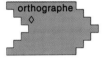

Lisez le texte suivant ; il vous sera ensuite donné en dictée.

J'ai passé ma petite enfance dans un village. Il était niché dans la boucle d'une rivière. Celle-ci était le lieu de rendez-vous des enfants. Ils l'avaient surnommée « la fée » et ils inventaient sur ses bords des jeux dignes des contes. Mon amie Stéphanie était particulièrement imaginative. Je me rappelle un jeu qu'elle avait inventé : quelqu'un devait dissimuler une bille rose sous un nénuphar. Le premier qui la retrouvait était « Prince ». Je fus ainsi « Prince de la Fée » pour un jour. Du haut de mon donjon, j'ai rêvé de tournois fastueux. Naturellement, j'en étais le héros et je les gagnais tous.

Même consigne que pour le texte précédent.

Ils jouèrent ainsi jusqu'à la tombée de la nuit.
A la fin, Marie appela Pierre. Les autres s'éloignaient déjà.
— Prends le ballon et exerce-toi tout seul ! dit-elle. Tu n'as besoin de personne ! Tu le lances en l'air et tu le rattrapes, dans toutes les positions.
Le crépuscule couvrait les champs. [...] Pierre distinguait à peine la silhouette de la maison, mais il sentait le ballon entre ses mains. Il le caressait, il allongeait ses doigts pour bien le saisir, il éprouvait sa résistance, il sentait son poids. [...] Il se rappelait avoir reçu le ballon de telle manière et l'avoir solidement saisi. Par contre, il lui avait échappé lorsqu'il était arrivé d'une autre manière. Sa main était sans doute mal placée : le choc contre ses doigts avait été très douloureux. On n'a pas idée combien un ballon, bien gonflé, peut être dur !

M.-A. Baudouy,
Allez les petits,
Éd. G.T. Rageot.

le verbe vouloir

INDICATIF		SUBJONCTIF	
PRÉSENT	**PASSÉ COMPOSÉ**	**PRÉSENT**	**IMPARFAIT**
je veux	j'ai voulu	que je veuille	que je voulusse
tu veux	tu as voulu	que tu veuilles	que tu voulusses
il/elle veut	il/elle a voulu	qu'il/elle veuille	qu'il/elle voulût
nous voulons	nous avons voulu	que nous voulions	que nous voulussions
vous voulez	vous avez voulu	que vous vouliez	que vous voulussiez
ils/elles veulent	ils/elles ont voulu	qu'ils/elles veuillent	qu'ils/elles voulussent

IMPARFAIT	**PLUS-QUE-PARFAIT**	**CONDITIONNEL**	
je voulais	j'avais voulu	**PRÉSENT**	**PASSÉ**
tu voulais	tu avais voulu	je voudrais	j'aurais voulu
il/elle voulait	il/elle avait voulu	tu voudrais	tu aurais voulu
nous voulions	nous avions voulu	il/elle voudrait	il/elle aurait voulu
vous vouliez	vous aviez voulu	nous voudrions	nous aurions voulu
ils/elles voulaient	ils/elles avaient voulu	vous voudriez	vous auriez voulu
		ils/elles voudraient	ils/elles auraient voulu

PASSÉ SIMPLE	**PASSÉ ANTÉRIEUR**	**IMPÉRATIF**	
je voulus	j'eus voulu	**PRÉSENT**	
tu voulus	tu eus voulu	veux (veuille) voulons voulez (veuillez)	
il/elle voulut	il/elle eut voulu		
nous voulûmes	nous eûmes voulu	**INFINITIF**	
vous voulûtes	vous eûtes voulu	**PRÉSENT**	**PASSÉ**
ils/elles voulurent	ils/elles eurent voulu	vouloir	avoir voulu

FUTUR SIMPLE	**FUTUR ANTÉRIEUR**	**PARTICIPE**	
je voudrai	j'aurai voulu	**PRÉSENT**	**PASSÉ**
tu voudras	tu auras voulu	voulant	voulu (e) ayant voulu
il/elle voudra	il/elle aura voulu		
nous voudrons	nous aurons voulu		
vous voudrez	vous aurez voulu		
ils/elles voudront	ils/elles auront voulu		

le verbe pouvoir

INDICATIF		SUBJONCTIF	
PRÉSENT	**PASSÉ COMPOSÉ**	**PRÉSENT**	**IMPARFAIT**
je peux	j'ai pu	que je puisse	que je pusse
tu peux	tu as pu	que tu puisses	que tu pusses
il/elle peut	il/elle a pu	qu'il/elle puisse	qu'il/elle pût
nous pouvons	nous avons pu	que nous puissions	que nous pussions
vous pouvez	vous avez pu	que vous puissiez	que vous pussiez
ils/elles peuvent	ils/elles ont pu	qu'ils/elles puissent	qu'ils/elles pussent

IMPARFAIT	**PLUS-QUE-PARFAIT**	**CONDITIONNEL**	
je pouvais	j'avais pu	**PRÉSENT**	**PASSÉ**
tu pouvais	tu avais pu	je pourrais	j'aurais pu
il/elle pouvait	il/elle avait pu	tu pourrais	tu aurais pu
nous pouvions	nous avions pu	il/elle pourrait	il/elle aurait pu
vous pouviez	vous aviez pu	nous pourrions	nous aurions pu
ils/elles pouvaient	ils/elles avaient pu	vous pourriez	vous auriez pu
		ils/elles pourraient	ils/elles auraient pu

PASSÉ SIMPLE	**PASSÉ ANTÉRIEUR**	**IMPÉRATIF**	
je pus	j'eus pu	pas d'impératif	
tu pus	tu eus pu		
il/elle put	il/elle eut pu	**INFINITIF**	
nous pûmes	nous eûmes pu	**PRÉSENT**	**PASSÉ**
vous pûtes	vous eûtes pu	pouvoir	avoir pu
ils/elles purent	ils/elles eurent pu		

FUTUR SIMPLE	**FUTUR ANTÉRIEUR**	**PARTICIPE**	
je pourrai	j'aurai pu	**PRÉSENT**	**PASSÉ**
tu pourras	tu auras pu	pouvant	pu ayant pu
il/elle pourra	il/elle aura pu		
nous pourrons	nous aurons pu		
vous pourrez	vous aurez pu		
ils/elles pourront	ils/elles auront pu		

exercices de conjugaison

Exercice 1

Dans les phrases suivantes, mettez au présent de l'indicatif les verbes notés entre parenthèses :

1. Je ne (*pouvoir*) venir au cours de danse ce soir.
2. Les délégués de la classe (*vouloir*) réunir tous les élèves.
3. Vous (*pouvoir*) téléphoner dès votre arrivée.
4. Elodie (*vouloir*) un disque pour son anniversaire.
5. Marie ne (*pouvoir*) se rendre chez son oncle ; elle lui (*expédier*) un télégramme.
6. Martine et moi (*pouvoir*) vous aider pour la fête.

Exercice 2

Dans les phrases suivantes, mettez à l'imparfait de l'indicatif les verbes notés entre parenthèses :

1. Nous nous attardions sur le boulevard, car nous (*vouloir*) rencontrer Bernard à la sortie du bureau.
2. Quand nous (*vouloir*) une réponse immédiate, nous (*envoyer*) un télégramme à Benoît.
3. Tu ne (*pouvoir*) rencontrer Martine au stade, car elle (*être*) chez son amie.
4. Chaque fois que nous (*étudier*) un dossier, nous (*pouvoir*) consulter tous les documents nécessaires.
5. Les alpinistes (*vouloir*) rejoindre au plus vite le refuge, car l'orage (*menace*).
6. Nous (*ranger*) l'établi, mais nous ne (*pouvoir*) mettre en ordre l'ensemble de l'atelier.

Exercice 3

Dans les phrases suivantes, mettez au futur de l'indicatif les verbes notés entre parenthèses :

1. Si tu me distrais, je ne (*pouvoir*) terminer mon devoir.
2. Demain soir, Jacques (*vouloir*) certainement observer l'éclipse.
3. Vous (*vouloir*) bien remettre les clefs au concierge.
4. Tu (*nettoyer*) ta chambre ; ensuite tu (*pouvoir*) jouer.
5. On (*envoyer*) une grande quantité de vaccins. Ainsi, les médecins (*pouvoir*) enrayer l'épidémie si elle se déclare.
6. Nous (*voir*) Marie-Claude quand elle le (*vouloir*).

Exercice 4

1. *Construisez une phrase qui emploie le verbe « pouvoir » au conditionnel présent.*
2. *Suivez la même consigne pour le verbe « vouloir ».*

Exercice 5

Mettez les verbes notés entre parenthèses aux mode et temps qui conviennent :

1. Il faut que nous (*pouvoir*) avertir les pompiers au plus vite.
2. Je me réjouis que tu (*vouloir*) pratiquer ce sport.
3. Si mon vélo était réparé, je (*pouvoir*) participer à ce rallye.
4. Nous regrettons que vous ne (*vouloir*) pas rester avec nous.
5. Hier, nous sommes allés au cirque. Mes parents (*vouloir*) que nous (*assister*) à cette dernière représentation.
6. Le spectacle était tellement exceptionnel que nous (*vouloir*) qu'il ne finît jamais.
7. La semaine dernière, Brigitte et moi (*vouloir*) faire des achats en ville ; mais un contretemps nous (*obliger*) à remettre notre sortie.
8. Si tu (*vouloir*) rentrer ton vélo, il faudra ranger les outils qui (*encombrer*) le garage.

Exercice 6

Indiquez si le verbe souligné est à l'imparfait de l'indicatif ou au présent du subjonctif :

1. Dans le brouillard, nous ne <u>pouvions</u> te voir.
2. Nous viendrons à condition que nous <u>puissions</u> loger chez vous.
3. Que nous le <u>voulions</u> ou non, il partira.
4. Si nous <u>voulions</u> gagner le match, il fallait être plus offensifs.
5. Je m'étonne que vous ne <u>vouliez</u> pas participer au rallye des aînés.
6. Vous <u>vouliez</u> m'étonner, mais c'est manqué.

Exercice 7

Dans les phrases suivantes, mettez à l'impératif présent le verbe noté entre parenthèses :

1. (*Vouloir*) agréer, Messieurs, mes salutations distinguées.
2. (*Envoyer*) cette lettre avant midi ; elle est urgente.
3. (*Remercier*) tes parents pour leur accueil.
4. (*Aller*) en ville et (*acheter*) du pain.

Exercice 8

Dans les phrases suivantes, mettez au passé simple les verbes notés entre parenthèses :

1. Les chiens (*pouvoir*) rattraper le cerf blessé.
2. Guy (*vouloir*) sortir ; ses camarades l'en (*empêcher*).
3. Je ne (*pouvoir*) retenir Marc, tant il avait envie de rentrer chez lui.
4. Les freins étaient si usés qu'ils (*finir*) par lâcher.
5. De passage en Normandie, les anciens combattants (*vouloir*) revoir les plages du débarquement.

Pascalet, j'ai rêvé d'un âne **sur la route…** Il est sorti **d'un bois,** il a traversé mon chemin, il est allé **à la rivière.** Là, il a piaffé des quatre sabots **dans le sable,** il a dressé les naseaux **dans le vent** et il s'est mis à braire de toutes ses forces. Ça m'a réveillée. Et j'ai dit **aussitôt** : « Bon signe ! » Un cheval qui hennit, un âne qui brait, ça ne rate pas : Pascalet, le Ciel vous annonce du bien.

Henri Bosco, *Le chien Barboche,*
Éd. Gallimard.

7

Les compléments circonstanciels (cc) lieu et temps

1. LA NOTION DE COMPLÉMENT CIRCONSTANCIEL

• Le complément circonstanciel n'est **pas indispensable** à la phrase. Si on le supprime, la phrase reste grammaticalement correcte ; cependant elle est moins riche en informations :
Il pleut, depuis ce matin, sans discontinuer.
Avec certains verbes, le complément de lieu ne peut être supprimé :
L'âne est allé à la rivière.

• Le complément circonstanciel est le plus souvent **mobile**. On peut le placer à différents endroits de la phrase :
En deux heures, il est tombé vingt centimètres de neige.
Il est tombé, en deux heures, vingt centimètres de neige.
Il est tombé vingt centimètres de neige en deux heures.

• Pour **placer** les compléments circonstanciels, il faut tenir compte du **sens** général de la phrase et de son harmonie. Ainsi, il est plus logique de dire : « Pierre sort en compagnie de son chien », que « En compagnie de son chien, Pierre sort ». De même, on regroupe généralement ensemble les compléments qui donnent le même type d'information (lieu, temps, cause, etc.) :

    Lundi, à midi, un accident s'est produit, rue Foch, devant la poste.
cc de temps cc de temps   cc de lieu   cc de lieu

• Quand il est placé **en tête** de phrase, ou **au milieu** de la phrase, le complément circonstanciel est détaché par la **virgule** ; c'est pourquoi il est davantage mis en valeur :
Pendant trois heures, j'ai attendu l'arrivée de Pascale.
J'ai attendu, pendant trois heures, l'arrivée de Pascale.

• Le complément circonstanciel peut appartenir à différentes **espèces** grammaticales :
GN : *Des gens se rassemblent place de Gaulle.*
GN prépositionnel : *J'ai pris ce livre par erreur.*
Pronom : *Tu sortiras sans moi.*
Infinitif : *J'économise pour voyager.*
Gérondif : *Les enfants défilent en chantant.*
Proposition subordonnée : *Il a trop mangé si bien qu'il est malade.*

• Les **adverbes** peuvent également tenir le rôle de complément circonstanciel :

J'ai dit   aussitôt   : « Bon signe ! »   *Tu travailles rapidement.*

       adv. de temps   adv. de manière

• On emploie les compléments circonstanciels pour indiquer les **circonstances** dans lesquelles s'accomplit l'action : lieu, temps, moyen, manière, but, cause, conséquence, opposition, condition, etc. Ainsi, le complément circonstanciel enrichit la phrase par les informations qu'il apporte :

Depuis ce matin, Luc astique les chromes à l'aide d'un chiffon.

   cc de temps   cc de moyen

2. LE COMPLÉMENT CIRCONSTANCIEL DE LIEU

• Le complément circonstanciel de lieu peut être construit directement :

Une manifestation se déroule boulevard Magenta.

                                GN

Il y a un hôtel là-bas.

                adverbe

• Le plus souvent, le complément de lieu est introduit par une **préposition** :

*Un pigeon roucoule **sur** le toit.*

*Mon ami se cachait **à** deux mètres de moi.*

• Selon la préposition avec laquelle il est construit, le complément de lieu est repris par les pronoms « en » ou « y » :

*Tu connais Lyon. Tu **en** reviens. (Tu reviens **de** Lyon.)*

*La rivière n'est pas loin. Ce chemin **y** conduit. (Ce chemin conduit **à** la rivière.)*

• Le complément circonstanciel de lieu peut donner quatre types d'informations :

— Il désigne le **lieu où l'on est** :

Nous nous reposons dans le pré.

— Il désigne le **lieu où l'on va** :

Je pars pour Marseille.

— Il désigne le **lieu d'où l'on vient** :

Il est sorti d'un bois.

— Il désigne le **lieu par où l'on passe** :

En rentrant de vacances, j'ai fait un détour par Genève.

3. LE COMPLÉMENT CIRCONSTANCIEL DE TEMPS

• Le complément circonstanciel de temps peut se construire avec ou sans préposition :

Pierre s'est absenté deux jours.   *Pierre reviendra **dans** deux jours.*

• Le complément de temps est assez souvent un groupe nominal ou une proposition subordonnée conjonctive :

Nous sortirons une heure.   *Dès qu'il pleuvra, je rentrerai.*
          GN   Sub. conjonctive

Rappel : l'adverbe peut également tenir le rôle de complément circonstanciel de temps :
*Tu es arrivé **tôt**.*   *Je vous téléphonerai **demain**.*

• On emploie le complément circonstanciel de temps pour donner deux types d'informations :

— On désigne le **moment** où s'accomplit l'action :
Nous serons en vacances le 30 juin.

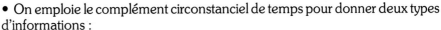
moment

— On désigne la **durée** de l'action :
Nous voyagerons huit jours.

durée

Vous campez depuis une semaine.

Résumé

• Le complément circonstanciel est généralement **mobile** :
Ce soir-là, le vent était fort.
Le vent, ce soir-là, était fort.
Le vent était fort, ce soir-là.

• Le complément circonstanciel de **lieu** peut désigner le lieu où l'on est, où l'on va, d'où l'on revient, par où l'on passe :
Nous sortons du souterrain. (lieu d'où l'on revient)
Tu pars à Bordeaux. (lieu où l'on va)

• Le complément circonstanciel de **temps** peut marquer le moment ou la durée :
J'arriverai lundi. (moment)   *Je resterai deux jours.* (durée)

exercices

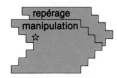

repérage
☆

Recopiez le texte suivant en barrant les compléments circonstanciels :

Le soir descend sur la plaine. L'heure de la chasse approche. Un premier loup vient solliciter le chef de meute en lui léchant le visage. Quelques instants après, un autre loup l'imite. Rapidement, le reste de la meute se manifeste. Bientôt, l'excitation monte. Les loups dressent les oreilles et hurlent à l'unisson. Le son s'accroît jusqu'à se propager à dix kilomètres à la ronde. Le chef de meute se lève et s'élance. Les loups le suivent, le nez au vent, sur la piste du gibier.

EXERCICE 2

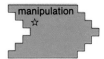

repérage
manipulation
☆

Dans les phrases suivantes, barrez le GN en italique s'il peut être supprimé. Indiquez dans tous les cas la fonction du GN.

1. Pierre se promène *rue Chopin*.
2. Pierre connaît *l'avenue Foch*.
3. Cet avion est *un airbus*.
4. Un avion atterrit *sur la piste B*.
5. Nous achèterons du pain *ce soir*.
6. Nous allons manquer *de pain*.

EXERCICE 3

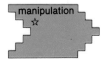

manipulation
☆

Dans les phrases suivantes, déplacez le GN ou l'adverbe complément circonstanciel de façon à les mettre en valeur :

1. Cet enfant a toussé toute la nuit.
2. Le gardien a évité le but de justesse.
3. Anne a procédé au vote contre mon gré.
4. Le cycliste a freiné brutalement.
5. Nous allons avoir enfin un Minitel.
6. Nous installerons un club-photo ici.

EXERCICE 4

manipulation
☆

Recopiez les phrases suivantes en y intégrant les compléments circonstanciels placés en regard. Vous placerez chaque complément à la place qui vous semblera la meilleure.

1. Le directeur a consulté le personnel :
   - la semaine dernière
   - longuement
   - au sujet de l'aménagement des horaires

2. Stéphane faisait les comptes :
   - chaque soir
   - après le repas
   - à l'aide d'une calculatrice

3. Nous nous sommes quittés :
   - après une heure de discussion
   - cordialement
   - en convenant de nous revoir bientôt

EXERCICE 5

Recopiez les phrases suivantes en soulignant les compléments circonstanciels et en indiquant leur nature :

1. Nous irons en Chine l'an prochain.
2. Tu as pris ma veste par erreur.
3. Le sportif s'entraîne pour progresser.
4. Vincent s'est blessé en glissant.
5. Je ronfle quand je dors.
6. Tu iras à la plage avec moi.

EXERCICE 6

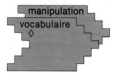

Dans les phrases suivantes, remplacez les GN compléments de lieu en italique par un adverbe que vous choisirez dans cette liste : *partout, ailleurs, ici, çà et là, dedans, loin, alentour, dehors.*

1. Ne restons pas *à cet endroit* ; allons *en un autre endroit.*
2. Faut-il vous attendre *à l'extérieur* ou *à l'intérieur* ?
3. Le soleil se lève *dans tous les lieux.*
4. J'aime flâner *d'un côté et de l'autre* à travers les rues de la ville.
5. Le brouillard était si dense qu'on ne voyait rien *tout autour.*
6. Le ballon tomba à *une grande distance,* presque devant les buts.

EXERCICE 7

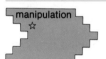

Faites des phrases avec les mots proposés ci-dessous. Les verbes seront au futur. Précisez ensuite la nuance du complément de lieu. Sur ce modèle :

ce restaurant - déjeuner - nous
→ *Nous déjeunerons dans ce restaurant. (lieu où l'on est)*

1. son terrain - jouer - l'équipe
2. dormir - cet hôtel - vous
3. faire étape - nous - Poitiers
4. aller - le coiffeur - tu
5. passer - nous - Rouen
6. la rivière - sortir - son lit

EXERCICE 8

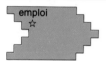

Complétez les phrases suivantes à l'aide d'un complément de lieu, en tenant compte des nuances indiquées en regard des phrases. Les verbes seront au présent.

1. Le navire (se diriger) . . . . . . (lieu où l'on va)
2. Le lapin (sortir) . . . . . . (lieu d'où il vient)
3. Le générique (apparaître) . . . . . . (lieu où il est)
4. Les joueurs (rentrer) . . . . . . (lieu où ils vont)
5. Ce train (arriver) . . . . . . (lieu d'où il vient)
6. Ce document (se trouver) . . . . . . (lieu où il est)
7. Nous (faire un détour) . . . . . . (lieu par où l'on passe)

EXERCICE 9

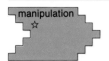

Dans les phrases suivantes, substituez au GN complément de lieu le pronom « en » ou « y », selon les cas :

1. Le sommet n'est plus loin ; nous arriverons bientôt <u>au sommet</u>.
2. Mes amis sont en vacances à Tahiti. Ils reviendront <u>de Tahiti</u> début mai.
3. Le navire évolue devant le port. Il va entrer <u>au port</u>.
4. Cette épreuve a été utile. Je suis sorti <u>de cette épreuve</u> plus aguerri.

5. Nous étions dans le labyrinthe. Nous cherchions comment sortir <u>du labyrinthe</u>.

6. Annecy est une belle ville. Nous nous arrêterons <u>à Annecy</u>.

EXERCICE 10

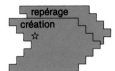

repérage
création
☆

Le poème suivant est essentiellement construit avec des compléments de lieu. 1. Soulignez ces derniers. 2. En gardant la même structure, mais en prenant un thème différent, composez un poème du même genre :
« Des . . . . sortent de . . . . »

Des chevaux de neige
sortent du manège
Des chevaux de feu
sortent de mon jeu
Des chevaux de coche
sortent de ma poche
Des chevaux de pluie
sortent de ma nuit
Des chevaux de reine
sortent de ma peine
Des chevaux de roi
sortent de ma joie
Un cheval de foire
sort de mon armoire
Un cheval d'ivoire
entre en ma mémoire.

Rochedy Andrev,
Bêtes à rire et à pleurer,
Éd. Magnard.

EXERCICE 11

repérage
☆

1. Recopiez le texte suivant en soulignant d'un trait les compléments de lieu, de deux traits les compléments de temps.
2. Indiquez la nuance exprimée par le complément de temps : moment ou durée.

Il faut vous dire qu'en Provence, c'est l'usage, quand viennent les chaleurs, d'envoyer le bétail dans les Alpes. Bêtes et gens passent cinq ou six mois là-haut, logés à la belle étoile, dans l'herbe jusqu'au ventre. Puis, au premier frisson de l'automne, on redescend au mas, et l'on revient brouter bourgeoisement les petites collines grises que parfume le romarin. Donc, hier soir, les troupeaux rentraient...

A. Daudet, *Lettres de mon moulin*, Éd. Fasquelle.

EXERCICE 12

repérage
☆

Recopiez les phrases suivantes en soulignant le complément de temps. Indiquez s'il marque le moment ou la durée.

1. Les marmottes hibernent plusieurs mois.
2. Le train est arrivé à quinze heures.
3. Vous resterez un an aux États-Unis.
4. Une tortue peut vivre cent ans.
5. On votera lundi en Belgique.
6. Les feuilles tombent en novembre.

emploi
☆

Complétez les phrases suivantes à l'aide d'un complément de temps :

1. Au début de . . . . ., les hiron-delles s'en vont.
2. Au mois de . . . . ., on fête la chandeleur.
3. Durant les . . . . ., les acci-dents sont nombreux.

4. Je me lève dès que . . . . . .
5. Lorsqu'. . . . ., on peut patiner sur les étangs.
6. Quand . . . . ., on appelle les pompiers.

emploi
☆

Complétez les phrases suivantes à l'aide de GN ou d'adverbes complé-ments circonstanciels :

1. Le soleil se leva.
2. Le robot soulève d'énormes pièces.
3. Le poids lourd freina.

4. La tortue s'avance.
5. Le temps s'écoule.
6. Un oiseau violet fait son nid.

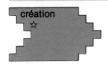

création
☆

Composez une phrase qui comporte un complément circonstanciel de lieu et un complément circonstanciel de temps.

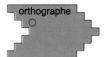

orthographe
○

Lisez le texte suivant ; il vous sera ensuite donné en dictée.

C'est la fête des jeunes aujourd'hui. Ma grand-mère leur a abandonné sa maison. Des fenêtres ouvertes, s'échappent des cris de joie et des chansons. Dans la salle à manger, une farandole s'organise. Elle fait deux fois le tour de la salle, puis s'élance dans la maison. Au moment où elle passe dans le vestibule, le facteur entre. Il est aussitôt entouré ; on lui réclame une chanson. Le facteur sourit. Alentour, ce n'est que joie et pétulance. On ne peut échapper à cette liesse générale. L'homme chante ; les lettres et les mandats attendront. Dehors, la campagne est splendide comme si elle s'unissait à la joie des enfants. Les alentours sont bleus et dorés.

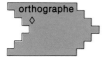

orthographe
◇

Même consigne que pour l'exercice précédent.

Dans la grande ville, il y a tant de maisons, tant de familles, tant de monde, que tous ne peuvent avoir un jardin. La plupart doivent se con-tenter de quelques pots de fleurs. Deux enfants de pauvres gens avaient trouvé le moyen d'avoir mieux. [...] Ils demeuraient dans une étroite ruelle ; ils habitaient deux mansardes en face l'une de l'autre. Les toits des maisons se touchaient presque. [...] Devant leur fenêtre, les enfants avaient une grande caisse de bois remplie de terre, où poussait un rôsier. Les parents imaginèrent de poser les caisses en travers de la petite ruelle, d'une fenêtre à l'autre. Ce fut un embellissement considérable ! Les rosiers joignant leurs fleurs formaient un arc de triomphe.

Andersen, *Contes*, E. Barnier,
Éd. Flammarion.

A Bakali[1], sur la route de l'école...

Ruc-le-bœuf avait le pied sûr. Je le poussais **à coups de talon,** et il dévalait la pente **d'un galop saccadé** qui me faisait rebondir sur son dos. C'est **en cet équipage** que j'arrivai le premier jour dans la cour de cette école de brousse au toit de roseau, comme toutes les paillotes. J'avais pris en route mon ami Erik. (...)

Erik et moi étions les deux seuls élèves blancs de notre école de Bakali. Les autres étaient des Lokis. (...) Ils portaient, en travers des pommettes tailladées, les balafres auxquelles se reconnaissent les hommes d'un même clan.

Le sorcier avait coupé en pleine chair et bourré les plaies de mousse et de terre **pour que les cicatrices restent béantes.**

René Guillot, *Le maître des éléphants,* Éditions Magnard, Collection Fantasia.

1. Bourg africain de Côte-d'Ivoire.

8 Les compléments circonstanciels (cc) moyen, manière et but

1. LE COMPLÉMENT CIRCONSTANCIEL DE MOYEN

• Le complément circonstanciel de moyen est introduit par une **préposition** ou une **locution prépositive** :
*Je le poussai **à coups de talon**.   On soulève la voiture **avec** un cric.*
*Je suis monté sur le toit **au moyen d'**une échelle.*

Les prépositions qui introduisent le plus souvent le complément circonstanciel de moyen sont : « de - avec - à - par ».
*Le gendarme m'a stoppé **d'**un geste.   Brûle cette peinture **avec** un chalumeau.*
*Je desserre cet écrou **à la main**.   Guy tient son âne **par** le licou.*

• Le complément circonstanciel de moyen désigne l'instrument, le moyen à l'aide duquel s'accomplit l'action :
Nous avons fabriqué une passerelle avec des rondins.

2. LE COMPLÉMENT CIRCONSTANCIEL DE MANIÈRE

• Le complément circonstanciel de manière est généralement introduit par une **préposition** ou une **locution prépositive** :
*Tu ris **de** bon cœur.   Il mangea **à la manière** d'un fauve.*

Les prépositions qui introduisent le plus souvent le complément circonstanciel de manière sont : « à - avec - en - sans - de ».
*Ils sont partis **à** toute vitesse.   J'ai dormi **sans** bouger.*
*Vous travaillez **avec** entrain.   Jeanne a pleuré **en** silence.*
*Pierre me regardait **d'**un air triste.*

• Parfois, cependant, le complément de manière se construit **directement** :
Nous défilerons <u>tête nue</u>.

• L'**adverbe** joue souvent le rôle de complément circonstanciel de manière :
Vous agissez <u>rapidement</u>.   Les sauveteurs travaillent <u>ardemment</u>.
        (= avec rapidité)   (= avec ardeur)

• Les adverbes qui expriment la manière sont nombreux :
Marcher <u>vite</u>.   Agir <u>mal</u>.   S'exprimer <u>volontiers</u>.

• On emploie le complément circonstanciel de manière pour désigner la façon, la manière dont se déroule l'action :
Je marchais <u>en zigzaguant</u>.   Un élève lit <u>à voix haute</u>.

3. LE COMPLÉMENT CIRCONSTANCIEL DE BUT

• Dans la phrase simple, le complément circonstanciel de but est souvent introduit par une **préposition** ou une locution prépositive :
*On organise une collecte **pour** <u>rénover le vieux théâtre</u>.*

*Je me placerai en haut des gradins **afin de** <u>bien voir le spectacle</u>.*

La préposition qui introduit généralement le complément circonstanciel de but est : **pour**. Les locutions prépositives les plus fréquentes sont « afin de - dans le but de - dans l'intention de - en vue de - de façon à - de manière à - en faveur de - de peur de - de crainte de ».
*Gilles fait des économies **en vue de** <u>s'acheter une caméra</u>.*
*L'automobiliste serre à droite **de manière à** <u>éviter le camion</u>.*

• Dans la phrase complexe, le complément circonstanciel de but peut être une **proposition subordonnée**. Celle-ci est introduite par l'une des locutions suivantes : « pour que - afin que - de peur que - de crainte que ». On utilise cette construction quand le complément de but exprime une action dont le sujet est différent de celui de la principale :
<u>On</u> allume des projecteurs pour que <u>la piste</u> soit balisée.

• Quand le sujet est le même que celui de la principale, on utilise un **infinitif** :
J'ai couru <u>pour me réchauffer</u>.

• Le verbe d'une subordonnée de but est toujours au subjonctif :
*Je soulève le rideau pour que tu **puisses** voir le paysage.*

• Les propositions introduites par « de peur que », « de crainte que », comportent l'adverbe « ne » :
*On a secouru ce petit chat de peur qu'il **ne** meure.*

• Le complément circonstanciel de but indique généralement dans quelle intention s'accomplit l'action :
*Joël travaille beaucoup **pour obtenir son diplôme**.*

• Avec les locutions « de peur de », « de crainte de », « de peur que », « de crainte que », on désigne le but qu'on veut éviter :
*Je marche sur la pointe des pieds **de peur de réveiller les enfants**.*

Résumé

• Le complément de **moyen** désigne l'instrument à l'aide duquel se fait l'action : *On déboucha l'évier **avec un fil de fer**.*

• Le complément de **manière** désigne la façon dont s'accomplit l'action : *La chanteuse salue le public **avec beaucoup de grâce**.*

• Le complément de **but** désigne le but à atteindre ou le but à éviter : *Il crie **pour se faire entendre**.
Je freinai **de crainte d'un accident**.*

exercices

EXERCICE 1

repérage
☆

Dans le texte suivant, relevez un complément de moyen, puis un complément de lieu de votre choix :

On célébrait une noce dans une métairie des environs d'Andujar[1]. Les mariés avaient déjà reçu les compliments de leurs amis, et l'on allait se mettre à table sous un grand figuier, devant la porte de la maison. [...] Tout à coup, parut un homme à cheval sortant d'un bouquet de bois. L'inconnu sauta lestement à terre, salua les convives de la main, et conduisit son cheval à l'écurie.

1. Andujar : ville d'Andalousie.

Prosper Mérimée, *Lettres d'Espagne.*

EXERCICE 2

emploi
☆

Complétez chaque phrase à l'aide d'un complément de moyen. Variez la préposition ou la locution prépositive qui introduit le complément.

1. Le cavalier tenait son cheval . . . . . .
2. Je fabrique un cerf-volant . . . . . .
3. On soulèvera ces lourds matériaux . . . . . .
4. Cet homme ne parle pas le français. Il nous fait comprendre . . . . . ce qu'il désire.
5. Tu fixes les bagages sur la galerie de la voiture . . . . . .

EXERCICE 3

repérage
☆

1. Dans le texte suivant, relevez un complément de moyen et un complément de manière de votre choix.
2. Relevez un complément de lieu qui soit un pronom.

Les rois égyptiens célébraient les anniversaires de leur règne (les jubilés) en élevant des obélisques[1]. [...] Pour commencer, les maçons allumaient un feu en haut des rochers, puis ils arrosaient d'eau la surface chauffée. Le roc se fendait en plusieurs endroits et les couches supérieures pouvaient être détachées. Les maçons martelaient alors la surface au moyen de boulets faits en dolérite[2]. Une fois le sommet du rocher aplani, l'architecte y traçait le contour de l'obélisque ; mais les maçons ne pouvaient le découper car ils n'avaient pas d'outils assez puissants. Aussi l'extirpaient-ils en défonçant le rocher tout autour.

1. Obélisque : colonne en forme d'aiguille.
2. Dolérite : pierre verdâtre et dure.

B. Winer, *Vie et mœurs dans l'Antiquité*, Éd. RST.

Dans chacune des phrases suivantes, soulignez le complément de manière et indiquez sa nature (GN, adverbe, gérondif, infinitif prép.).

1. Je suis ce stage avec plaisir.
2. Tu es intervenu adroitement.
3. Vous marchiez pieds nus.
4. Le chat arrive en ronronnant.

5. Ils ont entendu la nouvelle sans broncher.
6. Vous réagissez mal.
7. Tu conduis vite.

EXERCICE 5

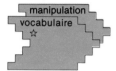

Dans les phrases suivantes, le complément de manière est un groupe nominal prépositionnel. Remplacez-le par un adverbe.

1. Tu t'es exprimé avec politesse.
2. Cela est arrivé par accident.
3. On vous aide avec gentillesse.
4. Pierre se lève avec brusquerie.
5. Tu réagis avec brutalité.
6. Le vent souffle avec violence.

7. Nous progressons avec prudence.
8. J'ai parlé avec humilité.
9. La plaie est en partie refermée.
10. L'accident fut évité par miracle.

EXERCICE 6

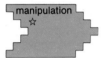

Remplacez les adverbes de manière par des GN prépositionnels :

1. On m'a répondu brièvement.
2. Tu travailles minutieusement.
3. Je me suis levé précipitamment.
4. Le chien me regardait craintivement.

5. Vous avez manœuvré maladroitement.
6. Tu présentes ton projet habilement.

EXERCICE 7

Complétez les phrases suivantes avec un adverbe de manière que vous choisirez dans l'encadré :

> furtivement - promptement - chaleureusement - ostensiblement - goulûment - opiniâtrement

1. Lucky Luke dégaine . . . . . .
2. Fier de son club, il porte son insigne . . . . . .
3. On félicite . . . . . ce candidat valeureux.

4. Tenaces, nous travaillons . . . .
5. Affamés, ils mangent . . . . . .
6. Je me suis esquivé . . . . . .

EXERCICE 8

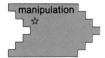

Substituez des GN aux gérondifs des phrases suivantes. Sur ce modèle :
En baissant la tête, le coureur fonçait vers l'arrivée.
→ Tête baissée, le coureur fonçait vers l'arrivée.

1. En serrant les poings, Éric attendait son adversaire.
2. En levant les bras, les bandits se rendirent.
3. En fronçant les sourcils, Laurence nous écoutait.
4. En déployant les ailes, l'aigle prenait de la hauteur.
5. En joignant les mains, Dominique s'apprêta à plonger.
6. En plissant le front, tu cherches la solution du problème.

emploi
☆

Complétez les phrases suivantes à l'aide d'un complément de manière :

1. Les majorettes défilent . . . . . .
2. Tu exposes ton point de vue . . . . . .
3. . . . . ., tu saisis le vase de cristal.
4. Yves est parti . . . . . .
5. Le bébé fait ses premiers pas . . . . . .
6. Je m'éclipse . . . . . .

repérage
☆

Dans le texte suivant, relevez un complément circonstanciel de temps, un complément circonstanciel de lieu, un complément circonstanciel de but :

1500 ans avant Jésus-Christ, l'Egypte est à son apogée. [...] Sous l'influence raffinée de l'Orient, elle apprend « l'art de vivre ». Les rois habitent dans des palais somptueux agrémentés de lacs artificiels. Pour installer les dieux et prêtres d'Amon, ils bâtissent des temples impressionnants d'harmonie et de mystère. Sur la rive droite du Nil, Aménophis II élève Louxor.

Philippe Demenet,
« *Thèbes, nécropole des nobles* »,
in *La vie*, 26 mars 1980.

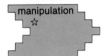

manipulation
☆

Transformez les phrases ci-dessous sur le modèle suivant :
Elle réunit ses amis. Elle veut fêter son anniversaire.
→ *Elle réunit ses amis pour fêter son anniversaire.*

1. Il s'expose au soleil. Il veut bronzer.
2. Tu as téléphoné. Tu voulais m'épargner une démarche inutile.
3. Nous voulons obtenir le prix « Marco Polo ». Nous travaillons d'arrache-pied.
4. Vous voulez sauver votre club. Vous multipliez les démarches.

manipulation
◇

Réunissez chaque phrase a) à la phrase b) qui lui correspond en utilisant la locution conjonctive placée en regard. Changez le mode du verbe.

a) 1. Mes parents se démènent.

2. Le public insiste.
3. Des gens font une pétition.

4. Le président interviendra.

5. Je m'éclipse discrètement.
6. Je fais cuire ce potiron.

b) 1. Je peux faire ce voyage (pour que).
2. Tu fais un discours (pour que).
3. On a une ludothèque municipale (afin que).
4. Tu auras ton passeport rapidement (afin que).
5. On me retient (de peur que).
6. Il pourrit (de crainte que).

EXERCICE 13

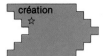

création
☆

Dans le texte ci-dessous, un poète désigne le but qu'il donne à chaque mois de l'année. Imagniez la fin du poème. (Le texte intégral vous sera donné p. 255).

Janvier pour dire à l'année « bonjour ».
Février pour dire à la neige « il faut fondre ».
Mars pour dire à l'oiseau migrateur « reviens ».
Avril pour dire à la fleur « ouvre-toi ».
Mai pour dire « ouvriers, nos amis ».
Juin pour dire à la mer « emporte-nous très loin ».
Juillet pour dire au soleil « c'est ta saison ».

Alain Bosquet, in La guirlande de Julie,
Éd. Ouvrières.

EXERCICE 14

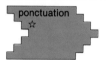

ponctuation
☆

1. Ponctuez le texte suivant à l'aide de ces signes : | , | (7 fois), | . | (7 fois).
2. Soulignez les compléments circonstanciels.

Sans trembler ni crier ni pleurer Anne a retiré l'épine qui lui était entrée dans le pied ce fut une entreprise délicate à l'aide d'une petite pince Anne a saisi la base de l'épine celle-ci était longue et coupante progressivement la petite fille l'a retirée de son pied quand ce fut fini Anne était pâle avec courage elle a encore nettoyé la plaie

EXERCICE 15

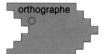

orthographe
○

Lisez le texte suivant ; il vous sera ensuite donné en dictée.

Pendant les vacances, Yves devient chercheur de trésors. A l'aide d'un détecteur de métaux, il sonde patiemment la terre de la région où il se trouve. Quand son appareil émet un petit « bip », Yves s'arrête. Il sait que la réactio de l'engin signifie qu'une masse métallique est enfouie sous terre. Avec une petite pioche, le garçon creuse la terre. Il la remue, la fouille, la gratte avec précaution afin d'y découvrir des vestiges du passé. Ainsi, il y a quelques jours, dans une clairière de la forêt de Fontainebleau, Yves a exhumé une poignée de pièces datant de Napoléon III. Ce qui l'intéresse, c'est de comprendre le passé à travers ses découvertes. Yves est avant tout un passionné d'histoire.

EXERCICE 16

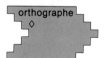

orthographe
◇

Même consigne que pour l'exercice précédent.

J'ai observé longtemps les loups. Leurs yeux jaunes, s'ils nous voient, ne nous regardent jamais. L'enclos qui les emprisonne est vaste. Ils allaient, le long du grillage, d'un pas coulé qui s'allongeait parfois en un trot superbe et dansant. [...] Je m'étais approché, pris par ce que je voyais. Je sentis quelque chose glisser le long de mon épaule ; un objet lourd tomba dans l'herbe. C'était mon appareil photographique. Un loup, d'un coup de dent sournois que je n'avais pas perçu, venait d'en trancher la courroie. Comment avait-il pu, à travers ces mailles étroites, introduire le bout de son museau ? Je me le demande encore.

M. Genevoix, Bestiaire enchanté,
Éd. Gallimard.

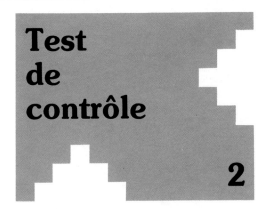

Test de contrôle

2

Exercice 1

Recopiez chaque phrase ci-dessous en indiquant sa structure. Sur ce modèle :
Pierre mange une pomme.

sujet + verbe + COD

1. Le papier de la cuisine jaunit.
2. François paraît soucieux.
3. Tu utilises ton Minitel.
4. Ce clown est le frère de Marie.
5. Vous adhérerez à ce club.
6. L'entreprise offrira des polos aux gagnants.

☆ REPÉRAGE

Exercice 2

1. Recopiez les phrases suivantes en soulignant le groupe-sujet.
2. Si celui-ci est placé après le verbe, indiquez-en la raison : mise en valeur, présence d'un adverbe entraînant l'inversion, ou proposition incise.

1. La potion magique revigore Astérix.
2. « D'accord », dit Louis, en guise de réponse.
3. Et s'élève alors une énorme vague de boue.
4. Nous vous félicitons chaleureusement.
5. « Courage ! » Ainsi commença le discours du président.
6. Qu'on réduise les dépenses paraît normal.

◊ MANIPULATION ET ORTHOGRAPHE

Exercice 3

Dans les phrases suivantes, mettez au présent de l'indicatif les verbes notés entre parenthèses :

1. C'est Jean qui (*entraîner*) cette équipe.
2. C'est moi qui (*aller*) régler ce problème.
3. C'est toi qui (*avoir*) les clefs.
4. C'est nous qui (*poser*) cette question.
5. C'est vous qui (*faire*) erreur.
6. C'est vous qui (*exagérer*).

☆ REPÉRAGE

Exercice 4

Recopiez les phrases suivantes en soulignant l'attribut et en indiquant sa nature (nom, adjectif, GN, GN prépositionnel, infinitif ou proposition) :

1. Votre problème est difficile.
2. Mon frère est informaticien.
3. Vous devenez un véritable acrobate.
4. Ce chien paraît souffrir.
5. Mon désir est que nous trouvions une solution.
6. Tu restes d'une grande discrétion.

☆ REPÉRAGE

Exercice 5

Dans les phrases suivantes, indiquez si le mot ou le groupe noté en italique est attribut ou COD :

1. J'apprécie *la délicatesse*.
2. Ton geste était *délicat*.
3. Cette entreprise embauche *un électronicien*.
4. Mon frère sera *électronicien*.
5. Ce terrain devient *un vrai bourbier*.
6. On asséchera *ce bourbier*.

☆ REPÉRAGE

Exercice 6

Dans les phrases suivantes, précisez la nuance exprimée par le complément de lieu (lieu où l'on est, lieu où l'on va, lieu d'où l'on vient, lieu par où l'on passe) :

1. Je suis passé par Marseille.
2. Le bateau est sorti du port.
3. Le train file vers Bruxelles.
4. J'arrive à l'instant du collège.
5. Bérangère habite rue Molière.
6. La locomotive rentre au dépôt.

☆ EMPLOI

Exercice 7

Inventez un complément de temps pour chacune des phrases suivantes ; selon les cas, il exprimera la date ou la durée.

1. Le malade restera . . . . . sous calmants. (*durée*)
2. Dominique est parti . . . . . . (*date*)
3. Il a plu . . . . . . (*durée*)
4. Le congrès aura lieu . . . . . . (*date*)
5. J'ai travaillé . . . . . dans cette entreprise. (*durée*)
6. Cette loi a été votée . . . . . . (*date*)

Tous les ans, au plus fort de la canicule, le Languedoc méditerranéen, comme sa sœur la Provence, paie un lourd tribut au feu. (…)

Ce qui a brûlé en **quelques** heures repousse en quelques mois. Du moins, le dit-on. Si ce n'est pas le cas pour les arbres, c'est vrai pour l'herbe qui renaît plus drue et occupe les surfaces où le reste mettra des années à reprendre. (…)

Il y a d'**autres** victimes du feu. C'est le gibier. Non qu'il meure la plupart du temps. Mais il se trouve contraint à un exode qui arrange **certains** chasseurs. Leurs associations rivales peuvent être tentées d'user d'un **tel** moyen les unes contre les autres.

Maurice Chavardes, « Il y a feu et feu », in *Le Monde* du 29 avril 1979.

9 Les déterminants indéfinis : adjectifs indéfinis et adjectifs numéraux

1. LA CLASSE DES DÉTERMINANTS INDÉFINIS

• La classe des déterminants indéfinis comporte plusieurs séries :

articles indéfinis	: **un** livre - **une** gomme - **des** poires
articles partitifs	: **du** vin - **de la** bière - **des** rillettes
adjectifs indéfinis	: **chaque** jour - **aucun** bruit - **plusieurs** voix
adjectifs numéraux	: **six** jours - la **troisième** fois
adjectifs interrogatifs	: **quel** jour ? **quelle** personne ?

On emploie généralement les déterminants indéfinis quand on ne précise pas la quantité ou l'identité de l'élément représenté par le nom :
J'ai fait <u>plusieurs</u> erreurs.   <u>Certaines</u> usines polluent notre région.

2. LES ADJECTIFS INDÉFINIS

• On classe les adjectifs indéfinis en trois séries :

a. Les adjectifs qui ne s'utilisent qu'au singulier

aucun (e) **pas un (e)** **nul (le)**	Ces adjectifs varient en genre : *aucun chat - aucune chatte* *nul désir - nulle envie*
chaque	Cet adjectif ne varie pas en genre : *chaque candidat - chaque candidate*

« Aucun », « pas un (e) », « nul(le) » peuvent appartenir à une autre espèce grammaticale :
Pronom : *Nul ne rit - Aucun ne parle.*   **Adj. qualificatif :** *Ce devoir est <u>nul</u>.*

• **Aucun (e), pas un (e), nul(le)** sont des adjectifs **négatifs**. Ils marquent la quantité zéro :

Nulle boutique n'est ouverte.   *Tu n'as fait aucune faute.*

• **Chaque** permet de considérer **en particulier** les divers éléments d'un ensemble : *Chaque élève de 5ᵉ aura un livret d'orientation.*

b. Les adjectifs qui ne s'utilisent qu'au pluriel

divers(e)s **différent(e)s**	Ces adjectifs varient en genre : *divers objets - diverses choses*
plusieurs	Cet adjectif ne varie pas en genre : *plusieurs garçons - plusieurs filles*

« Divers(es) » et « différent(e)s » peuvent aussi s'utiliser comme **adjectifs qualificatifs** : *Nous avons recueilli des opinions diverses. (= variées).*

• L'adjectif **plusieurs** est l'équivalent de « des ». Il s'emploie pour désigner une quantité indéterminée : *J'ai plusieurs tournevis.*

• **Divers(es), différent(e)s** indiquent qu'une quantité indéterminée contient des éléments **variés** : *Il y avait divers objets sur la table.*

c. Les adjectifs qui s'utilisent au singulier et au pluriel

• La plupart de ces adjectifs varient en genre :

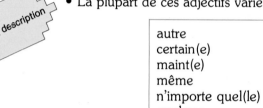

autre	→ autres
certain(e)	→ certain(e)s
maint(e)	→ maint(e)s
même	→ mêmes
n'importe quel(le)	→ n'importe quel(le)s
quelque	→ quelques
tel(le)	→ tel(le)s
tout(e)	→ tous - toutes

Certains rois - certaines reines.   *Tout homme - toute femme.*

• Certains de ces adjectifs peuvent être associés à un autre déterminant :
*Il a plu **tous les** jours.*
*Voilà **les quelques** nouvelles que j'ai eues.*

• La plupart de ces termes peuvent appartenir à une autre catégorie grammaticale :
Pronom : ***Certains*** *contestent les résultats. Vous viendrez **tous**.*
Adjectif qualificatif : *La manifestation a eu un succès **certain**.*
Adverbe : ***Même*** *Denise protesta. (= Denise aussi protesta.) Tu es **tout** ému. (= très ému).*

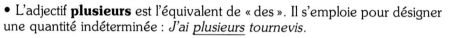

1. Quelque(s), certain(e)(s), n'importe quel(le)(s), maint(e)(s), tel(le)(s)

• Ces adjectifs introduisent un nom désignant une personne ou une chose dont l'identité n'est pas précisée :
N'importe quel arbitre conviendra.   *J'ai quelque peine à suivre.*

• Parfois, l'adjectif **certain** introduit un nom qui désigne une personne ou une chose dont on se refuse à préciser l'identité :
Certain garçon ici présent en sait plus qu'on ne le croit.

2. Autre(s), même(s)

• Ces adjectifs permettent de marquer respectivement la différence et la ressemblance entre des éléments :
Je suis d'un autre avis que toi.   *Nous avons les mêmes goûts.*

3. Tout(e), tous, toutes

• Employé seul, **tout(e)** a la même valeur que **chaque** :
Tout élève doit faire ce devoir. (= Chaque élève doit faire ce devoir.)

• Associé à un déterminant singulier, **tout(e)** désigne la **globalité** d'un ensemble. Associé à un déterminant pluriel, **tous**, **toutes** désignent la **totalité** des membres d'un ensemble :
Toute la classe ira en Angleterre.   *Tous mes amis sont là.*

3. LES ADJECTIFS NUMÉRAUX

a. Les adjectifs numéraux cardinaux

• Ils correspondent aux chiffres de l'arithmétique :
zéro, un, deux, trois, quatre, cent, mille, etc.

• On met un trait d'union entre les éléments qui sont l'un et l'autre inférieurs à « cent », sauf s'ils sont joints par « et » :
Dix-huit timbres.   *Trente et un kilomètres.*

• Les adjectifs numéraux sont en général invariables :
J'avais les quatre rois dans mon jeu.

• Cependant, **vingt** et **cent** prennent un **s** s'ils sont multipliés par un nombre et s'ils terminent l'adjectif numéral : *quatre-vingts, deux cents, six cents.*
Vingt et **cent** ne prennent pas de **s** s'ils ne terminent pas l'adjectif numéral :
quatre-vingt-deux, deux cent trois, six cent huit.

b. Les adjectifs numéraux ordinaux

• A l'exception de « premier » et de « second », les adjectifs ordinaux se forment en ajoutant le suffixe **ième** aux adjectifs cardinaux :
*huit → huit**ième**   cent → cent**ième**.*

• Les adjectifs numéraux indiquent un **nombre** : *J'ai pris deux dés.*

• Les adjectifs ordinaux marquent le **rang** : *C'est le premier essai.*

> ## Résumé
> • Les **adjectifs indéfinis** sont des déterminants indéfinis. Ils ne précisent pas la quantité ou l'identité de l'élément désigné par le nom :
> *J'ai plusieurs courses à faire.*   *J'éprouve quelque difficulté.*
>
> • Les **adjectifs numéraux** cardinaux indiquent un nombre ; les adjectifs numéraux ordinaux marquent un rang :
> *Trois personnes ont témoigné.*   *J'occupe la troisième place.*

exercices

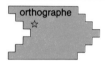

Dans le texte suivant, soulignez les adjectifs indéfinis :

Le Nil monte... et l'angoisse apparaît sur la face des hommes. Les ânes et les bœufs se serrent autour des huttes où s'amoncellent les réserves de fourrage. L'eau s'infiltre dans les maisons ; aucune demeure n'est épargnée. Chaque village est isolé ; chaque butte est un îlot autour duquel circulent les habitants sur des radeaux de papyrus ou de roseaux.

Isha Schwaller de Lubicz,
Her-Bak « Pois chiche », Éd. Flammarion.

*Comblez les pointillés des phrases suivantes avec « nul » ou « nulle »,
selon les cas :*

1. Je n'ai . . . . . doute sur ton honnêteté.
2. Tu n'as . . . . . motif pour agir ainsi.
3. Je ne vais . . . . . part.
4. Je n'ai . . . . . envie de partir.

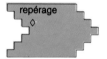

*Indiquez la nature grammaticale des mots soulignés : adjectif indéfini,
pronom indéfini, adjectif qualificatif.*

1. Vous n'avez <u>aucune</u> garantie.
2. Les roses sont closes. <u>Aucune</u> ne s'ouvre.
3. Les chiens dorment. <u>Pas un</u> ne bouge.
4. <u>Pas un</u> élève n'a répondu.
5. <u>Nul</u> n'est prophète en son pays.
6. Tu n'as <u>nul</u> besoin de cet objet.

Dans le texte suivant, relevez les adjectifs indéfinis :

Lors d'une exploration dans l'océan Pacifique, non loin des îles Galapagos, une équipe de géologues a découvert plusieurs colonies de vers géants groupées autour de sources hydrothermales. Ces sources sont des oasis sous-marines où vivent non seulement des vers géants mais aussi divers animaux : moules jaunes, crevettes orange, palourdes blanches et poissons marron-rouge. Un véritable aquarium ! Différentes hypothèses sont émises sur la présence de ces animaux en ces lieux.

1. Comblez les pointillés des phrases 1 et 2 par « différents » ou « différentes », selon le cas. 2. Comblez les pointillés des phrases 3 et 4 par « divers » ou « diverses », selon le cas.

1. Cette maladie prend . . . . . formes.
2. Cet adjectif a . . . . . sens.
3. . . . . . objets sont exposés.
4. . . . . . solutions sont possibles.

EXERCICE 6

appréciation
◇

Indiquez la nature de « diverses » et « différent(e)s » dans ces phrases : adjectif indéfini ou adjectif qualificatif.

1. Voilà des tasses de couleurs très diverses.
2. Diverses opinions ont été émises.
3. Nous avons différentes raisons d'agir ainsi.
4. J'ai entendu des avis très différents.

EXERCICE 7

manipulation
☆

Dans chacune des phrases suivantes, remplacez l'article souligné par un adjectif indéfini sans changer le sens de la phrase. Vous choisirez l'adjectif indéfini parmi les suivants : chaque - quelques - quelque - certain - n'importe quel - plusieurs.

1. J'ai presque fini la lecture de ce livre. Il me reste <u>des</u> pages à lire.
2. Nous allons en forêt <u>le</u> dimanche.
3. Nous trouverons bien <u>une</u> rivière où nous baigner.
4. La maladie de Marie-Pierre ayant été longue, j'ai fait le trajet de mon domicile à l'hôpital pendant <u>des</u> semaines.
5. J'aime toutes les pâtisseries. Tu peux donc acheter <u>un</u> gâteau ; je l'apprécierai quel qu'il soit.
6. <u>Un</u> garçon, dont je tairai le nom, est impliqué dans cette affaire.

EXERCICE 8

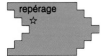

repérage
☆

Dans les textes suivants, relevez les adjectifs indéfinis :

DÉCLARATION UNIVERSELLE DES DROITS DE L'HOMME

Article 14

Devant la persécution, toute personne a le droit de chercher asile et de bénéficier de l'asile en d'autres pays.

Article 30

Aucune disposition de la présente Déclaration ne peut être interprétée comme impliquant pour un Etat, un groupement ou un individu, le droit de se livrer à une activité ou d'accomplir un acte visant à la destruction des droits et libertés qui y sont énoncés.

EXERCICE 9

création
◇

En utilisant les mots suivants : « enfant, droit, liberté(s), devoir », rédigez un article pour la Déclaration des Droits de l'enfant. Votre texte comportera un ou des adjectif(s) indéfini(s).

EXERCICE 10

emploi
☆

Remplacez les pointillés des phrases suivantes par un adjectif indéfini :

1. A . . . . . jour suffit à sa peine.
2. . . . . . peine mérite salaire.
3. . . . . . les chemins mènent à Rome.
4. N'achetez pas à . . . . . prix.
5. Il n'y a . . . . . animal sur la lune.
6. Nous avons les . . . . . goûts.
7. Il faut avoir . . . . . cordes à son arc.
8. Dans . . . . . cas, mieux vaut se taire.

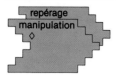

Dans les phrases suivantes, indiquez si « certain(s) », « divers » et « nul » sont adjectifs indéfinis ou adjectifs qualificatifs. Dans le second cas, proposez un synonyme.

1. Certains animaux sont vivipares.
2. Je suis certain d'avoir raison.
3. Le danger est pratiquement nul.
4. Nul homme n'est allé sur Vénus.
5. Divers livres abordent ce sujet.
6. Ce bazar vend des objets divers.

Dans chacune des phrases suivantes, indiquez si « quelque » et « tout » sont adjectifs indéfinis ou adverbes :

1. Tout homme est sujet à l'erreur.
2. Ce chiot est tout jeune.
3. Tout coureur portera un dossard.
4. J'ai quelque peine à te comprendre.
5. Quelque oiseau mangera ce pain.
6. Il reste quelque deux mille francs.

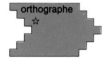

Complétez les pointillés des phrases suivantes par : tout - toute - tous ou toutes, *selon le cas :*

1. J'ai . . . . . confiance en vous.
2. . . . . . candidat travaillera seul.
3. Lisez les . . . . . derniers chapitres.
4. Tu fais ce trajet . . . . . les jours.
5. . . . . . mes amies font du tennis.
6. Ces gens vous aiment ; . . . . . vous suivront.

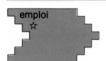

Dans le texte suivant, comblez les pointillés par des adjectifs indéfinis. Vous les choisirez parmi les suivants : autre(s) - tout - maint(e)(s) - quelque(s).

Je n'ai pas ménagé mes efforts pour qu'on pose un panneau de limitation de vitesse à cet endroit. A . . . . . reprises, en effet, je suis intervenu auprès du maire. Mais jusqu'ici je n'ai rien obtenu ; juste . . . . . promesses. Pourtant, cette rue est très animée et la circulation y est dense. Plusieurs accidents se sont déjà produits. Je ne comprends pas pourquoi la municipalité n'intervient pas. Il suffirait de limiter la vitesse et d'interdire . . . . . dépassement sur cette voie. On pourrait encore adopter d'. . . . . moyens : détourner la circulation par la départementale 4, ou construire une rocade qui contourne la ville.

Construisez une phrase qui emploie correctement l'un de ces adjectifs :

certain(s) - n'importe quel(le) - maint(e)(s) - quelque(s).

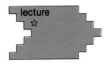

lecture
☆

Lisez à voix haute les phrases suivantes en prononçant bien les adjectifs numéraux :

1. J'ai dix francs en poche.
2. Nous ne sommes que dix.
3. Cet enfant a cinq ans.

4. J'en ai pour cinq secondes.
5. Vingt blessés ont été dégagés.
6. Il y a là vingt hélicoptères.

orthographe
☆

Ecrivez en toutes lettres les chiffres suivants :

2 000 - 300 - 80 - 302 - 84 - 26 - 110 - 51.

manipulation
☆

Dans les phrases suivantes, substituez un adjectif numéral ordinal à chaque adjectif numéral cardinal. Sur ce modèle :
Ce comédien joue dans l'acte 3.
→ Ce comédien joue dans le troisième acte.

1. Au kilomètre 40, un coureur s'échappa.
2. Quel est l'article 13 de votre règlement ?
3. J'ai retenu la couchette 4 du compartiment.

4. Prenez le couloir 5, puis l'escalier A.
5. Je cherche le tome 2 de cet ouvrage.
6. J'ai mis une remarque à la page 6.

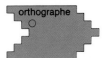

orthographe
○

Lisez le texte suivant ; il vous sera ensuite donné en dictée.

Aujourd'hui, la classe de 5e 3 organise une vente aux enchères au profit de la Croix-Rouge. Auparavant, les élèves ont collecté les vieux objets auprès des habitants de la ville. Ils sont passés dans toutes les rues. Ils n'ont oublié aucune maison, aucun immeuble. N'importe quel objet a été accepté ; aussi la vente aux enchères sera-t-elle disparate. La salle des fêtes du collège est comble. L'après-midi commence par la vente de quelques mètres de satin. Puis, vient le tour d'une petite pendule. Elle atteint la somme de trois cent vingt six francs. Quelle aubaine ! Sur l'estrade, l'animateur se démène. Il lui faut parfois quelque patience pour tenir son rôle. Mais, dans l'ensemble, il remplit bien sa mission.

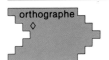

orthographe
◇

Même consigne que pour l'exercice précédent.

Il y a trente-trois heures que le potier n'a pas dormi. La nuit n'est pas encore tombée sur « Sars-Poterie » et j'ai pu apercevoir de loin la haute cheminée qui fume. [...] En descendant jusqu'au four, après avoir traversé le hall où la terre fraîche se dépose, j'aperçois Roland. La fatigue pèse sur son visage encrassé par la poussière de charbon. Son fils est présent comme à chaque cuisson. [...] Il règne près du four une chaleur intense. A l'intérieur de ce ventre chaud, des milliers d'objets, dont les premiers ont jailli du tour il y a trois mois, sont la proie féconde des flammes. Il a fallu au potier une semaine entière pour empiler les cruches, les vases, les bols, les pots de toutes sortes.

Pierre Henry, « Le Potier de grand feu », *La Voix du Nord*, 16 juillet 1979.

Cris de Paris, autrefois

Non, il n'y a point de ville au monde où les **crieurs** et les **crieuses** des rues aient une voix plus aigre et plus perçante. Il faut les entendre élancer leurs voix par-dessus les toits. Leurs gosiers surmontent le bruit et le tapage des carrefours. Il est impossible à l'étranger de pouvoir comprendre la chose. Le Parisien lui-même ne la distingue que par routine. Le porteur d'eau, la crieuse de vieux chapeaux, le **marchand** de ferraille, la **marchande** de peaux de lapin, la vendeuse de marée, c'est à qui chantera sur un mode haut et déchirant. Tous ces cris discordants forment un ensemble dont on n'a pas idée.

Sébastien Mercier, *Tableau de Paris.*

10 Le genre des noms

1. LES NOMS DE GENRE UNIQUE

• Certains noms ont un **genre unique**. Ils ne s'utilisent qu'au masculin ou au féminin :
une gomme - une règle
un crayon - un stylo.

• Parfois, le genre de quelques noms n'est pas toujours bien connu. Il importe donc de ne pas commettre d'erreur à son sujet :
une *autoroute -* **une** *azalée -* **un** *indice.*

• On emploie généralement les noms de genre unique pour désigner les **inanimés** :
un cendrier - un caillou - une moto - une planche.

• Cependant, quelques noms de genre unique désignent des **animés** :
un écrivain - un juge.

• Certains de ces noms peuvent s'appliquer à un être **masculin** aussi bien qu'à un être **féminin**. On les emploie alors avec un mot qui précise leur genre :
une femme juge - un magistrat féminin - une souris mâle

2. LES NOMS DE GENRE VARIABLE

• La plupart des noms ont un féminin et un masculin. On dit qu'ils sont de **genre variable** :
un ami, une amie - un vendeur, une vendeuse.

• On forme le **féminin** de ces noms de plusieurs façons :

a. Règle générale

• On obtient le plus souvent le féminin d'un nom en ajoutant un **e** au masculin. Selon les noms, la présence de ce « e » s'entend ou ne s'entend pas à l'oral :
*un marchand, une marchand**e** - un employé, une employé**e**.*

Les noms qui se terminent déjà par un « e » ne varient pas au féminin :
un architecte, une architecte
un locataire, une locataire.

b. Cas particuliers

1. Modification de la terminaison

• Pour certains noms, le passage au féminin entraîne une modification de la terminaison. Cette modification peut prendre les formes suivantes :
— *doublement de la consonne finale* → *un lion, une lio**nne***
— *changement de la consonne finale* → *un veuf, une veu**ve***
— *changement de suffixe* → *un act**eur**, une act**rice***
— *adjonction d'un suffixe* → *un comte, une comte**sse***

• De façon générale, ces noms obéissent aux règles suivantes :

• Les noms masculins terminés par **-ien** et **-ion** doublent le **n** au féminin, ainsi que les noms *Jean* et *paysan*. • Cependant, on écrit plus volontiers *lapone* et *nippone* que *laponne* et *nipponne*.	*Fabien/Fabie**nne** baron/baro**nne** Jean/Jea**nne** paysan/paysa**nne***
• Les noms terminés par **-el** et **-et** doublent le **l** et le **t** au féminin, ainsi que *chat* et *sot*.	*Joël/Joë**lle** - cadet/cade**tte** - chat/cha**tte** - sot/so**tte***
• Les noms terminés par **f** et **p** ont un féminin en **ve**.	*veuf/veu**ve** - loup/lou**ve***
• Les noms terminés par **c** ont un féminin en **que**. Exception : *grec/gre**cque**.*	*laïc/laï**que***
• Les noms terminés par **x** ont un féminin en **se**. Exception : *vieux/vieille.*	*ambitieux/ambitieu**se** époux/épou**se***
• Les noms terminés par **-er** ou **-ier** ont leur féminin en **-ère** ou **-ière**.	*boucher/bouch**ère** crémier/crémi**ère***
• Les noms terminés par **-eur** ont leur féminin en **-euse** (sauf les noms en **-teur** qui obéissent à d'autres règles). Exceptions : *ambassadeur/ambassadrice pêcheur/pécheresse.*	*voleur/vol**euse** nageur/nag**euse***
• Les noms terminés par **-teur** font leur féminin en **-teuse** si leur terminaison s'ajoute au radical d'un verbe. Exceptions : *inspecteur/inspectrice inventeur/inventrice persécuteur /persécutrice enchanteur/enchanteresse*	*menteur/ment**euse** (verbe : mentir)*
• Les noms terminés par **-teur** font leur féminin en **-trice** si leur terminaison ne s'ajoute pas au radical d'un verbe. Exception : *docteur/doctoresse.*	*électeur/élect**rice** (verbe : élire)*
• Certains noms forment leur féminin par l'addition du suffixe **-esse.**	*comte/comte**sse***

2. Recours à un mot différent

• Le féminin de certains noms est un mot différent du masculin :
un homme, une femme - un cerf, une biche

• Les noms de genre variable s'emploient généralement pour désigner des êtres animés. La variation en genre permet précisément d'indiquer si l'on désigne un être masculin ou féminin :
L'avocat plaide.   *L'avocate plaide.*
Le chien aboie.   *La chienne aboie.*

• Certains mots n'ont pas le même sens au masculin et au féminin. On les emploie alors très souvent avec un déterminant pour préciser leur genre, et par conséquent leur sens :
un pendule - une pendule
un moule - une moule.

Résumé

• Certains noms ont un **genre unique**. Ils désignent le plus souvent des **inanimés** :
une casserole - un couteau - le téléphone.

• D'autres noms ont un **genre variable**. Ils désignent généralement des **animés** :
mon cousin/ma cousine - un lion/une lionne.

• La marque du **féminin** est le plus souvent **e** :
*un gamin/une gamin**e** - un détenu/une détenu**e**.*

• Le passage au féminin entraîne chez certains noms une modification de la terminaison :
*pharmacien/pharmacie**nne** - infirmier/infirmi**ère** - duc/duc**hesse**.*

exercices

repérage
☆

Dans le texte suivant, relevez les noms communs qui ont un genre unique :

Aucassin était descendu avec son amie. [...] Il tenait son âne par la bride. [...]

Ils commencèrent à longer la rive. Aucassin vit passer un navire où il aperçut des marchands qui naviguaient à proximité de la berge. Il les héla ; ils vinrent à lui. Il les pria tant qu'ils embarquèrent. En haute mer, une tempête s'éleva, violente, effrayante, qui les poussa de terre en terre, si bien qu'ils atteignirent un pays étranger et pénétrèrent dans le port du château de Torelore.

Aucassin et Nicolette,
Éd. Garnier-Flammarion.

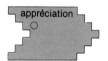

appréciation
○

Votre correspondant anglais ou allemand vous demande le genre des noms suivants : indiquez-le-lui. (Cherchez dans un dictionnaire le sens des noms qui vous seraient inconnus.)

apéritif - orbite - licou - flair - automne - orgueil - apothéose.

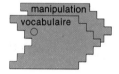

manipulation
vocabulaire
○

Faites précéder chaque nom d'un article indéfini qui précisera son genre :

1. J'ai besoin d' . . . . . élastique.
2. Cette route longe . . . . . abîme.
3. Le rallye traverse . . . . . oasis.
4. L'athlète soulève . . . . . haltère.
5. On va construire . . . . . autoroute.
6. Tu m'apportes . . . . . aide appréciable.

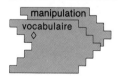

manipulation
vocabulaire
◇

Faites précéder chaque nom d'un adjectif démonstratif :

1. . . . . . atmosphère est agréable.
2. . . . . . amnistie concerne peu de détenus.
3. . . . . . armistice apporte la paix.
4. Mille choristes interprèteront . . . . . hymne.
5. . . . . . adage est sage.
6. . . . . . aphte me fait mal.

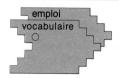

emploi
vocabulaire
○

Employez dans une phrase chacun des noms ci-dessous précédé d'un article indéfini.

pétale - ustensile - insigne - équerre - espèce.

emploi
◇

Même consigne que pour l'exercice précédent :

anse - hémisphère - échappatoire - emblème - astérisque.

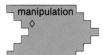

manipulation
◇

Accompagnez chaque nom souligné d'un ou de deux mots qui précisent son genre. Sur les modèles suivants :

Un <u>professeur</u> (f) . . . . . préside le jury. → Un professeur **féminin** préside le jury.
Au zoo de Bâle, il y a <u>un zèbre</u> (f) . . . . . . → Au zoo de Bâle, il y a un zèbre **femelle.**

1. <u>Les écrivains</u> (f) . . . . . ne sont pas rares.
2. Cette expérience a été faite sur <u>une chauve-souris</u> (m) . . . . . .
3. Gérard Depardieu était <u>la vedette</u> (m) . . . . . de ce film.
4. L'autre soir, à la télévision, on a interviewé une . . . . . <u>pilote</u> (f).
5. Il n'y avait dans ce nid qu'<u>un corbeau</u> (f) . . . . . .

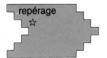

repérage
☆

Relevez les noms du texte suivant en les classant en deux colonnes :
<u>noms de genre unique</u> | <u>noms de genre variable</u>

Pour faire son gâteau, mon cousin utilise du sucre, du lait, une farine légère, un œuf et une levure spéciale que lui a vendue la boulangère. La commerçante lui a recommandé de laisser lever la pâte.

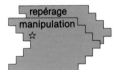

repérage
manipulation
☆

1. Mettez les noms soulignés du texte suivant au féminin (n'oubliez pas de modifier s'il y a lieu l'accord des verbes, pronoms et adjectifs).
2. Faites une croix sous les noms dont la marque du féminin s'entend à l'oral.

<u>Le marié</u> arrive à la mairie. Il est accompagné de son parrain, de sa marraine et d'un <u>cousin</u>. Un <u>employé</u> municipal dirige le petit cortège vers le bureau du maire. Un <u>ami</u> de la famille s'y trouve déjà. Il fera office de témoin. C'est <u>un avocat</u>. Comme chaque jour, <u>un commerçant</u> de la ville envoie des fleurs aux jeunes époux.

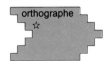

orthographe
☆

Dans les phrases suivantes, indiquez la terminaison des participes passés :

1. Le concierge s'est affol . . .
2. La concierge s'est affol . . .
3. Ma collègue est débord . . .
4. Mon collègue est débord . . .
5. Un journaliste est arriv . . .
6. Une journaliste est arriv . . .

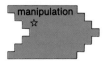

manipulation
☆

Mettez au féminin les noms suivants :

un comédien - un collégien - un champion - un espion - un paysan - un cousin - un voisin - le colonel - Gabriel - un rival - un chat - un avocat - un candidat - un poulet.

manipulation
◇

Mettez au féminin les noms suivants :

un veuf - un loup - un fugitif - Frédéric - un Grec - un envieux.

manipulation
vocabulaire
☆

Cherchez les noms de métier qui correspondent aux définitions suivantes. Indiquez le masculin et le féminin de chacun d'eux.

1. Personne qui tient un hôtel.
2. Personne qui vend des bijoux.
3. Personne qui donne des soins aux malades.
4. Personne qui garde les moutons.
5. Personne qui s'occupe d'horlogerie.
6. Personne qui cultive et vend des légumes. (un m . . . ./ une m . . . .).

manipulation
☆

Mettez les noms suivants au féminin :

un visiteur	un coiffeur	un animateur
un acheteur	un patineur	un moniteur
un menteur	un campeur	un lecteur
un inspecteur	un ambassadeur	un docteur

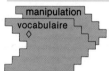

manipulation
vocabulaire
◇

1. Dans les phrases suivantes, indiquez la terminaison des noms.
2. Indiquez ensuite le masculin de ces noms.

1. Jeanne est une grande dorm . . . . . . Elle a besoin de sommeil.
2. Au Moyen Age, on recommandait aux pécher . . . . . de faire pénitence pour expier leurs fautes.
3. Noëlle a été ma collaboratr . . . . . dans ce travail.
4. A cette époque, l'eau courante n'existait pas. Une port . . . . . d'eau passait chaque jour dans le quartier.
5. Une fée est souvent une enchant . . . . . .
6. La tigr . . . . . défend ses petits.

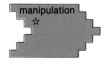

manipulation
☆

Dans les phrases suivantes, mettez les prénoms au féminin. Soulignez ceux dont le passage au féminin s'entend à l'oral.

1. Henri est venu.
2. Joël est rentré.
3. Daniel a téléphoné.
4. Julien a fait bon voyage.
5. André joue au basket.
6. Jean t'écrira.

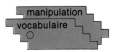

Indiquez quelle est la femelle de chacun des animaux suivants :

un âne - un cheval - un coq - un dindon - un canard.

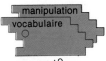

Indiquez quel est le mâle de chacun des animaux suivants :

la laie - l'oie - la guenon - la biche - la chèvre - la mule.

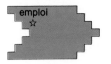

Cherchez le féminin de chacun des noms suivants et employez-le dans une phrase :

neveu - parrain - oncle - empereur - compagnon.

Employez dans deux phrases chacun des noms suivants. La première fois, le nom sera au féminin ; la seconde fois, au masculin.

tour - poste - vase - manche - somme - page - physique.

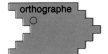

Lisez le texte suivant ; il vous sera ensuite donné en dictée.

LE BAL COSTUMÉ

Pour fêter son anniversaire, Fabienne organise un bal costumé. Voici une mignonne Alsacienne ; elle donne la main à une jeune mariée ravissante. Puis vient un page qui accompagne une princesse. Le personnage qui les suit ne leur ressemble pas. C'est une horticultrice qui pousse devant elle une brouette chargée de légumes. Quelqu'un prend soudain la main de Fabienne. C'est une sauvagesse. Elle est vêtue de haillons ; ses yeux sont ardents ; elle parle une langue inconnue. Elle essaie d'entraîner Fabienne on ne sait où. Heureusement, une magicienne survient et délivre l'héroïne du jour. La musique retentit. Le bal commence.

Même consigne que pour l'exercice précédent.

UN CAMPEMENT DE BOHÉMIENS

Une fillette accroupie devant le foyer attisait le feu avec un bâton. Un chat noir sommeillait devant la hutte. Quelques poules picoraient. [...] La petite fille était en haillons. Des yeux noirs, une peau bistrée. Elle portait de gros anneaux de cuivre aux oreilles. Parfois, elle chantonnait à voix basse. Un âne errait nonchalamment dans la clairière. [...] Une corneille vint du bois et se posa sur l'épaule nue de la fillette. La fillette lui parla. Stupéfait, je me soulevai pour mieux la voir. Elle tourna la tête et regarda de mon côté. Mais elle resta impassible.

Henri Bosco, L'enfant et la rivière,
Éd. Gallimard.

Robinson dans le métro

Il voyageait debout tout à l'avant de la première voiture, juste à côté de la cabine du conducteur, et regardait **les rails** accourir, se croiser, se séparer et se rejoindre. Il repérait **les feux** verts donnant la voie libre, **les feux** jaunes avertissant de ralentir (…). Il finit par connaître et comprendre **les signaux** du métro. (…) **Les ouvriers** travaillant sur **les voies** balançaient **leurs lanternes** et agitaient **leurs drapeaux** ; le conducteur répondait d'un coup de sirène.

Félice Holman, *Le Robinson du métro*,
Collection Travelling, Duculot.

DANGE

11 Le nombre des noms

1. LES NOMS À NOMBRE UNIQUE

• Certains noms ne s'utilisent habituellement qu'au singulier et d'autres qu'au pluriel. On dit que ces noms ont un **nombre unique** :

Singulier — *la solidarité - le mercure - un odorat* (noms).
— *l'utile et l'agréable* (adjectifs utilisés comme noms).
— *le boire et le manger* (infinitifs utilisés comme noms).

Pluriel — *des mœurs - des victuailles - des arrhes* (noms).

• Les noms qui ne s'emploient qu'au singulier désignent le plus souvent les éléments suivants : une science, une matière, un état, une qualité ou un défaut, un sens, un point cardinal :

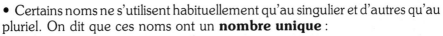

la biologie	*le mercure*	*la fragilité*	*la pureté*	*l'avarice*	*le toucher*	*l'est*
science	matière	état	qualité	défaut	sens	point card.

• Les noms qui ne s'emploient qu'au pluriel désignent généralement plusieurs éléments :
des archives (= plusieurs documents)   *des décombres* (= plusieurs débris)

• Certains de ces noms cependant désignent parfois des ensembles plus vagues. Quelques-uns ont alors pour synonyme un nom singulier :
des funérailles (= un enterrement)   *les ténèbres* (= l'obscurité)

2. LES NOMS À NOMBRE VARIABLE

• La plupart des noms peuvent s'employer au singulier et au pluriel. On dit qu'ils ont un **nombre variable.**

• On marque le pluriel de ces noms de différentes façons :

a. Règle générale

• On forme généralement le pluriel en ajoutant un **s** à la forme singulier du nom :
*un lapin/des lapin**s*****   *une règle/des règle**s***

• Les noms terminés par « s », « z » ou « x » ne varient pas au pluriel :
une souris/des souris   un nez/des nez   un creux/des creux

b. Cas particuliers

• On marque le pluriel de certains noms par un **x** et celui d'autres noms par un changement de suffixe :
*un chou/des chou**x***   *un travail/des trav**aux***

• Ces noms obéissent aux règles suivantes :

• Les noms terminés par **au** ou **eau** et **eu** prennent un **x** au pluriel :	un tuyau/des tuyau**x** un cadeau/des cadeau**x** un feu/des feu**x**
Exceptions : *landau - sarrau - bleu - pneu - lieu* (nom de poisson). Ces noms prennent un **s** :	des landau**s** - des pneu**s** un dégradé de bleu**s**
• Sept noms terminés par **ou** prennent un **x** au pluriel. Ce sont : *bijou - caillou - chou - genou - hibou - joujou - pou.* • Les autres noms terminés par **ou** prennent un **s** au pluriel :	un bijou/des bijou**x** un genou/des genou**x** un fou/des fou**s** un clou/des clou**s**
• La plupart des noms terminés par **al** font leur pluriel en **aux** : Exceptions : *bal - carnaval - cérémonial - chacal - choral - festival - récital - régal.*	un bocal/des boc**aux** un cheval/des chev**aux** un bal/des bal**s** un chacal/des chacal**s**
• Quelques noms terminés par **ail** ont leur pluriel en **aux** : *bail - corail - émail - soupirail - travail - vantail - vitrail.* • Les autres noms en **ail** prennent un **s** au pluriel :	un émail/des ém**aux** un travail/des trav**aux** un rail/des rail**s** un détail/des détail**s**

1. Les noms propres

• Le pluriel des noms propres obéit aux règles suivantes :

a. Ne prennent pas la marque du pluriel les noms de marques commerciales, les noms d'artistes désignant des œuvres, et les noms de famille :
Des Peugeot - Trois Renoir et deux Picasso - Les Dupont.
Exception : les noms de familles illustres : *Les Bourbons.*

b. Prennent la marque du pluriel les noms de peuples :
Les Belges - Les Allemands.

Note : Les noms de certains pays s'emploient toujours au pluriel :
Les Philippines - Les Bermudes - Les Antilles.

2. Les noms d'origine étrangère

• La plupart prennent la marque du pluriel :
*des agenda**s***   *des toast**s***

• Quelques mots prennent le pluriel de leur langue d'origine :
*une gentleman/des gentlem**en***   *un box/des box**es***

3. Les noms composés

• Le pluriel des noms composés obéit à plusieurs règles :

Composition du nom	Règle	Exemples
nom + adjectif ou adjectif + nom	Les deux éléments varient :	Un coffre-fort/des coffres-forts Une basse-cour/des basses-cours
nom + nom apposé	Les deux éléments varient :	Un chou-fleur/des choux-fleurs
nom + compl. du nom (la préposition étant ou non exprimée)	Seul, le nom-noyau varie. Il est en première position dans le GN :	Un coup de pied/des coups de pied Un timbre-poste/des timbres-poste
verbe + nom COD	Le verbe est invariable. Le nom varie si le sens le demande :	Un chasse-neige/des chasse-neige *(on chasse la neige)* Un bouche-trou/des bouche-trous *(on bouche les trous)*
adverbe ou + nom préposit.	Seul, le nom varie quand le sens le demande :	Une arrière-boutique *(derrière une boutique)* Des arrière-boutiques *(derrière des boutiques)* Un sans-cœur ⎰ *qui manque(nt)* Des sans-cœur ⎱ *de cœur*

• Qu'ils soient simples ou composés, les noms à nombre variable désignent des animés aussi bien que des inanimés :
un docteur / un stylo   le porte-drapeau / un tire-bouchon

Résumé

• Certains noms ne s'emploient qu'au singulier ou qu'au pluriel :
l'azur - des arrhes

• La plupart des noms ont un singulier et un pluriel. La marque du pluriel la plus fréquente est le **s** :
*une rose/des rose**s***   *une femme/des femme**s***

• Dans les noms composés, seuls le nom et l'adjectif peuvent prendre la marque du pluriel :
des oiseaux-mouches   *des sourds-muets*

exercices

repérage
☆

Dans le texte suivant, relevez quatre noms communs qui ne s'emploient qu'au singulier et deux qui ne s'emploient qu'au pluriel :

Laurence aime la chimie. Elle pénètre souvent dans le laboratoire de son grand-père. Elle connaît si bien certains métaux qu'elle les identifie sans peine : voici le manganèse et le mercure, et là-bas le calcium. Dans une grande armoire, le savant range ses archives. On dit qu'il est tellement passionné par son métier qu'il en devient distrait. L'autre jour, il a rangé dans le réfrigérateur du laboratoire les provisions qu'il avait achetées pour le repas.

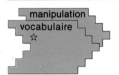
manipulation
vocabulaire
☆

Chacun des noms soulignés ne s'emploie qu'au pluriel. Essayez de le remplacer par un nom singulier :

1. J'ai assisté aux funérailles de Paul. (J'ai assisté à l' . . . . . de Paul.)
2. Les naufragés manquent de vivres. (Les naufragés manquent de n . . . . . .)
3. J'arrive aux confins de la forêt. (J'arrive à la l . . . . . de la forêt.)
4. Vos appointements s'élèvent à 6 000 F. (Votre s . . . . . s'élève à 6 000 F.)
5. Lorsqu'il a commandé son magnétoscope, Gilles a dû verser des arrhes. (Gilles a dû verser un a . . . . . .)

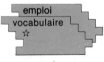
emploi
vocabulaire
☆

Faites une phrase avec chacun des noms suivants. (Consultez au besoin le dictionnaire.)

aguets - broussailles - ténèbres - décombres - entrailles.

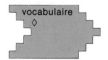
vocabulaire
◇

Dans les phrases suivantes, remplacez les pointillés par un mot que vous choisirez dans la liste ci-dessous :

annales - alentours - sévices - agissements - condoléances - armoiries

1. M. Berg est décédé. J'ai adressé mes . . . . . à sa famille.
2. Cette maison est vraiment isolée, je ne vois aucun bâtiment aux . . . . .
3. La cheminée du château était surmontée des . . . . . du seigneur.
4. Cette victoire restera célèbre dans les . . . . . du sport.
5. Cet homme brutal a été condamné pour . . . . . sur la personne de son enfant.
6. Je n'ai aucune confiance en ces gens. Je connais les . . . . . dont ils sont capables.

EXERCICE 5

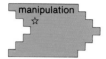
manipulation ☆

Dans les phrases suivantes, mettez au pluriel les noms soulignés :

1. Le menuisier a un établi.
2. Je reçois un colis.
3. Nous donnerons un gala.
4. Tu as acheté un compas.

5. Ce monsieur a un fils.
6. La couturière coupe le fil.
7. Le chasseur a tué une perdrix.
8. Nous avons fait un pari.

EXERCICE 6

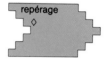
repérage ◇

Voici une série de noms au pluriel. Recopiez-les et soulignez ceux dont l'orthographe ne varie pas au singulier :

des appuis - des puits - des tapis - des épis - des amis - des semis - des taillis - des oublis - des balais - des palais - des délais - des relais - des harmonicas - des matelas - des croix - des noix.

EXERCICE 7

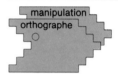
manipulation orthographe ○

Mettez au pluriel chaque GN des phrases suivantes :

1. J'achète un verrou.
2. Tu voudrais voir un hibou.
3. Il me faudrait un clou.
4. Je creuserai un trou.

5. Voilà mon plus beau bijou.
6. Tu photographies un kangourou.
7. Attention au filou !
8. Vous ramassez un caillou.

EXERCICE 8

création ☆

Voici le début d'un poème. L'auteur y emploie deux des sept noms en « ou » qui font leur pluriel en « x ». Essayez d'employer quelques-uns des autres noms en prolongeant le poème. (Vous trouverez la fin du texte, p. 255.)

DIVERTISSEMENT GRAMMATICAL

A Tombouctou
Il n'y a pas de kangourous.
En Afrique il y a des gnous.
— Et chez nous ?

Chez nous on entend les hiboux.
(Leurs petits sont de vrais bijoux.)

Pierre Menanteau,
Au rendez-vous de l'arc-en-ciel,
Éditions Ouvrières.

EXERCICE 9

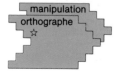
manipulation orthographe ☆

Mettez au pluriel les noms soulignés. Entourez ceux dont le pluriel se prononce différemment du singulier :

1. Nous avons inventé un jeu.
2. Sur ton col, il y a un cheveu.
3. Il faut remplacer ce pneu.
4. La poule a pondu un œuf.

5. Yann a pêché un lieu.
6. J'aménagerai ce lieu.
7. Voici votre neveu.
8. Le fermier soigne son bœuf.

EXERCICE 10

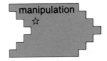

Mettez au pluriel les GN suivants :

un noyau	un étau	un carnaval
un joyau	un carreau	un bail
un landau	un signal	un festival

EXERCICE 11

Les noms suivants sont tous au pluriel. Soulignez ceux qui ont un suffixe différent au singulier.
Exemple : des cristaux → du cristal.

des étaux - des journaux - des tuyaux - des canaux - des bocaux - des maux - des préaux - des boyaux - des végétaux - des tribunaux.

EXERCICE 12

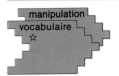

Trouvez les noms correspondant aux définitions suivantes (tous se terminent par « ail »). Mettez ensuite ces noms au pluriel.

1. Panneau décoratif composé de morceaux de verre colorés : un v . . . . . .
2. Mannequin placé dans les jardins pour effrayer les oiseaux : un é . . . . . .
3. Petit élément d'un ensemble ou d'un événement : un d . . . . . .
4. Ouverture pratiquée dans le bas d'une maison pour aérer la cave : un s . . . . . .
5. Substance rouge qu'on trouve au fond des mers (on en fait des bijoux) : du c . . . . . .
6. Objet orientable qui sert à diriger les navires : un g . . . . . .

EXERCICE 13

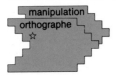

Recopiez le texte suivant en mettant au pluriel les GN soulignés. (Vous pourrez être amené à modifier d'autres termes de la phrase.)

Ce chantier est abandonné. Le travail y a été interrompu l'an dernier. On y trouve de tout : un tuyau, un essieu, un pneu, un bambou, un vieux portail, un rail, etc. J'aperçois même un landau et un berceau. Ce chantier doit servir de dépotoir au voisinage. Un matou rôde sur cet amas d'objets hétéroclites. Il aime vivre près du canal. En trébuchant, je m'écorche le genou. Mais voici un ouvrier qui arrive. Il enfile un bleu. On dit que le chantier va être nettoyé. On va y édifier un local.

EXERCICE 14

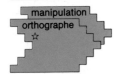

Voyez s'il faut mettre un « s » ou non aux noms soulignés :

1. A Noël, nous recevrons les (Duval).
2. Les (Stuart) ont régné sur l'Ecosse.
3. Trois (Citroën) sont exposées dans le hall.
4. Dans la chapelle, il y a deux (Chagall).
5. Les (Espagnol) aiment le soleil.
6. Les (Horace) ont combattu les (Curiace).

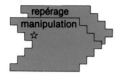

Mettez les noms suivants au pluriel, puis soulignez ceux qui sont d'origine étrangère :

un rat	un match	un légume	un steak
un opéra	un lâche	un aquarium	une bibliothèque
un souci	un mur	un atome	un toréador
un alibi	un fémur	un référendum	un quatuor

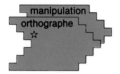

Mettez au pluriel les GN soulignés :

1. J'ai vu <u>une chauve-souris</u>.
2. Tu bêches <u>une plate-bande</u>.
3. <u>Un haut-parleur</u> nous guide.
4. Je cueille <u>une reine-marguerite</u>.
5. Voilà <u>un bateau-mouche</u>.
6. Avez-vous <u>un laissez-passer</u> ?

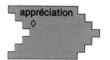

Justifiez l'orthographe des noms soulignés.
(Sur ce modèle : <u>Des porte-clefs</u> : « porte » ne prend pas de « s » car c'est un verbe ; « clefs » prend un « s » car c'est un nom qui désigne plusieurs clefs. <u>Un porte-clefs</u> : objet qui porte des clefs.)

1. J'ai deux <u>beaux-frères</u>.
2. Ce train a trois <u>wagons-citernes</u>.
3. Mes <u>essuie-glaces</u> sont rouillés.
4. J'ai acheté des <u>couvre-lits</u>.
5. Les Romains bâtissaient des <u>arcs de triomphe</u>.
6. J'ai deux <u>arrière-grands-pères</u>.

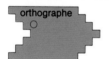

Lisez le texte suivant ; il vous sera ensuite donné en dictée.

La maison de mes grands-parents est belle et soignée. Elle comporte deux portails : l'un donne accès à la maison ; l'autre au jardin. Celui-ci est bien entretenu. Les cailloux des allées sont ratissés régulièrement. Les plates-bandes sont bien tracées. Il y pousse des légumes : carottes, choux, navets, poireaux, mais aussi des fleurs : dahlias, reines-marguerites, pivoines... Deux tuyaux permettent d'arroser en permanence. Une salle de la maison est consacrée aux petits-enfants. Elle est pleine de jeux. C'est la maison de la tranquillité et du bonheur.

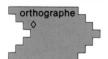

Même consigne que pour l'exercice précédent.

Il pensait : « La belle journée ». Vous l'auriez pensé comme lui. Il n'y avait au ciel que trois ou quatre petits nuages pourpres et quelques vols d'étourneaux qui butaient contre l'horizon avec l'entêtement d'une guêpe qui veut traverser une vitre. Les poteaux des postes ronflaient comme si l'on télégraphiait de tous les cantons à la fois pour se féliciter d'un si bel après-midi. (...)

Tous les cent mètres, un petit tas de cailloux se dressait comme si quelque furieux avait mis la borne en morceaux. Les poteaux télégraphiques bruissaient comme des nids d'abeilles.

Jean Giraudoux, *Provinciales*, Éditions Grasset.

Six enfants s'élancèrent sur les agrès. Le portique frémit au choc **de leur corps.** Ils volaient dans l'air. (...) Ils s'envolaient vers les trapèzes. Sur le bois **poli,** leurs mains tombaient fort et serraient la barre **autour de laquelle ils tournaient trois fois,** en légers soleils.

Tout à coup, un garçon, **le plus âgé,** manqua d'élan et tomba à pieds joints, au-dessous du trapèze, sous l'aire. Il le fit avec une grâce **qui m'émerveilla.**

Henri Bosco, *Antonin,* Éd. Gallimard.

12 L'expansion du nom

1. LA NOTION D'EXPANSION

• A l'intérieur du groupe nominal, le nom peut recevoir une **expansion**. Il est alors enrichi par un mot ou par un groupe de mots :

Le cidre
normand
de Normandie
, ma boisson préférée,
, que j'ai bu chez toi,

• L'expansion du nom a différentes formes. On distingue : l'**épithète**, le **complément du nom**, l'**apposition** et la subordonnée relative qui est **complément du nom antécédent** :

Parfois, le nom a pour expansion une subordonnée conjonctive : *Le bruit court qu'on va fermer la patinoire.*

2. L'ÉPITHÈTE

description

• L'épithète est généralement un adjectif qualificatif ou un participe passé placé à côté du nom : *Une voix claire.   Un papier chiffonné.*

• L'épithète s'accorde le plus souvent en genre et en nombre avec le nom :
Une gerbe fanée.   Des gerbes fanées.
Un chapeau et une robe démodés.

emploi

• On emploie généralement l'épithète pour **caractériser** le nom. L'épithète apporte alors une information utile mais non indispensable :
Une passerelle <u>métallique</u> enjambe le torrent.

• On peut encore employer l'épithète pour **déterminer** le nom. En ce cas, l'épithète est indispensable ; on dit que c'est « un adjectif de relation » :
J'ai visité un bloc <u>chirurgical</u>.

3. LE COMPLÉMENT DU NOM

description

• Le complément du nom est généralement relié au nom par une préposition :
*Une lampe **de** chevet.   Un verre **à** vin.   Un article **en** solde.*

• Cependant, dans certaines tournures, et notamment dans le langage journalistique et publicitaire, le complément du nom est construit sans préposition :
Un plan épargne.   Une pile longue durée.

• Le complément du nom peut appartenir à différentes catégories grammaticales :
Nom : *Le vélo de Paul.* **GN** : *La voix de ma mère.* **Pronom** : *L'avis de tous.*
Infinitif : *Un permis de construire.* **Adverbe** : *Les gens d'ici.*
Proposition subordonnée : *Je suis triste à l'idée que je ne te verrai plus.*

• Le complément du nom peut être représenté par un pronom :
J'ai travaillé avec Catherine dont j'ai admiré la finesse.

(= la finesse **de Catherine**)

Cette association est charitable. Son insigne en reflète bien l'esprit.

(= l'esprit **de l'association**)

• On emploie le complément du nom pour préciser le sens du nom. Cette précision est parfois utile mais non indispensable :
J'ai cassé un vase de cristal.

• D'autres fois, la précision apportée par le complément du nom est indispensable au nom. On dit alors que le complément **détermine** le nom ; c'est pourquoi on l'appelle encore « complément de détermination » :
J'ai cassé le vase de Chantal.

• L'information apportée par le complément du nom peut être très diverse. Le complément du nom peut ainsi désigner :

Le possesseur :	*le stylo de Pierre.*	L'aspect :	*la monotonie du voyage.*
L'agent :	*la réaction de Marc.*	La matière :	*un meuble en noyer.*
L'objet :	*la réparation du robinet.*	La manière :	*une vente aux enchères.*
L'origine :	*un melon de Cavaillon.*	Le but :	*un terrain à bâtir.*

4. L'APPOSITION

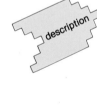

• Un élément apposé est généralement séparé du nom par une pause, que marque une virgule :
Les bêtes du cirque, fauves, singes, chiens, chevaux, étaient nerveuses.

• Cependant, il arrive que l'apposition soit introduite par une préposition. On la distingue alors du complément du nom car le nom apposé représente le même être ou la même chose que le mot auquel il se rapporte.
La ville de Blois : ville = Blois → apposition.
Le château de Blois = château ≠ Blois → complément du nom.
De même, une apposition est parfois accolée au nom : *Le peintre Picasso* (peintre = Picasso).

• On peut construire une apposition avec des éléments divers :

Adjectif ou **participe passé** :		*Nerveux et agité, Benoît dormit mal.*
Participe présent	:	*Larmoyant, Sylvie ne voyait rien.*
Groupe nominal	:	*Monsieur Leducq, maire de la ville, prit la parole.*
Pronom	:	*Je ne connais qu'un Labrador, le vôtre.*
Infinitif	:	*Une seule idée, déménager, me poussait à agir.*
Proposition subordonnée	:	*Cette conviction, que nous gagnerions, était forte.*

• L'apposition est un élément mobile ; on peut la déplacer :

Agacé, le lion rugit.

Le lion, agacé, rugit.

Le lion rugit, agacé.

REMARQUE : Lorsque l'apposition s'applique à un pronom, elle se place avant ce terme :
Enthousiaste, je félicitai les jeunes.

• On emploie l'apposition pour apporter une précision utile mais non indispensable. Cette précision a souvent valeur circonstancielle.

Cause : *Gelé, le pot éclata.*

Condition : *Plus calme, Benoît réussirait.*

Opposition: *Blessé, je continuai de jouer.*

5. LA SUBORDONNÉE RELATIVE

• La subordonnée relative est une proposition introduite par un pronom relatif :

Je ramasse un caillou qui a la forme d'une étoile.
proposition subordonnée relative

• Le pronom relatif a pour antécédent le nom dont il introduit l'expansion. Il le représente en genre et en nombre :

*J'ai visité des maisons **qui** étaient abandonnées.*

antécédent   pronom
relatif

• La subordonnée relative peut être **déterminative**. En ce cas, elle est indispensable au nom.

La subordonnée relative peut également être **explicative**. Elle fournit alors une information utile mais non essentielle. La virgule la sépare du nom :

J'aime la robe que tu portais hier. (relative déterminative)

Un passant, qui avait deviné mon embarras, m'est venu en aide. (relative explicative)

Résumé

• On peut construire l'expansion du nom de différentes façons :

Une grande ville.   Une ville de moyenne importance.

Le chien, compagnon de l'homme, est un ami fidèle.

Le chien qui m'accompagne s'appelle Tom.

• L'expansion du nom peut apporter une information utile mais non indispensable :

J'ai visité un château médiéval.

• L'expansion peut aussi déterminer le nom :

J'ai visité le château de Chinon.

exercices

repérage
☆

Recopiez le texte suivant en y soulignant chaque adjectif épithète et en le reliant par une flèche au nom auquel il se rapporte :

Au cours d'un été, nous campions au bord d'un lac canadien. La nuit était tombée, nous avions dîné. [...] Pendant que je me préparais à me coucher, j'ai entendu une pétarade formidable. Nous campions dans le creux d'une grande dune de sable qui descendait jusqu'à l'eau. Je suis sortie et j'ai vu un spectacle incroyable. Trois puissantes motocyclettes absorbaient la pente raide de la dune.

M. Cardinal, *La clef sur la porte*,
Éditions Grasset.

emploi
○

Dans chacune des phrases suivantes, complétez le GN souligné par un ou plusieurs adjectif(s) épithète(s). Encadrez ensuite l'ensemble du groupe nominal :

1. Nous suivions une allée ; la promenade était agréable.
2. Une fumée s'échappait de la cheminée. J'ai appelé les pompiers.
3. Chaque supporter agitait un drapeau.
4. Le professeur pose une question. Tout le monde réfléchit.
5. Dans le grenier, j'ai trouvé des objets.
6. L'orateur fit un lapsus. L'auditoire fut surpris.

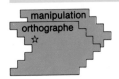

manipulation
orthographe
☆

Dans les GN ci-dessous, substituez au nom masculin le nom féminin qui y correspond. Accordez l'adjectif.
Exemple : un vendeur adroit → une vendeuse adroite.

1. Un joueur doué.
2. Un acteur connu.
3. Un chat câlin.
4. Un combat furieux.

5. Un ancien avocat.
6. Un ami fraternel.
7. Un gentil garçon.
8. Un local exigu.

EXERCICE 4

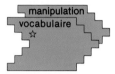

repérage
☆

Dans les phrases suivantes, soulignez le complément du nom et indiquez sa nature : nom, GN, infinitif, pronom, proposition, adverbe...

1. Nous avons apprécié le discours de notre maire.
2. Le train pour Lyon va partir.
3. Il te faudrait une table à repasser.
4. Les coutumes d'autrefois avaient leur charme.
5. Ces vacances sans vous ont été bien tristes.
6. Je frémis à la pensée qu'un accident aurait pu arriver.
7. Aujourd'hui, j'ai mis mon gilet sans manches.

EXERCICE 5

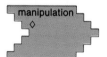

manipulation
vocabulaire
☆

Transformez ces phrases en GN ayant un complément du nom.
Exemple : La navette spatiale atterrit. → Atterrissage de la navette spatiale.

1. Les eaux de la Seine montent.
2. Les joueurs italiens dominent.
3. Les pompiers interviennent.
4. Les eaux ruissellent.
5. Le métro est inauguré.
6. Les halles sont rénovées.
7. L'avenue Foch est élargie.
8. Les élections sont reportées.

EXERCICE 6

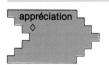

manipulation
◇

Dans les phrases suivantes, remplacez le complément du nom souligné par « en » dans les phrases 1 - 2 - 3, par « dont » dans les phrases 4 - 5 - 6 :

1. Cette ville est étendue. Je consulte le plan de cette ville.
2. Ce problème est complexe. Tu cherches la solution de ce problème.
3. Ce jeu est récent. On définit les règles de ce jeu.
4. Tu fus opéré par le Dr Bert. La compétence du Dr Bert est notoire.
5. Vous êtes très attachés à ce club. L'existence de ce club est menacée.
6. J'achète un appareil. La qualité de cet appareil est remarquable.

EXERCICE 7

appréciation
◇

Indiquez ce que désigne le complément du nom dans les phrases suivantes (le possesseur, le lieu, le but, la matière, la mesure, la manière) :

1. L'imperméable de Jacques.
2. Un rire sans retenue.
3. Un voyage en Inde.
4. Un chaudron de cuivre.
5. Un fer à friser.
6. Une étape de deux cents kilomètres.

EXERCICE 8

emploi
☆

Dans le texte suivant, trois noms doivent être précisés par un complément. Repérez-les et donnez-leur un complément.

Arrivés dans le village de Sarlot, nous avons longuement cherché la maison. En effet, tous les logis se ressemblaient et notre ami avait oublié de nous laisser son adresse. Il avait seulement signalé qu'une librairie faisait le coin. Nous étions donc en quête de ce magasin. Finalement, nous avons découvert une petite boutique où l'on vendait du matériel de pêche, les horaires et quelques livres. C'était la librairie en question. Nous étions arrivés à destination.

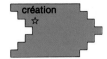

création
☆

Les poèmes ci-dessous sont construits avec des GN qui ont une expansion. Inspirez-vous de l'un d'eux pour construire un poème sur l'un des thèmes suivants : Le dauphin - Le deltaplane - La musique.

LE LÉZARD

Lézard des rochers,
Lézard des murailles,
Lézard des semailles,
Lézard des clochers.

Tu tires la langue,
Tu clignes des yeux,
Tu remues la queue,
Tu roules, tu tangues.

Lézard bleu-diamant,
Violet reine-claude
Et vert d'émeraude,
Lézard d'agrément !

Robert Desnos,
*Chantefables
et Chantefleurs*,
Éd. Gründ.

LIBELLULE

Demoiselle légère
au vol immobile

Demoiselle légère
au vol supersonique

Demoiselle légère
preste, effarouchée,

Demoiselle court-vêtue
d'un lambeau de soleil

Demoiselle qui fuit
la bise de septembre

Quelle grâce inquiète
te hante, libellule ?

Louis Dubost,
Poésie 9, n° 28-29.
L'enfant, la poésie,
Éd. St-Germain-des-Prés.

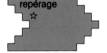

repérage
☆

Soulignez les GN qui ont pour expansion une subordonnée relative :

Ulysse est jeté au loin. Ses mains ont lâché le gouvernail. Un ouragan terrible de tous les vents mêlés brise le mât en deux. La voile et l'antenne sont projetées au loin, dans les flots. La vague tient longtemps Ulysse sous l'eau. [...] Les vêtements que lui a donnés la divine Calypso l'alourdissent. Il remonte à la surface assez tard. Sa bouche est pleine de l'eau amère qui coule de sa tête.

Homère, *L'Odyssée*, trad. V. Bérard,
Éditions Les Belles Lettres.

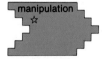

manipulation
☆

Subordonnez les phrases « b » aux phrases « a » de façon à en faire des subordonnées relatives :

1. a. J'ai un mainate.
   b. Ce mainate parle.

2. a. Vous prenez une décision.
   b. J'approuve cette décision.

3. a. Voilà une histoire.
   b. On parlera de cette histoire.

4. a. Je devine les sacrifices.
   b. Vous consentez à ces sacrifices.

5. a. Tu as reçu des consignes.
   b. Tu te conformes à ces consignes.

6. a. Je reconnais le pré.
   b. Nous avons campé dans ce pré.

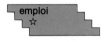

repérage
☆

Dans le texte suivant, soulignez les éléments apposés :

Des vaches, clochers vivants, faisaient entendre la musique suspendue à leurs colliers. Des chiens se tenaient auprès des pâtres. C'était le bon de l'année et la nature, pleine d'entrain, jetait ses cavaleries dorées et ses herbes nourricières autour des rochers gris. Les arbres, pins, sapins, hêtres, trembles, bouleaux, tilleuls, érables, saules, ormeaux, ponctuaient le paysage.

R. Sabatier, *Les noisettes sauvages*,
Éditions Albin Michel.

emploi
☆

Construisez une phrase qui utilise un GN apposé comme image. Sur le modèle suivant : « Je vis s'ouvrir le parachute, coquelicot géant s'épanouissant dans le ciel. »

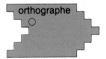

repérage
☆

Classez les titres de films ci-dessous en trois colonnes, selon que leur expansion est une épithète, un complément du nom ou une apposition :

1. Le vieux fusil.
2. Le salaire de la peur.
3. Le juge Fayard.
4. Un dimanche à la campagne.
5. Une sale affaire.
6. Docteur Françoise Gailland.

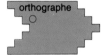

orthographe
○

Lisez le texte suivant ; il vous sera ensuite donné en dictée.

Pendant que Louis porte sur son épaule un sac de sable, son fils tient à la main un sac de billes. Louis va faire du ciment pour édifier un mur de briques ; Antoine va construire un petit toboggan sur lequel il lancera ses agates. Voilà Louis au travail ; près de lui, son enfant s'active. Il prend de la terre, la serre dans son poing, puis la mouille. Pétrie, malaxée, façonnée, la terre prend tournure. Elle devient une spirale, sorte de toboggan à trois étages. Antoine en lisse le sol avec ses doigts, puis il lance ses billes. Vertes, rouges, blanches et bleu marine, les petites sphères de verre dévalent les pentes.

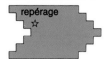

orthographe
○

Même consigne que pour l'exercice précédent.

Il y a des jours où le Pacifique ressemble à un lac. L'eau est lumineuse et lisse. Les poissons volants, reflets d'ombre sur l'éclat d'un miroir, font jaillir en plongeant de petites gerbes aux gouttes diaprées. Des nuages floconneux traînent à l'horizon. Au crépuscule, leurs formes étranges donnent l'illusion de hautes cimes neigeuses. Ce sont les montagnes du pays de vos rêves. Dans un silence invraisemblable, vous glissez sur une mer enchantée. Parfois, des mouettes annoncent que la terre est proche, île oubliée, perdue dans le désert immense des flots. Mais les mouettes, les mouettes mélancoliques, en sont le seul indice.

Somerset Maugham,
L'Archipel aux sirènes,
Trad. E.-R. Blanchet, Éd. de France.

Monsieur Otis fut éveillé par un bruit **singulier** qui venait du couloir, près de sa chambre. (…) Très **calme,** Monsieur Otis se tâta le pouls. Ce n'était pas de la fièvre. Le bruit **étrange** continuait et, bientôt, M. Otis perçut distinctement des pas…

Devant lui, devant un **pâle** clair de lune, il vit un **horrible** vieillard. Ses yeux, qui ressemblaient à des charbons **ardents,** jetaient des lueurs **rouges.** De **longs** cheveux **gris** tombaient sur ses épaules en mèches **emmêlées.** (…) De **lourdes** chaînes toutes **rouillées** pendaient à ses poignets et à ses chevilles.

Oscar Wilde, *Le fantôme de Canterville*, Éditions Marabout.

13 L'adjectif qualificatif

1. LES FONCTIONS DE L'ADJECTIF QUALIFICATIF

description

a. L'adjectif qualificatif est un constituant fréquent du groupe nominal :
Un horrible personnage. Un bruit singulier. Une petite fiole oblongue.

• A l'intérieur du groupe nominal, l'adjectif peut être **épithète** ou **apposé**. Lorsqu'il est épithète, l'adjectif suit ou précède le nom selon les cas :
De longs cheveux.   Des lueurs rouges.

Lorsqu'il est apposé, l'adjectif est détaché. La virgule le sépare du nom :
Très calme, Monsieur Otis se tâta le pouls.
Monsieur Otis, très calme, se tâta le pouls.

ATTENTION !
Il ne faut pas confondre l'adjectif apposé et l'épithète juxtaposée. En effet, quand un nom a plusieurs épithètes, celles-ci peuvent être coordonnées entre elles ou juxtaposées.
Un fruit juteux et savoureux.   Un fruit juteux, vanillé et savoureux.

ép. 1	ép. 2		ép. 1	ép. 2	ép. 3
	coordonnée			juxtaposée	coordonnée

Juteux, ce fruit me désaltéra.   *Cette orange, très juteuse, risque de tacher.*
épithète   épithète
apposée   apposée

b. L'adjectif qualificatif peut être également un constituant du groupe verbal. Il est alors attribut du sujet ou du COD :
Ce garçon est sympathique.   Je trouve ce garçon sympathique.
sujet verbe attribut du sujet   sujet verbe COD attribut du COD

RAPPEL
L'attribut du sujet est généralement introduit par un **verbe d'état** : « être, sembler, paraî-tre, avoir l'air de, passer pour, devenir, demeurer, rester ». Quelques verbes peuvent également introduire l'attribut du sujet : « partir, sortir, arriver, tomber, naître, mourir, vivre ».
*Il partit **inquiet**.   Il vécut **solitaire**.*

L'attribut du COD est généralement introduit par un verbe marquant une opinion : « appe-ler, trouver, juger, voir, estimer, considérer comme... » ; ou un choix : « juger, élire, nommer... »
*Je trouve ce sorbet **délicieux**.   Nous avons nommé Pierre **délégué**.*

emploi

• On emploie généralement l'adjectif qualificatif pour désigner un aspect de l'élément représenté par le nom. On dit alors que l'adjectif **caractérise** le nom :
Je bois une limonade pétillante.   Cette fille est robuste.

• On peut également employer l'adjectif pour préciser l'identité de l'élément représenté par le nom. On dit alors que l'adjectif **détermine** le nom :
On dit que le week-end _pascal_ sera frais.

2. LE COMPLÉMENT DE L'ADJECTIF

• Certains adjectifs se construisent avec un complément. Celui-ci est introduit par une préposition ou une locution prépositive :
*Tu es _désireux_ **de** _partir_.   Soyez _bon_ **à l'égard de** _Michel_.*

adjectif   compl.   adj.   compl.
              de l'adj.   de l'adj.

• Le complément de l'adjectif peut appartenir à différentes catégories grammaticales :

Nom ou **GN** : *Sois patient _envers_*
Paul.
mon frère.

Pronom : *Je suis fier _de toi_.*

Infinitif : *Tu es capable _de gagner_.*

Proposition subordonnée conjonctive : *Sois sûr _qu'on viendra_.*

• Le complément de l'adjectif s'emploie pour préciser l'information donnée par l'adjectif :
Nous étions _fiers_ _de notre travail_.

adj.   compl. de l'adjectif

3. LE DEGRÉ DE SIGNIFICATION DE L'ADJECTIF

• On peut employer un adjectif sans préciser le degré de la qualité qu'il exprime :
Jean est malade.
Mais on peut également indiquer ce degré. Pour ce faire, on dispose de deux possibilités :

— On met l'adjectif en relation avec un terme de comparaison. C'est là le rôle du comparatif et du superlatif relatif :

Comparatif : *Monique est plus _jeune_ que _Catherine_.*

adjectif   terme de
              comparaison

Superlatif relatif : *Monique est la plus _jeune_ des _élèves du collège_.*

adjectif   terme de comparaison

— On souligne le degré de signification de l'adjectif sans établir de comparaison. C'est là le rôle du superlatif absolu :

Superlatif absolu : *C'est un boxeur _extrêmement redoutable_.*

a. Le comparatif

• Le comparatif est formé d'un adjectif précédé d'un des adverbes suivants : **plus**, **aussi**, **moins**. Il est généralement suivi de **que**.
Je suis plus calme que toi.   Anne est aussi grande que Sophie.

• On distingue trois degrés dans le comparatif : le comparatif d'égalité, de supériorité, d'infériorité :
Tu es aussi fort que moi.   Tu es plus fort que moi.   Tu es moins fort que moi.

• Les adjectifs « bon », « petit », « mauvais » ont un comparatif de supériorité particulier :
bon   : *Ton gâteau est **meilleur** que le mien.*
petit   : *Ta responsabilité est **moindre** que la nôtre.*
mauvais : *Ma situation est **pire** que la vôtre.*

• L'adjectif au comparatif est souvent suivi d'un complément introduit par « que ». Ce complément peut avoir diverses natures :

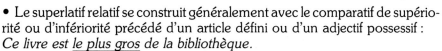

Marc est plus jeune que   *Claude.* (nom)   *ton frère.* (GN)   *moi.* (pronom)

Je suis plus gai qu'on ne le dit. (proposition)
Il est plus maladroit que méchant. (adj.)
Tu es moins nerveux qu'autrefois. (adverbe)

emploi

• Le comparatif permet de rapprocher deux éléments afin de les comparer sur un point. Ce faisant, on précise le degré de la qualité exprimée par l'adjectif :
Ce coureur est plus athlétique que son équipier.

b. Le superlatif relatif

description

• Le superlatif relatif se construit généralement avec le comparatif de supériorité ou d'infériorité précédé d'un article défini ou d'un adjectif possessif :
Ce livre est le plus gros de la bibliothèque.
Ce poussin est le moins dodu de la couvée.
Cette fille est ma plus fidèle amie.

• Le superlatif relatif des adjectifs « bon », « petit », « mauvais » est respectivement :
meilleur : *Voilà mon **meilleur** ami.*
moindre : *C'est un **moindre** mal.*
pire   : *C'est la **pire** des solutions.*

• Le superlatif est souvent suivi d'un complément. Celui-ci peut appartenir à différentes catégories grammaticales :

Ce nageur est le plus rapide   *de France.* (nom)   *de son club.* (GN)   *de tous.* (pronom)

Voilà la meilleure auberge que je connaisse. (sub. relative au subjonctif)

 *emploi*

• Le superlatif relatif permet de comparer un élément avec un ensemble. Ce rapprochement précise la qualité exprimée par l'adjectif :
Ce chiot est le plus gourmand de la portée.

c. Le superlatif absolu

• Le superlatif absolu se forme généralement en plaçant devant l'adjectif un **adverbe** marquant le degré d'intensité :

Jean est _très_ robuste.   Jean est _extrêmement_ robuste.

Cette eau est _peu_ colorée.   Cette eau est _faiblement_ colorée.

• On peut encore construire le superlatif absolu à l'aide de certains **préfixes** (archi - extra - hyper - super - ultra), du **suffixe** « issime », ou d'une **comparaison**. On peut également détacher les différentes syllabes de l'adjectif :

Un tableau _archiconnu_.   Un enfant _hypersensible_.   Un homme _richissime_.

Une personne têtue _comme une mule_.   Un film _for-mi-dable_ !

• Contrairement au comparatif et au superlatif relatif, le superlatif absolu n'établit aucune comparaison. Il indique simplement le degré de la qualité exprimée par l'adjectif :

Haut degré : _Ce texte est extrêmement clair._
Degré intermédiaire : _Ce texte est assez clair._
Degré faible : _Ce texte est peu clair._

Résumé

• A l'intérieur du groupe nominal, l'adjectif qualificatif peut être épithète ou apposé :
Il tombe une pluie _froide_.   _Surpris_, Yves sursauta.

• A l'intérieur du groupe verbal, l'adjectif peut être attribut du sujet ou du COD :
Tu es _pâle_.   Je trouve ce gâteau _délicieux_.

• Pour préciser le degré de signification de l'adjectif, on peut user du comparatif, du superlatif relatif ou du superlatif absolu :
Tu es _plus_ grand _que_ moi.   Voilà le chien _le plus_ fort du chenil.
La circulation est _très_ dense.

exercices

repérage
☆

Recopiez chacune des phrases suivantes en y soulignant l'adjectif et en indiquant s'il est épithète ou apposé. (Précisez à chaque fois le nom auquel il se rapporte.)

1. On me raconte une histoire drôle.
2. Un gros camion nous doubla.
3. Serviable, Sophie te prête son anorak.
4. J'ai vu un énorme sanglier.
5. Rémi, radieux, reçut le 1er prix.
6. Delphine regardait, incrédule.

EXERCICE 2

repérage
☆

Recopiez chaque phrase en y soulignant l'adjectif, et en précisant s'il est attribut du sujet ou du COD :

1. Ce candidat paraît valable.
2. Je juge ce candidat valable.
3. Vous rendez ce chien hargneux.
4. Ce chien devient hargneux.
5. Vous trouvez cette solution correcte.
6. Cette solution est correcte.

EXERCICE 3

emploi
vocabulaire
☆

Remplacez les pointillés des phrases suivantes par des adjectifs apposés :

1. . . . . . ., la passerelle craqua sous le poids du tracteur.
2. . . . . . ., le public fit une ovation au chanteur.
3. L'orifice, ..., ne laissait passer qu'un homme à la fois.
4. . . . . . ., Pierre claqua la porte et monta dans sa chambre.
5. . . . . . ., Sylvie ne faisait aucune dépense inutile.
6. . . . . . ., Guy ouvrait de grands yeux.

EXERCICE 4

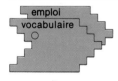

emploi
vocabulaire
○

Cherchez l'adjectif qui correspond à chacun des noms suivants, puis employez-le dans une phrase. (Vous vous efforcerez de varier les fonctions de l'adjectif : épithète, apposé, attribut du sujet, attribut du COD.)

courage - stupéfaction - vigueur - hospitalité - économie - amabilité.

EXERCICE 5

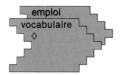

emploi
vocabulaire
◇

Avec chacun des adjectifs suivants, composez une phrase. (Consultez au besoin le dictionnaire.) Vous vous efforcerez de varier les fonctions de l'adjectif : épithète, apposé, attribut du sujet, attribut du COD.

torride - narquois - furtif - terne - insignifiant - perfide - valeureux.

EXERCICE 6

Dans les phrases suivantes, indiquez si l'adjectif détermine le nom (D) ou le caractérise (C) :

1. J'ai acheté une voiture grise.
2. On aperçoit la voiture présidentielle.
3. Le vignoble bordelais est réputé.
4. J'ai visité un vignoble ensoleillé.
5. Sophie a une forte crise d'asthme.
6. La crise monétaire est internationale.

EXERCICE 7

Recopiez les phrases suivantes en soulignant le complément de l'adjectif et en indiquant sa nature :

1. Nous sommes fiers de Franck.
2. Je suis content de cet appareil.
3. Soyez bons envers lui.
4. Tu es heureux de partir.
5. Je suis sûr que tu as tort.
6. Sois poli envers cette dame.

EXERCICE 8

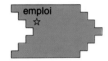

Terminez les phrases suivantes à l'aide du complément de l'adjectif :

1. Ainsi déguisé(e), j'étais pareil(le) à . . . . . .
2. Dans la tempête, l'arbre était semblable à . . . . . .
3. Je me crois apte à . . . . . .
4. Hercule était capable de . . . . . .

EXERCICE 9

Recopiez le texte suivant en encadrant un adjectif et son complément. Soulignez deux adjectifs au comparatif.

MERLIN L'ENCHANTEUR

Ses cheveux blonds et ondulés sont coiffés d'une couronne semblable à celle d'un roi. [...] Il tient une harpe magnifique en argent aux cordes d'or. Malheureusement, il est aveugle ; un jeune chien, aussi blanc que la neige, guide ses pas. L'animal conduit son maître devant le roi, et l'homme, après avoir noblement salué, se met à chanter un lai[1] breton. [...] Jamais on n'a entendu de voix plus exquise que celle-là.

Les enchantements de Merlin,
Adapté par F. Johan,
L'ami de poche, Éd. Casterman.

1. Poème.

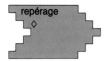

Dans les phrases suivantes, indiquez la nature du complément du comparatif :

1. Je suis plus jeune que vous.

2. Tu es moins inquiet que Pierre.

3. Le temps est aussi frais qu'hier.

4. Je suis plus nerveux qu'enthousiaste.

5. Vous êtes aussi grand que mon père.

6. Tu es plus brave qu'on ne le dit.

Dans les phrases suivantes, soulignez les adjectifs au comparatif, en précisant s'il s'agit d'un comparatif d'égalité, d'infériorité ou de supériorité :

1. Je suis plus patient que toi.
2. Guy est moins rapide que Luc.
3. Ton vélo est aussi léger que le mien.

4. Votre place est meilleure que la nôtre.
5. Ce remède est pire que le mal.
6. Nos soucis sont moindres que les vôtres.

Dans les phrases suivantes, mettez l'adjectif souligné au comparatif d'égalité, d'infériorité ou de supériorité selon les cas :

1. Un ouistiti est . . . . . petit qu'un gorille.
2. Le Mont Everest est . . . . . haut que le Mont Blanc.
3. Le mois de mai est . . . . . long que le mois de juillet.
4. Le plomb est . . . . . lourd que l'aluminium.
5. L'orange est . . . . . acide que le citron.
6. Le pôle Nord est . . . . . glacial que le pôle Sud.

Sur le modèle suivant :
   Un éléphant est plus lourd qu'un bœuf,
complétez à votre gré les phrases suivantes :

1. . . . . . est plus rapide . . . . . .

2. . . . . . est aussi amusant que . . . . . .

3. . . . . . est plus rare que . . . . . .

4. . . . . . est moins âgé(e) que . . . . . .

5. . . . . . est pire que . . . . . .

6. . . . . . est meilleur que . . . . . .

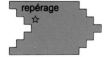

Recopiez le texte suivant, en soulignant de deux traits les adjectifs au superlatif absolu (il y en a trois). Soulignez d'un trait un adjectif au superlatif relatif.

Les astronomes s'intéressent généralement aux galaxies supergéantes ou aux étoiles hyperlumineuses. Pourtant, la découverte que vient de faire une équipe d'astronomes de l'observatoire de Kitt Peak en Arizona est extrêmement intéressante : ils ont découvert la plus petite étoile jamais vue dans notre galaxie LHS 2924.

Ça m'intéresse, 8 février 1985, n° 48.

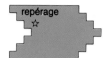

1. Recopiez le texte suivant et soulignez les adjectifs au superlatif relatif.
2. Encadrez un adjectif au comparatif.

Jacobus était le plus gros, le plus fort, le plus avisé, le plus vorace de tous les corbeaux de Pogenbuttel et de ses environs. [...] Les habitants de Poggenbuttel n'étaient pas malheureux non plus. Certes, le lait et le miel ne coulaient pas à flots dans le bief[1] du moulin. Mais dans les jardins, les cerises étaient bien souvent aussi grosses que des fraises.

Boy Lorsen,
Jacobus Ventrecreux s'en va-t-en guerre,
Éd. G.T. Rageot.

1. Petit canal qui dérive les eaux d'une rivière vers le moulin.

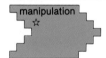

Dans chacune des phrases suivantes, remplacez les pointillés par un adverbe d'intensité de façon à mettre l'adjectif au superlatif absolu. Vous choisirez votre adverbe dans la liste ci-dessous :
redoutablement - absolument - merveilleusement - faiblement - abominablement - exceptionnellement.

1. Ce plat est . . . . . salé ; il n'est pas mangeable.
2. La fée était . . . . . belle. Elle enchantait la forêt.
3. Le sanglier semblait . . . . . féroce. J'hésitai à le combattre.
4. Cette écriture est . . . . . illisible ; on ne peut la déchiffrer.
5. L'eau est . . . . . radioactive ; il n'y a aucun danger.
6. L'automne fut . . . . . beau ; des rosiers fleurissaient encore en décembre.

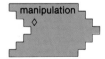

Dans les phrases suivantes, remplacez les mots soulignés par l'un ou l'autre des éléments suivants, selon les cas : « préfixe + adjectif » - « adjectif + suffixe ».
Exemples : Un autobus très plein. → Un autobus archiplein.
Un événement grave. → Un événement gravissime.

1. Un refrain très connu.
2. Un enfant très nerveux.
3. Une pellicule très sensible.
4. Des haricots très fins.
5. Un seigneur extrêmement riche.
6. Des fossiles extrêmement rares.

EXERCICE 18

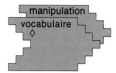

Remplacez les adjectifs au superlatif absolu par un seul adjectif de sens analogue.
Exemple : Un très bon travail. → *Un excellent travail.*

1. Un très grand local.
2. Un local très petit.
3. Une perle très petite.
4. Un spectacle très beau.
5. Un visage très laid.
6. Un phénomène très étonnant.

EXERCICE 19

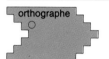

Dans les phrases suivantes, cherchez des comparaisons pour les adjectifs de façon à les mettre au superlatif absolu :

1. Tu es fort comme . . . . . .
2. Il est rusé comme . . . . . .
3. Nous étions muets comme . . . . . .
4. Guy était blanc comme . . . . . .
5. Ses cheveux sont noirs comme . . . . . .
6. Nous étions immobiles comme . . . . . .

EXERCICE 20

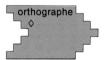

Lisez le texte ci-dessous ; il vous sera ensuite donné en dictée.

A l'étalage du marchand de poissons, il y a des crabes de la même espèce. L'un d'eux est plus gros que les autres. Cela indique qu'il est le plus vieux du lot. Le marchand m'explique qu'un crabe grandit toute sa vie. Il change régulièrement de carapace. Celle-ci est une croûte très dure, faite de calcaire. Elle protège le corps mou et fragile de l'animal. Lorsque celui-ci grossit, il doit sortir de sa carapace devenue trop exiguë. Le crabe se dissimule alors de son mieux, se gonfle d'eau et attend que sa peau fabrique une nouvelle croûte. Lorsqu'on veut acheter un crabe, il faut savoir repérer ceux qui viennent de muer. Ceux-ci ont beaucoup d'eau et peu de chair. Il ne faut donc pas les choisir car ils sont peu appétissants.

EXERCICE 21

Même consigne que pour l'exercice précédent.

En ces temps-là, les nuits étaient plus noires, les hivers plus froids, les heures plus lentes, les journées plus remplies qu'aujourd'hui. [...] Quand j'étais enfant, l'électricité n'était pas encore apparue dans mon village. On accrochait aux murs du corridor une lampe Pigeon, dont la flamme résistait aux vents coulis et aux courants d'air. Dans la salle où l'on se tenait, on allumait une suspension, qui dessinait sur la table un cercle de lumière dorée. [...]

Dans ce pays venteux, pluvieux, brumeux, boueux, neigeux et froid, l'hiver faisait peur.

Pierre Gaxotte, *Mon village et moi*,
Éd. Flammarion.

le verbe sortir

INDICATIF		SUBJONCTIF	
PRÉSENT	**PASSÉ COMPOSÉ**	**PRÉSENT**	**IMPARFAIT**
je sors	je suis sorti(e)	que je sorte	que je sortisse
tu sors	tu es sorti(e)	que tu sortes	que tu sortisses
il/elle sort	il/elle est sorti(e)	qu'il/elle sorte	qu'il/elle sortît
nous sortons	nous sommes sorti(e)s	que nous sortions	que nous sortissions
vous sortez	vous êtes sorti(e)s	que vous sortiez	que vous sortissiez
ils/elles sortent	ils/elles sont sorti(e)s	qu'ils/elles sortent	qu'ils/elles sortissent

CONDITIONNEL

IMPARFAIT	**PLUS-QUE-PARFAIT**	**PRÉSENT**	**PASSÉ**
je sortais	j'étais sorti(e)	je sortirais	je serais sorti(e)
tu sortais	tu étais sorti(e)	tu sortirais	tu serais sorti(e)
il/elle sortait	il/elle était sorti(e)	il/elle sortirait	il/elle serait sorti(e)
nous sortions	nous étions sorti(e)s	nous sortirions	nous serions sorti(e)s
vous sortiez	vous étiez sorti(e)s	vous sortiriez	vous seriez sorti(e)s
ils/elles sortaient	ils/elles étaient sorti(e)s	ils/elles sortiraient	ils/elles seraient sorti(e)s

IMPÉRATIF

PASSÉ SIMPLE	**PASSÉ ANTÉRIEUR**	**PRÉSENT**	
je sortis	je fus sorti(e)	sors sortons sortez	
tu sortis	tu fus sorti(e)		
il/elle sortit	il/elle fut sorti(e)	**INFINITIF**	
nous sortîmes	nous fûmes sorti(e)s	**PRÉSENT**	**PASSÉ**
vous sortîtes	vous fûtes sorti(e)s	sortir	être sorti(e)
ils/elles sortirent	ils/elles furent sorti(e)s		

PARTICIPE

FUTUR SIMPLE	**FUTUR ANTÉRIEUR**	**PRÉSENT**	**PASSÉ**
je sortirai	je serai sorti(e)	sortant	sorti(e) étant sorti(e)
tu sortiras	tu seras sorti(e)		
il/elle sortira	il/elle sera sorti(e)		
nous sortirons	nous serons sorti(e)s		
vous sortirez	vous serez sorti(e)s		
ils/elles sortiront	ils/elles seront sorti(e)s		

le verbe partir

INDICATIF		SUBJONCTIF	
PRÉSENT	**PASSÉ COMPOSÉ**	**PRÉSENT**	**IMPARFAIT**
je pars	je suis parti(e)	que je parte	que je partisse
tu pars	tu es parti(e)	que tu partes	que tu partisses
il/elle part	il/elle est parti(e)	qu'il/elle parte	qu'il/elle partît
nous partons	nous sommes parti(e)s	que nous partions	que nous partissions
vous partez	vous êtes parti(e)s	que vous partiez	que vous partissiez
ils/elles partent	ils/elles sont parti(e)s	qu'ils/elles partent	qu'ils/elles partissent

CONDITIONNEL

IMPARFAIT	**PLUS-QUE-PARFAIT**	**PRÉSENT**	**PASSÉ**
je partais	j'étais parti(e)	je partirais	je serais parti(e)
tu partais	tu étais parti(e)	tu partirais	tu serais parti(e)
il/elle partait	il/elle était parti(e)	il/elle partirait	il/elle serait parti(e)
nous partions	nous étions parti(e)s	nous partirions	nous serions parti(e)s
vous partiez	vous étiez parti(e)s	vous partiriez	vous seriez parti(e)s
ils/elles partaient	ils/elles étaient parti(e)s	ils/elles partiraient	ils/elles seraient parti(e)s

IMPÉRATIF

PASSÉ SIMPLE	**PASSÉ ANTÉRIEUR**	**PRÉSENT**	
je partis	je fus parti(e)	pars partons partez	
tu partis	tu fus parti(e)		
il/elle partit	il/elle fut parti(e)	**INFINITIF**	
nous partîmes	nous fûmes parti(e)s	**PRÉSENT**	**PASSÉ**
vous partîtes	vous fûtes parti(e)s	partir	être parti(e)
ils/elles partirent	ils/elles furent parti(e)s		

PARTICIPE

FUTUR SIMPLE	**FUTUR ANTÉRIEUR**	**PRÉSENT**	**PASSÉ**
je partirai	je serai parti(e)	partant	parti (e) étant parti (e)
tu partiras	tu seras parti(e)		
il/elle partira	il/elle sera parti(e)		
nous partirons	nous serons parti(e)s		
vous partirez	vous serez parti(e)s		
ils/elles partiront	ils/elles seront parti(e)s		

exercices de conjugaison

Exercice 1

Dans les phrases suivantes, mettez au présent de l'indicatif les verbes notés entre parenthèses :

1. Le train (*partir*) . . . . . dans quelques instants.
2. Nos amis et nous (*repartir*) . . . . . en vacances dans le Lot.
3. Cette couleur (*ressortir*) . . . . . mieux sur fond noir.
4. Tu (*partir*) . . . . . de données simples pour aboutir à une conclusion complexe.
5. Irrité, je (*partir*) . . . . . précipitamment et je (*sortir*) . . . . . en claquant la porte.
6. Quand le coup (*partir*) . . . . . , le boxeur adverse (*parer*) . . . . . l'attaque avec le bras.

Exercice 2

Transposez les phrases suivantes au passé en utilisant les temps appropriés. Indiquez les modes et temps employés.

1. Chaque jour, je pars (. . . . .) au collège.
2. Au moment où le train sort (. . . . .) du tunnel, le soleil inonde (. . . . .) le compartiment.
3. Marie répète (. . . . .) à qui voulait l'entendre qu'elle consentira (. . . . .) à t'aider si tu l'exiges (. . . . .).
4. Craignant de déraper sur les gravillons, je pars (. . . . .) vers la gauche, risquant une collision.
5. Même si vous démentez (. . . . .) certaines rumeurs, elles noirciront (. . . . .) quand même une réputation.
6. La vedette sort (. . . . .) de sa loge et commence (. . . . .) à signer des autographes.

Exercice 3

Dans les phrases suivantes, mettez chaque verbe noté entre parenthèses aux temps et mode qui conviennent.

1. Quand ils entendirent la sirène, les pompiers (*sortir*) . . . . . précipitamment la grande échelle.
2. Les poules (*partir*) . . . . . chaque fois que le portillon restait ouvert.
3. Il faut que tu (*partir*) . . . . . tôt si tu veux admirer le lever du soleil.
4. Chaque fois que Stéphane (*partir*) . . . . . , ses deux sœurs pensaient à lui.
5. Le coup de feu (*partir*) . . . . . si je n'étais pas intervenu.
6. Si le chasseur n'était pas vigilant, le coup de feu (*partir*) . . . . . dangereusement.
7. Je (*partir*) . . . . . demain au train de 6 heures.
8. Mes amis pensèrent que j'aurais de la peine si nous ne (*sortir*) . . . . . pas ensemble le jour de mon anniversaire.

Exercice 4

Même consigne que pour l'exercice précédent.

1. La maison a semblé vide quand les enfants (*partir*) . . . . .
2. Si nous (*partir*) . . . . . , nous aurions laissé la clé chez M. Brondel.
3. C'est le moment du bal masqué. Je (*sortir*) . . . . . d'une grande malle des vêtements inattendus et je me (*parer*) . . . . . devant la glace.
4. (*Partir*) . . . . . si tu le dois, mais sache qu'on ne t'(*oublier*) . . . . . pas.
5. Ne redoute pas ce voyage. (*Parer*) . . . . . à toute éventualité et tu (*partir*) rassuré.
6. Je suis persuadé que Jacques (*mentir*) . . . . . lorsqu'il (*prétendre*) . . . . . avoir vu un OVNI.
7. L'amalgame des couleurs est bon, le vert (*ressortir*) bien sur le blanc.
8. Quand j'ai vu que la réunion dégénérait, je (*partir*) . . . . .
9. Je ne veux pas que vous (*parler*) . . . . . à tout propos, car on se repent souvent de telles imprudences.

Exercice 5

Dans les phrases suivantes, mettez au passé composé les verbes notés entre parenthèses :

1. Le chien (*sentir*) . . . . . la trace du gibier.
2. Les vaches qui (*sortir*) . . . . . de l'étable (*brouter*) . . . . . l'herbe du pré.
3. Les élèves (*sortir*) . . . . . calmement selon le plan prévu pour l'exercice d'incendie.
4. Quand les malades (*sortir*) . . . . . de l'hôpital, ils commencent leur convalescence.
5. Les hirondelles (*repartir*) . . . . . ; mais elles reviendront aux premiers beaux jours.
6. En 5e, vous (*sortir*) . . . . . de la petite enfance !
7. Nul ne (*se départir*) . . . . . de son calme quand l'orage (*commencer*) . . . . .
8. Il n'est pas difficile de citer de grandes figures qui (*sortent*) . . . . . du peuple.
9. De cette affaire, la vérité (*ressortir*).

Exercice 6

Dans les phrases suivantes, indiquez si le verbe souligné est à l'indicatif ou au subjonctif :

1. Je m'étonne qu'ils <u>partent</u> prochainement.
2. Il faut qu'ils <u>repartent</u>. Les vacances sont terminées.
3. Nous <u>sortions</u> au petit matin pour aller pêcher.
4. Je n'accepte pas que vous <u>repartiez</u> sans avoir partagé notre repas.
5. Si nous <u>sortions</u> le chien, le chat se réfugierait dans un arbre.
6. Il est indispensable que les partenaires <u>ressortent</u> de la réunion avec un projet clair.

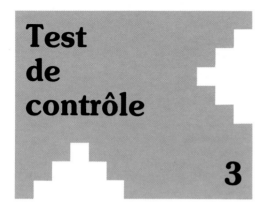

Test de contrôle

3

☆ REPÉRAGE

Exercice 1
Relevez les adjectifs indéfinis inclus dans le texte suivant : adverbe de négation

Je n'ai eu aucun mal à suivre ce rallye. Plusieurs panneaux indiquaient la direction à suivre. Par ailleurs, chaque participant était pourvu d'une enveloppe qu'il pouvait ouvrir s'il s'égarait. Un itinéraire détaillé s'y trouvait. L'organisation était parfaite ; tous les détails étaient réglés si bien que l'épreuve s'est déroulée dans l'ordre et la bonne humeur. Certes, quelques participants n'étaient pas au rendez-vous final, mais ils étaient responsables de leur retard. Ils avaient voulu se restaurer en cours de route au lieu d'attendre le banquet de clôture. Certaines personnes éprouvent toujours le besoin de se singulariser.

☆ EMPLOI

Exercice 2
Dans les phrases suivantes, remplacez les pointillés par des adjectifs indéfinis. Vous les choisirez parmi les mots suivants : tout(e) - tous - nul - plusieurs - quelques - quelconque - chaque - même.

1. Je n'ai . . . . . besoin de votre aide.
2. Cet homme est honnête. J'ai . . . . . confiance en lui.
3. . . . . . les goûts sont dans la nature.
4. . . . . . poussées ont suffi pour faire tomber cet arbre. Il était complètement pourri.
5. Nous sommes infestés d'insectes. J'ai tué . . . . . fourmis dans la cave.
6. Nous avons la . . . . . robe ; on nous prend pour des jumelles.
7. Si pour une raison . . . . . vous ne pouvez venir, prévenez-moi.
8. Personne ne sera oublié. . . . . . membre du club recevra un livre.

☆ ORTHOGRAPHE

Exercice 3
Dans les phrases suivantes, remplacez les pointillés par tout, toute, tous *ou* toutes, *selon les cas :*
1. . . . . . citoyen de cet État doit posséder un passeport.
2. Contre . . . . . apparence, le lac n'était pas gelé en profondeur.
3. . . . . . les moyens utiles seront mis à votre service.
4. . . . . . les fois que j'aborde ce sujet, tu détournes la conversation.
5. Ici, on sert des casse-croûte à . . . . . heure.
6. Ne m'interrompez pas à . . . . . propos.

☆ REPÉRAGE

Exercice 4
1. *Parmi les noms suivants, relevez ceux qui ont un genre unique.*
2. *Faites varier les autres noms au féminin.*

allumette - avocat - orphelin - cuillère - lecteur - vendeur - bouteille - ours - héros - téléviseur - hôte - hotte.

☆ REPÉRAGE ET MANIPULATION

Exercice 5
*A l'aide d'un article indéfini (*un - une*), précisez le genre des noms suivants :*

autoroute - élastique - indice - épithète - emblème - orifice - abîme - espèce - chaussée - épiderme - apothéose.

◇ REPÉRAGE ET ORTHOGRAPHE

Exercice 6
Dans les phrases suivantes, remplacez les pointillés par cet *ou* cette, *selon les cas :*

1. . . . . . atmosphère est irrespirable.
2. . . . . . insigne est superbe.
3. . . . . . en-tête n'est pas à sa place.
4. . . . . . ustensile paraît bizarre.
5. . . . . . automne fut catastrophique.
6. . . . . . équerre est en bois.
7. . . . . . haltère pèse cent kilos.
8. . . . . . hymne est énergique.

☆ MANIPULATION ET ORTHOGRAPHE

Exercice 7
Mettez au féminin les noms suivants :

un ami	un champion	un menteur	un rédacteur	un serviteur
un cousin	un lycéen	un chanteur	un expéditeur	un compagnon
un paysan	un lion	un nageur	un docteur	un empereur

Exercice 8

Complétez l'énumération commencée par Anatole France dans le texte suivant :

« Je courus chercher l'arche de Noé que j'avais reçue pour mes étrennes et je versai tous les animaux qu'elle contenait dans une belle casserole [...]. Je jouissais par avance de l'émerveillement de Mélanie quand cette simple créature, croyant trouver le lièvre qu'elle avait apprêté, découvrirait en ce lieu le lion et la lionne, l'âne et l'ânesse, l'éléphant et sa compagne », *le chat et..., le loup et..., l'ours et..., le cheval et..., le canard et..., le singe et..., le tigre et..., le jars et..., le dindon et..., le cerf et..., le sanglier et..., etc.*

Le livre de mon ami, Éd. Calmann-Lévy.

◇ EMPLOI

Exercice 9

Il existe en France des métiers dont le nom ne s'emploie qu'au masculin. Trouvez l'un de ces noms, et employez-le dans une phrase en spécifiant que le métier est exercé par une femme.

☆ REPÉRAGE

Exercice 10
Relevez parmi les noms suivants ceux qui ne s'emploient qu'au pluriel :

funérailles - puits - pourparlers - taillis - décombres - poids - brebis - arrhes - gens - bras - dos.

☆ ORTHOGRAPHE

Exercice 11
Choisissez entre -aux et -eaux pour combler les pointillés des phrases suivantes :

1. Nous avons cassé des boc . . . . . .
2. Ces agn . . . . . sont très jeunes.
3. J'aime énormément les prun . . . . . .
4. Il y a de la neige sur les cot . . . . . .
5. Mon ami me faisait des sign . . . . . .
6. En mer Rouge, il y a des cor . . . . . .

◇ VOCABULAIRE ET ORTHOGRAPHE

Exercice 12
Chacune des définitions suivantes correspond à un nom composé. Trouvez ce nom, puis employez-le au pluriel dans une phrase.

1. Variété de chou formant une masse blanche, très comestible.
2. Grand bateau de guerre dont le pont supérieur constitue une plate-forme d'envol et d'atterrissage pour les avions.
3. Appareil destiné à amplifier le son, et particulièrement celui de la voix humaine.
4. Phénomène lumineux qui se forme dans le ciel après un orage et qui offre toutes les couleurs du prisme.
5. Œuvre remarquable, quasi parfaite, digne d'admiration.

☆ MANIPULATION

Exercice 13
Introduisez dans les phrases ci-dessous l'épithète notée entre parenthèses. Encadrez ensuite le groupe nominal ainsi formé.

1. Vous avez une santé. (*fragile*)
2. Vous avez une santé. (*bonne*)
3. Je voudrais une maison. (*isolée*)
4. Je voudrais une maison. (*grande*)
5. Nous logions dans un hôtel. (*confortable*)
6. Nous logions dans un hôtel. (*rénové*)
7. Nous logions dans un hôtel. (*vieux*)
8. Tu affiches un optimisme. (*beau*)

◇ MANIPULATION ET ORTHOGRAPHE

Exercice 14
Dans les phrases suivantes, remplacez les éléments soulignés par le mot adéquat :

1. Ma situation est <u>plus mauvaise</u> que la tienne.
2. Tes résultats sont <u>plus mauvais</u> que les nôtres.
3. Ce cidre est <u>plus bon</u> que ce champagne.
4. Cette route est <u>plus bonne</u> que ce chemin.

☆ REPÉRAGE

Exercice 15
Recopiez les phrases suivantes en soulignant l'expansion du nom et en indiquant sa nature et sa fonction.
Exemple : adjectif qualificatif, épithète du nom...

1. Tu as un camarade sympathique.
2. Prête-moi ton projecteur de diapositives.
3. Voilà un enfant qui semble désemparé.
4. J'ai un fer à souder.
5. Vous avez une curieuse idée.
6. Je vis tournoyer l'écureuil, petite torche orangée.

Le roi Renaud

A dix-huit ans, **il** a pris femme : a épousé la fille d'un baron, tout de suite **l'**a aimée autant que le cœur qu'**il** porte.

[...] Un beau matin, de grand matin s'est levé, et plein de belle ardeur. Tandis que monte l'aurore, **il** a bridé son cheval et **lui** a mis la selle. Puis, **il** est revenu à la chambre où la dame se repose.

— Dame, **je** pars pour la chasse. Voulez-**vous,** faisons un marché. **Je vous** rapporterai gibier de votre choix. **Vous, vous me** donnerez un fils.

Et la dame s'est mise à rire :

— Un fils, seigneur ? **Moi** qui souhaite une fille !... Mais soit, un fils donc, de par Dieu. **Je le** veux bien pour **vous** complaire.

Henri Pourrat, *Contes du vieux temps,* Éd. Gallimard.

14 Les pronoms personnels

1. VARIATION DES PRONOMS PERSONNELS

a. Variation en personne, en genre et en nombre

Personne	Nombre	Genre
$\boxed{Je}$ *lave les vitres*	$\boxed{Je}$ *verrai Pierre*	*Luc rit.* $\boxed{Il}$ *est gai*
1re pers. sing.	1re pers. sing.	3e pers. masc. sing.
$\boxed{Tu}$ *tousses*	$\boxed{Nous}$ *discutons*	*Eve rit.* $\boxed{Elle}$ *est gaie*
2e pers. sing.	1re pers. plur.	3e pers. fém. sing.

• Le genre et le nombre des pronoms personnels influent souvent sur l'accord du **participe passé** :

*Ils sont venu**s**. Elles sont venu**es**. Ces tasses sont propres, je les ai lav**ées**.*

b. Variation selon les fonctions

RÈGLE GÉNÉRALE

• La plupart des pronoms personnels varient selon les fonctions :

$\boxed{Je}$ *fais du yoga sur la pelouse. On* $\boxed{me}$ *regarde.*
(= 1re pers. sing., sujet)   (= 1re pers. sing., COD)

Le ministre arrive. On $\boxed{le}$ *photographie ; on* $\boxed{lui}$ *parle.*
       (= 3^e pers. sing., COD)   (= 3^e pers. sing., COI)

CAS PARTICULIERS

• **Nous** et **vous** sont invariables, quelle que soit leur fonction :
Nous partons.   *Tu nous amuses. Vous parliez de nous.*
sujet   COD   COI

• **En** et **y** sont également invariables. Ils ont souvent la fonction de complément circonstanciel de lieu :
*Le terrier est chaud. Le renard s'**y** niche.* (= Il se niche dans le terrier)
*Berne est une belle ville. J'**en** reviens.* (= Je reviens de Berne)

• Lorsqu'ils sont compléments de lieu, « en » et « y » peuvent représenter un adverbe. C'est pourquoi on les appelle encore **pronoms adverbiaux** :
*N'allez pas là-bas : il **y** fait froid.*

*Je sais qu'il y a de la boue dehors ; j'**en** viens.*

• **En** et **y** peuvent encore avoir d'autres fonctions dans la phrase : COD, COI, complément du nom, complément de l'adjectif :

Ce cidre est bon. J'__en__ achète.   *Ne casse pas ce vase ; j'__y__ tiens.*
              COD   COI

La route s'achève. On __en__ voit le bout.   *Ce geste est gentil ; j'__y__ suis sensible.*
                 ct. du nom   ct. de l'adjectif

2. FORME DES PRONOMS PERSONNELS

	SÉRIE 1 : formes atones					SÉRIE 2 : formes accentuées			
	Pronoms non réfléchis				**Pronoms réfléchis**		**Pronoms non réfléchis**		**Pronoms réfléchis**
	SUJET		COD		COI				
	masculin	féminin	masculin	féminin	masculin et féminin			masculin	féminin	
1re p. sing.	je		me			me	1re p. sing.	moi		moi
2e pers. sing.	tu		te			te	2e p. sing.	toi		toi
3e pers. sing.	il	elle	le	la	lui	se	3e p. sing.	lui	elle	soi
1re p. plur.	nous				nous	nous	1re p. plur.	nous		nous
2e p. plur.	vous				vous	vous	2e p. plur.	vous		vous
3e p. plur.	ils	elles	les		leur	se	3e p. plur.	eux	elles	soi
Pronoms adverbiaux	en - y									

• Les pronoms **accentués** se rencontrent surtout dans les cas suivants :
— Sujet mis en valeur : *C'est **toi** qui partiras.*
— Sujet mis en valeur par opposition à un autre : *J'ignore tout de l'affaire ; mais **lui** la connaît.*
— Complément introduit par une préposition : *Parler de **soi** n'est pas facile.*
— Compléments placés après le verbe (1re et 2e personnes) :
*Calme-**toi**.*   *Détendez-**vous**.*

• Quelle que soit la série à laquelle ils appartiennent, les pronoms réfléchis sont de la même personne que le sujet :
*Je **me** coiffe.*   *Ils **se** parlent.*   *Un égoïste ne pense qu'à **soi**.*

3. PLACE DES PRONOMS PERSONNELS

a. Le pronom sujet

• Dans une phrase déclarative, le pronom sujet se place généralement avant le verbe : *Je parle.*   *Vous avez souri.*

• Le pronom sujet peut être séparé du verbe par des pronoms compléments ou par la négation « ne » :
*Voici ma guitare. Je **te la** confie.*   *Courageux, je **le** suis.*   *Tu **ne** sortiras pas.*

• Dans une phrase déclarative, le pronom sujet se place après le verbe lorsqu'on utilise certains adverbes ou locutions adverbiales : « ainsi, sans doute, peut-être, du moins ». *Peut-être, te souviens-**tu** de cette histoire.*

• Dans certaines phrases interrogatives et exclamatives, et dans les propositions incises, le pronom sujet est également inversé :
*Viens-**tu** ?   Est-**il** beau !   « Oui, dit-**il**, le chien est rentré. »*

b. Les pronoms compléments

1. Le pronom COD/Le pronom COI (sans préposition)

• Ils se placent avant le verbe, sauf à l'impératif affirmatif :

Indicatif	Impératif négatif	Impératif affirmatif
*Tu **me** suis.*	*Ne **me** suis pas.*	*Suis-**moi**.*
*Vous **lui** parlez.*	*Ne **lui** parlez pas.*	*Parlez-**lui**.*

2. Le pronom COI avec préposition

• Le pronom COI construit avec une préposition se place après le verbe :
*Je pense **à elle**.   Pense **à elle**.*

3. Le pronom COD + le pronom COS

1re et 2e personnes
• Le pronom COS précède le pronom COD sauf à l'impératif affirmatif :
*Tu **me** **la** donnes.   Donne- **la** -**moi** .*
       COS COD   COD COS

• Si le pronom COS est construit avec une préposition, il se place après le verbe :
*Je **me** confie à **toi** .*
     COD   COS

3e personne
• Le pronom COS se place après le COD, même à l'impératif affirmatif :
*Tu **le** **leur** dis.   Dis- **le** -**leur**.*
      COD COS   COD COS

4. VALEUR DES PRONOMS PERSONNELS

a. Les pronoms de la 1re et de la 2e personne

• On emploie les pronoms de la 1re et de la 2e personne pour **désigner** des personnes qui interviennent dans la communication :
Je/Moi désignent le locuteur : *Je parle. **Moi** seule parlerai.*
Tu/Toi désignent l'interlocuteur : ***Tu** défiles. C'est **toi** qui défileras.*
Nous désigne un groupe dont fait partie le locuteur : *J'estime ces amis. **Nous** nous entendons.*
Vous désigne un groupe dont fait partie l'interlocuteur :
*Tu rejoindras tes cousins, et **vous** partirez.*
Vous peut encore désigner l'interlocuteur lui-même (vouvoiement) :
*Bonjour, Madame. Comment allez-**vous** ?*

REMARQUE : Dans la langue familière, et particulièrement dans la langue orale, **on** se substitue souvent à « nous » :
On est dans le train.
Dans ce type d'emploi, « on », pronom indéfini, est proche du pronom personnel.

• On emploie essentiellement les pronoms de la 3ᵉ personne pour éviter une répétition. Ces pronoms représentent alors un mot déjà cité :

*Le chien a faim. **Il** aboie.*   *Tu me crois habile. Je **le** suis.*

Résumé

• La plupart des pronoms personnels varient en personne, en nombre, en genre et selon leur fonction :
*__Elle__ est belle. **Elles** sont belles. **Ils** sont beaux. Je **les** admire.*

• Les pronoms de la 1ʳᵉ et de la 2ᵉ personne **désignent** une ou des personne(s) qui participent à la communication :
Je ris.   Tu chantes.   Nous jouons.   Vous criez.

• Les pronoms de la 3ᵉ personne **représentent** un mot déjà énoncé :
La pluie tombait. Elle était glacée.

---

exercices

EXERCICE 1

repérage
☆

Relevez les pronoms personnels du texte suivant et indiquez leur personne :

Fiorello Bodoni a aménagé la maquette d'une fusée pour simuler un vol dans l'espace.

Au coucher du soleil, il appela les enfants :
— C'est prêt ! Venez.
La maison resta silencieuse.
— Je les ai enfermés, dit Maria.
— Qu'est-ce que cela veut dire ?
— Vous vous tuerez dans cette fusée. [...]
— Ecoute-moi, Maria.
— Elle va exploser. De toute façon, tu n'es pas pilote.
— Et pourtant, je pourrai la faire voler. Je l'ai arrangée.

Ray Bradbury, *L'homme illustré*,
Trad. C. Andronikof, Éd. Denoël.

EXERCICE 2

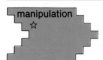

manipulation
☆

Dans les phrases suivantes, mettez au féminin les pronoms personnels soulignés. Modifiez, s'il y a lieu, l'accord de certains mots.

1. Il est nerveux.
2. Ils sont candidats.
3. Il est veuf depuis peu.
4. Il est gai ; je le fais sourire.
5. Il est discret ; je me confie à lui.
6. Ils sont justes ; je m'en remets à eux.

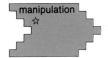

Dans le texte suivant, transposez à la 3ᵉ personne du masculin singulier les pronoms soulignés et faites les modifications nécessaires sur le reste de la phrase :

Je n'oublierai pas cette aventure. Chaque fois qu'on parlera devant moi de l'automne, je me souviendrai de cette tempête d'équinoxe. Le déchaînement du vent m'a fortement impressionné. « Et s'il me tuait, me disais-je parfois... S'il me broyait par le seul effet de sa puissance... ? » Pour moi, le vent est une force de la nature, dont on méconnaît sans doute le pouvoir.

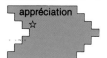

1. Le texte ci-dessous va être lu à voix haute. Ecoutez-le, livre fermé, puis répondez à cette question : vous est-il possible de dire si l'auteur est un homme ou une femme ?
2. Lisez ensuite le texte et répondez à la même question.

Je ne parvenais pas à m'orienter. J'avais marché trop longtemps dans les dunes sans prendre de points de repère. J'étais seule, fatiguée et un peu effrayée. J'essayai de me ressaisir. Je regardai le soleil qui se couchait ; à l'évidence, il indiquait l'ouest. Or, le village de Bolin se trouvait dans cette direction. Épuisée, mais résolue, je me remis en marche en me fiant aux rayons solaires.

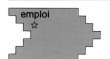

Dans les phrases suivantes, vous comblerez les pointillés par un pronom personnel de la même personne que le sujet de la 1ʳᵉ phrase. Attention ! Il n'aura pas la même fonction.

1. J'aime ce travail ; je . . . . . donne huit jours pour le finir.
2. J'ai besoin de cet outil ; prête-le . . . . . .
3. Tu fais du footing sur la plage ; on . . . . . photographie.
4. Tu as enchanté nos camarades ; ils parlent de . . . . . .
5. Notre amie Jeanne est rentrée. Je . . . . . vois dans le jardin.
6. Notre teckel est malade. Je . . . . . conduis chez le vétérinaire.

Dans chacune des phrases suivantes, indiquez la fonction du pronom souligné :

1. Nous te félicitons.
2. Le maire te remet une coupe.
3. Tu me téléphoneras demain.
4. Energique, je le suis.

5. Voici Cédric ; je lui ressemble.
6. Je lui prête mes patins.
7. Lui seul est soigneux.
8. C'est une idée à lui.

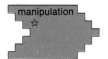

manipulation
☆

Dans les phrases suivantes, remplacez le GN souligné par « en » ou « y », selon le cas. Indiquez ensuite la fonction du pronom.

1. Ce bois est touffu, mais tu connais l'accès <u>de ce bois</u>.
2. Notre projet prend forme. On parle beaucoup <u>de ce projet</u>.
3. Voici du miel, puisque tu veux <u>du miel</u>.
4. Ces objets sont inutiles. Je te débarrasserai <u>de ces objets</u>.
5. Ce tableau est original. Je m'attache <u>à ce tableau</u>.

emploi
☆

1. Dans ces phrases, remplacez les pointillés par les pronoms personnels qui conviennent. 2. Soulignez ceux qui sont de forme accentuée.

1. Jérôme est coquet ; il . . . . . regarde dans la glace.
2. Quand on est jeune, on a la vie devant . . . . . .
3. Mes amis traversent l'Atlantique en voilier. Je . . . . . envie.
4. Mes camarades passent un examen ce matin. Je pense à . . . . . .
5. Je vous invite tous ; venez chez . . . . . .
6. J'ai confiance en ce garçon. Il . . . . . paraît sincère.

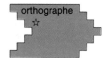

orthographe
☆

Dans les phrases suivantes, écrivez la terminaison du verbe au présent de l'indicatif :

1. Je ne te prêt . . . . . pas mon livre.
2. Tu ne le souhait . . . . . pas.
3. Vous me parl . . . . . de vos amis.

4. Ils ne se fréquent . . . . . plus.
5. Tu ne gard . . . . . pas ces disques.
6. Tu nous les donn . . . . . .

manipulation
☆

Mettez les phrases suivantes à l'impératif affirmatif :

1. Vous m'envoyez les résultats.
2. Vous les communiquez à Luc.
3. Vous les lui expliquez.
4. Tu me parles de cette batterie.
5. Tu la montres à tes voisins.
6. Tu la leur prêtes.

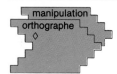

manipulation
orthographe
◇

Répondez aux questions suivantes en remplaçant les GN soulignés par des pronoms personnels. Indiquez leur fonction.
Exemple : Offrirons-nous ce disque à Antoine ?
Oui, nous le lui offrirons.

1. Montreras-tu <u>cette lettre à Valérie</u> ? Oui, je . . . . . .
2. Confieras-tu <u>ce secret à Antoine</u> ? Oui, je . . . . . .
3. Anne donnera-t-elle <u>ces graines à son hamster</u> ? Oui, elle . . . . . .
4. Marc prêtera-t-il <u>ses gants de boxe à son ami</u> ? Oui, il . . . . . .
5. Dorothée expliquera-t-elle <u>la leçon aux absents</u> ? Oui, elle . . . . . .
6. Remettrons-nous <u>ces insignes aux joueurs</u> ? Oui, nous . . . . . .

EXERCICE 12

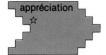

Dans chaque phrase ci-dessous, écrite par un enfant, un pronom est maladroitement employé. Repérez-le et remplacez-le par un GN synonyme de l'antécédent du pronom.

1. Cette vieille demeure était située dans l'impasse des Oiseaux, une charmante ruelle plantée d'arbustes. Je la connaissais bien pour avoir refait sa toiture.
2. Dès que le chien fut lâché, il se mit à courir et rejoignit un agent de police qui réglait la circulation au milieu du boulevard. Il frétillait et jappait joyeusement.
3. Ma mère se précipita hors de la cuisine. Celle-ci était pleine d'une fumée âcre et noire. Elle appela les pompiers.

EXERCICE 13

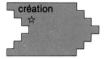

Sur un thème de votre choix, composez un poème de ce type en reprenant plusieurs fois un pronom personnel :

— « Je rêvasse... et toujours c'est <u>Toi</u>. Sur toute chose,
Comme un esprit follet, ton souvenir se pose :
Ma solitude — <u>Toi</u> ! —. Mes hiboux à l'œil d'or :
— <u>Toi</u> ! — Ma girouette folle : Oh <u>Toi</u> ! — Que sais-je encor...
— <u>Toi</u> : mes volets ouvrant les bras dans la tempête...
Une lointaine voix : c'est Ta chanson ! — c'est fête ! [...]

Tristan Corbière, *Les Amours Jaunes*,
Éd. Gallimard.

EXERCICE 14

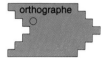

Lisez le texte suivant ; il vous sera ensuite donné en dictée.

Le printemps est là... je te le dis, je te l'affirme. Les nuages sont partis. La nuit les a balayés. Vois la lumière matinale. La nature rosit, verdit, se déploie. Les jeunes pousses de mon rosier s'entrouvrent. J'en vois le cœur. Le printemps est là... Entends ses chœurs d'allégresse : les oiseaux gazouillent, roucoulent, sifflent à qui mieux mieux. Le bruissement léger des premiers feuillages s'ajoute à cet hymne joyeux. Le printemps est là... Admire ses couleurs. Jacinthes, primevères et tulipes décorent notre jardin. Je les ai photographiées ce matin.

EXERCICE 15

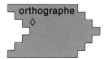

Même consigne que pour l'exercice précédent.

Deux frères partirent un jour à l'aventure, mais leur promenade faillit mal se terminer. Ils tombèrent aux mains de cannibales bien décidés à les dévorer. Ces anthropophages habitaient une île, et seule leur baguette magique leur permettait de traverser la rivière. Les enfants réussirent à subtiliser la baguette et se sauvèrent. Ils atteignirent la rivière qui entourait l'île, lancèrent la baguette sur l'eau et aussitôt apparut un pont. Les enfants le franchirent sans encombre, puis le pont disparut. Les cannibales lancés à leur poursuite eurent beau faire, ils restèrent prisonniers de leur île.

Bernard Clavel, *Légendes des lacs et des rivières,*
Éd. Hachette.

L'organisation d'une meute

Actuellement, notre troupe compte onze spécimens (six mâles et cinq femelles) appartenant à trois générations différentes. Les plus vieux vont avoir six ans, les plus jeunes ont une année. On observe dans le groupe deux ensembles nettement différents : **celui** des mâles et **celui** des femelles. Dans l'un comme dans l'autre, les dominants manifestent leur supériorité par une série d'attitudes auxquelles les surbordonnés répondent par des gestes de soumission. Chez les deux sexes, tous les sujets appartiennent à un échelon très strict. Chacun commande **celui** qui occupe un rang inférieur **au sien**, et obéit à ses supérieurs.

in « *La Faune* ».

15 Les pronoms démonstratifs
Les pronoms possessifs

1. LES PRONOMS DÉMONSTRATIFS

a. Variation des pronoms démonstratifs

description

• La plupart des pronoms démonstratifs varient en genre et en nombre :

Genre {
*Cet anorak me plaît, mais **celui-ci** est plus chaud.*
masculin
*Cette veste me plaît, mais **celle-ci** est plus chaude.*
féminin

Nombre {
*Ta raquette est dure. **Celle** de Luc est plus souple.*
singulier
*Tes raquettes sont dures. **Celles** de Luc sont plus souples.*
pluriel

• Quelques pronoms démonstratifs sont **neutres** : « ce - ceci - cela - ça ». Le verbe qui s'accorde avec ces pronoms se met au singulier, l'adjectif est au masculin singulier :
Ceci *est incorrect.*   **Cela** *est périmé.*   **Ce** *n'est pas gai.*

b. Forme des pronoms démonstratifs

• On distingue deux grandes séries de pronoms démonstratifs : les formes simples et les formes composées.

	singulier			pluriel	
	Masculin	Féminin	Neutre	Masculin	Féminin
Formes simples	celui	celle	ce	ceux	celles
Formes composées	celuì-ci celui-là	celle-ci celle-là	ceci cela, ça	ceux-ci ceux-là	celles-ci celles-là

ATTENTION !
• Il ne faut pas confondre **ça** pronom démonstratif, et **çà** adverbe de lieu :
Ça *suffit.*   *(= Cela suffit.)*   *Je flânais **çà** et là.*
pr. démonstratif   adverbe de lieu
• Il ne faut pas confondre **se** pronom personnel réfléchi, et **ce** pronom démonstratif :
*Le chat **se** lèche. **Ce** n'est pas bon signe.*
RAPPEL : Le mot **ce** peut être également adjectif démonstratif : *J'aime **ce** disque.*

c. Les pronoms de forme simple

1. Celui - celle/ceux - celles

• Ces pronoms **renvoient** à un mot déjà cité. Ils sont toujours précisés par une subordonnée relative ou par un complément introduit par « de ». Leur emploi permet d'éviter une répétition :

*Ce comédien n'est pas **celui** qui jouait dans « l'Avare ».*
Terme ◄─────── pronom   prop. sub. relative
antérieurement cité   démonstratif

*Tu as oublié tes lunettes. Tu empruntes **celles** de Michel.*
Terme ◄─────── pronom   GN
antérieurement cité   démonstratif complément

• Les pronoms démonstratifs de forme simple peuvent encore avoir la valeur d'un nom. En ce cas, ils ne renvoient à aucun mot précédemment cité. Ils **désignent** une ou des personnes, dont l'identité est assez vague :
Celle qui a brodé cette nappe a eu de la patience.

2. Le pronom « ce »

• On emploie « ce » pour représenter un mot ou un groupe de mots antérieurement cité(s) :
*Je te présente Alain. **C**'est mon meilleur ami.*

*Il va falloir casser la glace, **ce** pourrait être long.*

• « Ce » s'emploie également pour désigner un fait ou une chose assez vague. Il se combine alors avec une subordonnée relative :
*Nous verrons bien **ce qui arrivera**.* (= le fait qui arrivera)

d. Les pronoms de forme composée

• Les formes en **ci** désignent un être ou une chose assez **proches**. Les formes en **là** désignent un être ou une chose **plus éloignés** :
Ta moto est belle, mais celle-ci semble moins dangereuse.
Les masques sont divers. Regarde celui-là, au bout du cortège, il représente César.

• **Ceci** et **cela** représentent généralement une idée ou un fait exprimé par un groupe de mots. « Ceci » introduit ; « cela » résume :
J'ai à vous dire ceci : le directeur nous recevra à 15 heures.
Vos adversaires s'entraînent activement. Dites cela à vos joueurs.

• **Ça** est la forme familière et contractée de « cela » :
Ça va.   Ça marche.

2. LES PRONOMS POSSESSIFS

a. Variation des pronoms possessifs

• Le pronom possessif varie selon la personne du possesseur :
*Ton âne rue ; **le mien** dort.   Mon nez pèle, **le tien** aussi.*
1re p. sing.   2e p. sing.

• Le pronom possessif varie en genre et en nombre selon l'objet possédé :

Genre $\begin{cases} \textit{Ton ballon est dur. } \textbf{\textit{Le mien}} \textit{ est mou. } \text{(\textbf{masc.} sing.)} \\ \textit{Ta balle est dure. } \textbf{\textit{La mienne}} \textit{ est molle. } \text{(\textbf{fém.} sing.)} \end{cases}$

Nombre $\begin{cases} \textit{Votre fils est petit. } \textbf{\textit{Le mien}} \textit{ est grand. } \text{(masc. \textbf{sing.})} \\ \textit{Vos fils sont petits. } \textbf{\textit{Les miens}} \textit{ sont grands } \text{(masc. \textbf{pluriel})} \end{cases}$

b. Forme des pronoms possessifs

| | | possesseur | | | | | |
| | | SINGULIER | | | PLURIEL | | |
		1ʳᵉ personne	2ᵉ personne	3ᵉ personne	1ʳᵉ personne	2ᵉ personne	3ᵉ personne
SINGULIER	masculin	le mien	le tien	le sien	le nôtre	le vôtre	le leur
	féminin	la mienne	la tienne	la sienne	la nôtre	la vôtre	la leur

PLURIEL	masculin	les miens	les tiens	les siens	les nôtres	les vôtres	les leurs
	féminin	les miennes	les tiennes	les siennes	les nôtres	les vôtres	les leurs

ATTENTION !
• Les pronoms possessifs « le nôtre », « le vôtre » se différencient des adjectifs possessifs « notre » et « votre » par deux faits : la présence de l'article, et la prononciation de la voyelle. Dans le cas du pronom possessif, il s'agit d'un [o] noté par un accent circonflexe :
le nôtre [notr], *notre ami* [nɔtr]
• Il ne faut pas confondre « le leur », « la leur », « les leurs », pronoms possessifs, et « le + leur », « la + leur », « les + leur », pronoms personnels. Ces derniers ont chacun une fonction différente :
Ces gens aiment mes roses ; mais <u>les leurs</u> sont également jolies. (pronoms possessifs)
sujet

Ces gens aiment mes roses ; je <u>les</u> <u>leur</u> donne. (pronoms personnels)
COD COS

• Le pronom possessif **reprend** un nom déjà cité. Il marque qu'il existe une **relation** entre l'élément désigné par ce nom et une personne. Cette relation est souvent la **possession**, mais elle peut être aussi d'une autre nature :
Ta moto est belle, mais je préfère <u>la mienne</u>. (= la moto que je possède)
Cet hôtel est agréable, mais je préfère <u>le mien</u>. (l'hôtel où je séjourne)

Résumé

• Les pronoms démonstratifs ont des formes simples et des formes composées :
Tu n'as pas d'écharpe. Prends <u>celle</u> de François.
Ces poteries sont belles. <u>Celle-ci</u> est particulièrement jolie.

• Les pronoms possessifs marquent le plus souvent un rapport de possession :
Pierre admire ton dessin. <u>Le sien</u> est plus terne.

exercices

EXERCICE 1

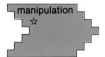

manipulation
☆

Dans les phrases suivantes, remplacez les mots soulignés par le pronom démonstratif qui convient :

1. Ta guitare est belle, mais je préfère la guitare de François.
2. Tu as oublié ton compas. Tu empruntes le compas de Bénédicte.
3. Vos propositions sont plus réalistes que les propositions de Denis.
4. Nos joueurs sont plus motivés que les joueurs de l'équipe adverse.
5. Ce motard n'est pas le motard qui nous a arrêtés tout à l'heure.
6. Cette hôtesse n'est pas l'hôtesse qui nous a reçus hier.

EXERCICE 2

repérage
☆

Dans le texte suivant, relevez les pronoms démonstratifs. Indiquez s'ils sont de forme simple (FS) ou de forme composée (FC).

Lancelot chevauche en compagnie du roi Arthur et de sa suite. Ils ne tardent pas à arriver au palais. Là, Lancelot est présenté à la reine Guenièvre. Celle-ci trouve ce jeune homme inconnu des plus avenants. [...] Quant à Lancelot, il s'émerveille de la beauté de Guenièvre qui surpasse celle de toutes les femmes qu'il a rencontrées, y compris celle de la Dame du Lac.

Lancelot du Lac,
Adapté par F. Johan,
Éd. Casterman.

EXERCICE 3

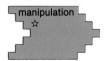

manipulation
☆

Dans les phrases suivantes, complétez le pronom démonstratif par une subordonnée relative ou un complément introduit par « de », selon les cas :

1. Toutes ces raquettes se valent. Choisis celle ......
2. Tes yeux brillants me font penser à ceux ......
3. Le tournoi de ping-pong est terminé. Celui ..... va commencer.
4. La police lance un appel à ceux ......
5. Les phares des voitures françaises sont jaunes. Ceux ..... sont blancs.
6. Les plaines du Japon sont étroites. Celles ..... sont plus vastes.

EXERCICE 4

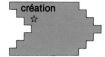
création
☆

1. Dans le texte suivant, relevez les pronoms démonstratifs.
2. Composez un petit texte de ce genre à propos de personnes ou de choses que vous connaissez bien : « Je connais tous les . . . . . » ou : « Je connais toutes les . . . . . »

Je connaissais tous les nids : celui de l'alouette qui fait le sien à terre, dans l'empreinte d'un sabot de bœuf et qui le cache si bien que souvent le moissonneur passe sans le voir ; celui du loriot, suspendu entre les deux branches d'une fourche ; celui du roitelet bâti en forme de boule, avec un petit trou pour l'entrée ; celui de la mésange, où quinze à dix-huit petits sont pressés l'un contre l'autre dans un trou de châtaignier.

Eugène Le Roy,
Jacquou le Croquant, Éd. Calmann-Lévy

EXERCICE 5

repérage
◇

Soulignez le mot ou le groupe de mots repris par « ce » dans les phrases suivantes :

1. J'aime cette pièce. Ce sera ma chambre.
2. Battre l'équipe de Bordeaux ! Ce sera difficile.
3. Je côtoyais Jacques tous les jours. C'était mon voisin de table.
4. Cette année-là, nous avons remporté le tournoi. Ce fut une grande joie.
5. Ton chien nous accompagnerait. Ce serait notre mascotte.

EXERCICE 6

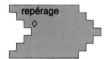
orthographe
☆

1. Complétez les phrases suivantes par « ce » ou « se », selon les cas.
2. Chaque fois que vous emploierez « ce », indiquez s'il est pronom ou adjectif démonstratif.

1. Il pleut. . . . . . n'est rien.
2. Christophe . . . . . lave.
3. Vivre seul ? . . . . . serait triste !
4. J'achèterai . . . . . livre.

5. Enfin, mon frère . . . . . calma.
6. . . . . . verre est sale.
7. Lille-Lens ! . . . . . fut un beau match.
8. Il . . . . . peut que je vienne.

EXERCICE 7

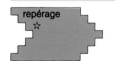
repérage
☆

Dans les phrases suivantes, relevez les pronoms démonstratifs. Indiquez leur genre, leur nombre et leur fonction.

1. Vos pêches sont belles. Celles-ci sont particulièrement juteuses.
2. Voici vos livres de classe. Le manuel d'histoire est celui-là.
3. Ces chaussures sont souples. Mais je préfère celles-là.
4. Tu parles de démissionner. Je ne pensais pas à cela.
5. Je vais vous dire ceci : qui ne risque rien n'a rien.

Complétez les adjectifs et pronoms démonstratifs par « ci » ou « là », selon les cas :

1. Cette femme est née en 1903. A cette époque - . . . . . , la vie était différente.
2. J'ai manqué de chance avant-hier. Mais cette fois - . . . . . . , je réussirai.
3. J'hésite entre deux sorbets : celui - . . . . . est au citron, celui - . . . . . au café.

Sur les modèles suivants, composez deux phrases qui emploient « ceci », puis « cela » :

« Dites à vos camarades ceci : en aucun cas, je ne reviendrai sur ma décision. »
« Le match s'annonce difficile. Cela me plaît. »

Dans le texte suivant, relevez un adjectif possessif et un pronom possessif.

Notre chèvre donnait assez régulièrement un ou deux chevreaux que mon père vendait avec beaucoup de plaisir. Il nous arrivait aussi d'en manger un. Un prétexte pour le sacrifier venait très facilement : ma mère avait deux ou trois maladies dont elle parlait souvent et qu'on ne voyait jamais. Et, tout à fait par hasard, un derviche lui conseillait de tuer un chevreau qui avait la couleur du nôtre.

Mouloud Feraoun, *Le fils du pauvre*,
Éd. du Seuil.

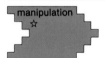

Évitez les répétitions en substituant aux GN soulignés le pronom possessif qui convient :

1. Le maillot de Franck est rouge. Mon maillot est bleu.
2. Ce jeu est amusant, mais ton jeu est plus instructif.
3. Yann préfère mon vélo, car son vélo n'a pas de dérailleur.
4. Votre avenir est assuré, mais notre avenir reste incertain.
5. Notre ballon est neuf. Votre ballon est usagé.
6. Nos voisins louent un téléviseur, car leur téléviseur est en panne.

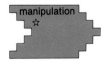

Dans les phrases suivantes, comblez les pointillés par un pronom possessif.

1. Nous aidons cette association car elle a moins d'expérience que . . . . . .
2. Nous avons notre fierté, mais vous avez aussi . . . . . .
3. Les castors reconstruisent une hutte, car . . . . . a été dévastée.
4. Vous avez vos soucis. Nous avons . . . . . .
5. Unissons-nous. Exposez vos dessins avec . . . . . .
6. Nos voisins sont inquiets. Tous les enfants sont rentrés, sauf . . . . . .

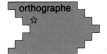

Dans les phrases suivantes, remplacez les pointillés par « notre » - « votre » ou « nôtre » - « vôtre », selon les cas :

1. Je vous remercie de . . . . . obligeance.
2. Ce collège est-il le . . . . . ?
3. Nous cherchons partout . . . . . chien.

4. Chacun a sa clé. Avons-nous la . . . . . ?
5. Nous garderons . . . . . calme.
6. Je prends mon ciré. Prenez le . . . . . .

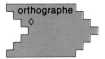

Dans les phrases suivantes, remplacez les pointillés par « les leur », pronom personnel, ou par « les leurs », pronom possessif, selon les cas :

1. Mes parents aiment ces disques. Je . . . . . offrirai.
2. Tes amis sont fiers : parmi tous les dessins, le jury a retenu . . . . . .
3. Anne et Guy sont absents. Si vous n'avez pas de patins, prenez . . . . . .
4. Les gens admirent ces poteries. Tu . . . . . vendras.

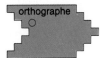

Lisez le texte suivant ; il vous sera ensuite donné en dictée.

A la fête foraine, mes amis et moi n'allions pas sur les mêmes manèges. J'avais les miens ; ils avaient les leurs. Moi, c'était le pilotage de petits karts. J'adorais ces voitures, et quand je conduisais un certain kart rouge, je me croyais pilote chez Ferrari. Mes amis préféraient les manèges à sensation forte. Ceux-ci étaient groupés au bout de la foire. Il y avait les toboggans rapides, la soucoupe volante et la grande roue. Celle-ci avait des dimensions impressionnantes, et lorsqu'on stationnait tout en haut, le cœur battait. On essayait de ne pas avoir le vertige, mais ce n'était pas facile. Chacun se tassait dans son fauteuil.

orthographe
◇

Même consigne que pour l'exercice précédent.

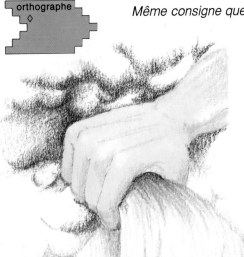

Zeus enferma dans une caverne le vent du Nord et libéra le vent du Sud. Celui-ci déploya ses ailes ruisselantes et s'élança. [...] De sa main droite, il pressait et tordait les nuages noirs, exprimant[1] des torrents d'eau. [...] Les gens essayaient de se sauver en nageant mais la pluie les assommait. [...] Ceux qui montèrent dans des barques et des bateaux pour essayer de sauver leur vie firent naufrage sur les anciennes montagnes transformées en récifs. Des poissons étranges passaient çà et là à travers les maisons et les temples dont les portes avaient été arrachées par la tempête.

E. Petruski, *Contes de la Grèce antique*,
Éd. Gründ.

1. Provoquant.

Les livres

Les livres sont des amis inconnus qui habitent les bibliothèques, les grands magasins, même dans la rue. **On** peut les inviter chez soi. Rangés sur l'étagère, ils attendent qu'**on** les appelle. **La plupart** ont si peu de conversation qu'**on** les laisse en route. **Les autres** vous emmènent au bout du monde. **Certains** prétendent qu'on doit garder ces amis près de soi. (...)

G. Godeau, *Venez, je vous emmène,*
Éditions Ouvrières.

16 Les pronoms indéfinis

1. FORME DES PRONOMS INDÉFINIS

• Il existe des pronoms indéfinis de forme variable et d'autres de forme invariable.

a. Les pronoms de forme variable

• Certains pronoms varient uniquement en genre, d'autres uniquement en nombre, et d'autres en genre et en nombre.

Genre
{
Aucun n'a protesté.
Aucune n'a protesté.

Nombre
{
Un voleur a été pris. L'autre court encore.
Un voleur a été pris. Les autres courent encore.

Genre et Nombre
{
Prends une écharpe. N'importe laquelle conviendra.
Prends un cache-nez. N'importe lequel conviendra.
Prenez des écharpes. N'importe lesquelles conviendront.
Prenez des cache-nez. N'importe lesquels conviendront.

Tableau des principaux pronoms indéfinis variables

singulier		pluriel	
masculin	**féminin**	**masculin**	**féminin**
nul	nulle		
aucun	aucune		
		d'aucuns	d'aucunes
pas un	pas une		
chacun	chacune		
plus d'un	plus d'une		
l'un	l'une	les uns	les unes
quelqu'un	quelqu'une	quelques-uns	quelques-unes
le même	la même	les mêmes	
un autre	une autre	d'autres	
l'autre		les autres	
		certains	certaines
		tous	toutes
n'importe lequel	n'importe laquelle	n'importe lesquels	n'importe lesquelles

b. Les pronoms de forme invariable

• On classe les pronoms de forme invariable en deux séries, selon qu'ils déterminent un accord au **pluriel** (masculin ou féminin) ou au **singulier**. Dans ce dernier cas, l'accord se fait généralement au masculin :

Pluriel
{ *Les majorettes s'assoient. <u>Beaucoup</u> sont fatiguées.*
{ *Les musiciens s'assoient. <u>Beaucoup</u> sont fatigués.*

Singulier *<u>Rien</u> n'est joué.*   *<u>Tout</u> est gelé.*

Tableau des principaux pronoms indéfinis invariables

accord au pluriel	accord au singulier
• la plupart • plusieurs • bon nombre • beaucoup - trop - peu	• rien • personne • autrui • tout - tout le monde • quelque chose • autre chose • n'importe quoi - je ne sais quoi - on ne sait quoi • n'importe qui - je ne sais qui - on ne sait qui • quiconque

REMARQUE : Dans certains contextes, les pronoms « personne », « quiconque », « n'importe qui », peuvent déterminer un accord au féminin singulier : mais ces emplois sont assez rares : *Courage, les filles ! vous jouerez et vous gagnerez sans que soit exclue quiconque.*

2. FONCTIONS DES PRONOMS INDÉFINIS

• Les pronoms indéfinis peuvent occuper dans la phrase toutes les fonctions du nom :

<u>Rien</u> ne bouge.   *Je sais <u>tout</u>.*   *Je pense <u>à quelque chose</u>.*   *Ils ne sont <u>rien</u>.*
sujet   COD   COI   attribut

3. VALEUR DES PRONOMS INDÉFINIS

a. Rôle dans la phrase

• Certains pronoms indéfinis **reprennent** un nom déjà cité. On dit qu'ils sont **représentants**. Leur emploi permet d'éviter une répétition :
On a interrogé les témoins. <u>Aucun</u> ne se souvient de ce détail.

• D'autres pronoms indéfinis ne reprennent pas un nom déjà cité. Ils ont alors **valeur de groupe nominal**. Dans cet emploi, le pronom indéfini est dit **nominal** :

Quelqu'un a marché sur la neige.

b. Signification

• Quel que soit leur rôle dans la phrase, les pronoms indéfinis ont une signification. Certains ont un sens **négatif**, d'autres **positif** :

*Négatif : **Nul** n'a parlé.*   *Positif : **Tous** ont parlé.*

• Les pronoms de sens **positif** peuvent marquer la **quantité** ou l'**identité**. Dans les deux cas, ils expriment différentes nuances.

1. Les pronoms de la quantité

— Quantité faible :
*Les gens n'ont pas réagi. **Peu** ont protesté.* (pr. représentant)
*On sait **peu de chose** sur cette affaire.* (pr. nominal)

— Quantité indéterminée :
*Les passants fuient. **Quelques-uns** sont trempés.* (pr. représentant)
***Certains** pensent que les extra-terrestres existent.* (pr. nominal)

— Quantité abondante :
*Les spectateurs étaient déçus. **Beaucoup** protestaient.* (pr. représentant)
***Beaucoup** voudraient réussir dans la vie.* (pr. nominal)

— Totalité :
*Les enfants sont heureux. **Tous** ont un jouet.* (pr. représentant)
***Tout** a une fin.* (pr. nominal)
*Tous les voyageurs sont là. **Chacun** est prêt.* (pr. représentant)

NOTE : Le pronom **chacun(e)** marque la totalité mais en désignant **un par un** les différents membres d'un ensemble.

2. Les pronoms de l'identité

— Identité non précisée :
*Prête-moi un de tes stylos. **N'importe lequel** conviendra.* (pr. représentant)
***N'importe qui** peut faire ce travail.* (pr. nominal)

— Identité précisée :
*Une hôtesse m'accueillit. **La même** me servit une consommation.*
(pr. représentant)

— Identité différenciée :
*Nous étions divisés. **Les uns** voulaient jouer : **les autres** se baigner.*
(pr. représentant)   (pr. représentant)

4. LE CAS PARTICULIER DU PRONOM « ON »

- « On » est un pronom invariable. Il est toujours sujet :
On a beaucoup dansé. On annonce de la pluie.

REMARQUE 1 : Il ne faut pas confondre **on**, pronom indéfini, et **ont**, forme de la conjugaison du verbe **avoir. Ont** peut se remplacer par **avaient** :
On parle de toi.   Nos amis ont parlé de toi. (= Nos amis avaient parlé...)

REMARQUE 2 : Dans une phrase négative, il ne faut pas oublier le **n'** élidé qui suit parfois le pronom « on » :
*On **n'**a pas de chance.   On **n'**oublie rien.*

- « On » peut désigner une ou des personnes à l'identité imprécise, ou les hommes de façon générale :

On sonne.   On a souvent besoin d'un plus petit que soi.

- « On » peut également avoir un sens précis. Il se substitue alors à « je », « tu », « nous » ou « vous » :
On est au cours de français. (on = nous)
Oh ! Comme on a grandi ! (on = tu ou vous)

Résumé

- Certains pronoms indéfinis sont **variables**, et d'autres **invariables** :
Vous avez <u>tous</u> crié.   Vous avez <u>toutes</u> crié.   <u>Personne</u> ne s'est tu.

- Les pronoms indéfinis marquent généralement la quantité ou l'identité de façon imprécise :
Les gens sont curieux. <u>Plusieurs</u> s'attroupent.   <u>Quelqu'un</u> a téléphoné.

exercices

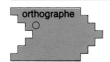

repérage
☆

Dans le texte suivant, relevez les pronoms indéfinis :

L'orage n'avait duré qu'une heure, mais quelle violence ! En fin d'après-midi, les Faure purent monter jusqu'à la route en impasse où ils habitaient. Les voisins avaient eu aussi cette idée : rencontrer les autres pour savoir ce qui s'était passé. [...] Quelques-uns avaient de l'eau dans leur maison, d'autres avaient seulement leur jardin inondé. Certains racontaient avoir vu les couvercles des bouches d'égout danser sur place au plus fort de l'orage. [...] Quand ce serait un peu moins mouillé, il y aurait pour chacun un fameux travail de cantonnier.

Monique Bermond, *Qui es-tu, Judith ?*,
Éd. G.T. Rageot.

EXERCICE 2

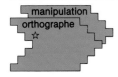

**manipulation
orthographe**
☆

Dans les phrases suivantes, mettez au féminin le pronom indéfini. Modifiez, s'il y a lieu, l'accord d'autres mots dans la phrase.

1. Nul ne semblait content.
2. Aucun ne s'est plaint.
3. Chacun est énervé.
4. Pas un n'est rentré.
5. Tous se sont enfuis.
6. Quelques-uns sont restés.

EXERCICE 3

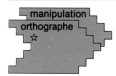

**manipulation
orthographe**
☆

Dans les phrases suivantes, comblez les pointillés par « n'importe lequel », « n'importe laquelle », « n'importe lesquels », « n'importe lesquelles », selon les cas :

1. Emporte un câble. . . . . peut convenir.
2. Emporte une corde. . . . . peut convenir.
3. Achète des espadrilles. . . . . feront l'affaire.
4. Achète des sabots. . . . . feront l'affaire.

EXERCICE 4

orthographe
○

Dans les phrases suivantes, écrivez la terminaison du verbe au présent de l'indicatif :

1. Tout chang . . . . . dans ce monde en mutation.
2. Voici les coureurs. Tous grimac . . . . . sous le soleil.
3. Tout le monde ici désir . . . . . la paix.
4. J'observe les avions. Plusieurs décoll . . . . . rapidement.
5. Regarde les déménageurs. La plupart transpir . . . . . .

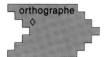

orthographe
◇

Même consigne que pour l'exercice précédent.

1. Les policiers photographient quiconque entr . . . . . en ce lieu.
2. N'importe qui séjourn . . . . . ici à peu de frais.
3. Quelque chose nous intrigu . . . . . .
4. Ces mouettes sont sauvages. Peu se laiss . . . . . approcher.
5. Le vétérinaire examine les bêtes. Bon nombre sembl . . . . . souffrir.
6. L'hôtelier n'apprécie pas ces touristes. Trop se comport . . . . . en conquérants.

repérage
☆

Dans le texte suivant, relevez les pronoms indéfinis.

UN MARCHÉ AU MOYEN ÂGE

L'un vend l'anis, l'autre la paille et les joncs pour faire les lampes, un autre l'échalote d'Etampes. Quand quelqu'un meurt, un sonneur passe dans les rues en criant : « Priez pour le repos de son âme. » Il y a tellement de choses à vendre que je ne peux pas m'empêcher d'acheter. Si j'avais assez d'argent, j'achèterais de tout. Mais j'ai dépensé ce que j'avais et la pauvreté me tourmente. Je n'ai plus rien. J'ai même dû vendre mes habits. [...] Chacun se moque et fait la moue en me voyant.

Guillaume de La Villeneuve,
Fabliaux du Moyen Age,
adaptés par C. Mercadal, Éd. Hachette.

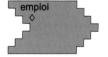

emploi
◇

Complétez les phrases suivantes par un pronom indéfini que vous choisirez dans la liste ci-dessous :
tout - tous - peu - beaucoup - quelque chose - quelqu'un - n'importe quoi.

1. Tu es ambitieux. Tu rêves de devenir . . . . . .
2. Il se passe . . . . . d'insolite chez nos voisins.
3. Yves est discret. On peut . . . . . lui dire.
4. Dans cette affaire, les riverains ont été solidaires. . . . . . ont signé la pétition.
5. Réfléchis avant de parler. Ne dis pas . . . . . .
6. Les joueurs n'étaient guère en forme. . . . . . ont bien joué.
7. Dans l'ensemble, les usagers sont mécontents. . . . . . se plaignaient dans l'autobus.

emploi
☆

Complétez les proverbes ci-dessous par le pronom indéfini qui convient :

1. A l'impossible . . . . . n'est tenu.
2. A cœur vaillant, ... d'impossible.
3. . . . . . est bien qui finit bien.
4. A . . . . . , malheur est bon.
5. . . . . . pour soi, et Dieu pour . . . . .
6. Il ne faut jurer de . . . . . .

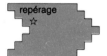

repérage
☆

Recopiez les phrases suivantes en soulignant les pronoms indéfinis, puis classez ces derniers en deux colonnes selon qu'ils sont représentants ou nominaux :

1. Personne n'est allé sur Vénus.
2. Les soldats sont immobiles. Pas un ne bouge.
3. Tous ces pinceaux se valent. Prends n'importe lequel.
4. Vous dites vraiment n'importe quoi.
5. Ce poster me plaît. J'ai le même à la maison.
6. Je cherche quelqu'un qui puisse m'aider.

repérage
◇

Recopiez les phrases suivantes en soulignant le pronom indéfini. Notez (R) s'il est représentant, (N) s'il est nominal.

1. Certains pensent que l'été sera pluvieux.
2. Les enfants se déguisent. Certains sont méconnaissables.
3. Les touristes ont évacué le camping. Nul n'est resté.
4. Nul n'est à l'abri d'une défaillance.
5. Les Ecossais étaient reconnaissables. Chacun portait un kilt.
6. Chacun est censé connaître la loi.

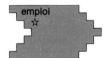

emploi
☆

Complétez les pointillés du texte suivant à l'aide de pronoms indéfinis :

Ce film a suscité des commentaires différents. A la sortie, les spectateurs étaient partagés. . . . . . disaient qu'ils avaient vu un chef-d'œuvre ; . . . . . déclaraient que le film était quelconque. . . . . . n'étaient d'accord que sur un point : la beauté de la musique. « On aurait dit du jazz inventé par Mozart », dit . . . . .

Quant aux acteurs, ils étaient diversement appréciés. En fait, le public manquait de recul pour les juger, car . . . . . étaient inconnus ; deux seulement étaient des comédiens professionnels. . . . . . débutaient.

repérage
☆

Dans les phrases suivantes, soulignez le pronom indéfini et indiquez sa fonction :

1. Je ne vois rien.
2. Tout peut arriver.
3. Tu n'as écrit à personne.
4. Je donne une bonne note à chacun.
5. Le stand sera tenu par quelqu'un.
6. Que l'amour d'autrui t'inspire !

147

EXERCICE 13

Dans le poème suivant, l'auteur imagine les activités matinales d'hommes différents. Soulignez les pronoms indéfinis du texte et essayez d'ajouter une strophe à ce dernier.
(Vous trouverez le texte intégral p. 255).

MATIN

L'un trempe son pain blanc dans du café au lait,
L'autre boit du thé noir et mange des tartines,
Un autre prend un peu de rouge à la cantine.
L'un s'étire et se tait. L'autre chante un couplet.

Guillevic, Éd. Gallimard.

EXERCICE 14

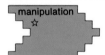

Dans les phrases suivantes, remplacez « on » par l'un de ces pronoms :
vous - nous - tu - ils - quelqu'un - tout le monde.

1. On a sonné.
2. Alors, Luc, on ne dit plus bonjour ?
3. Je travaille avec Chantal. On fait des mathématiques.
4. Plusieurs passants s'attroupaient sur le trottoir. On parlait, on s'exclamait, on faisait de grands gestes.
5. Eh bien, Messieurs, est-on encore superstitieux ?
6. On veut le meilleur pour ses enfants.

EXERCICE 15

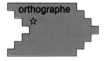

Dans certaines des phrases suivantes, la négation « n' » fait défaut.
Repérez ces phrases et rétablissez la négation :

1. On ira en Suisse cet été.
2. On arrivera pas à l'heure.
3. On a rien à se reprocher.
4. On a gagné la partie.
5. On a pas tort.
6. On entend une détonation.

EXERCICE 16

Dans les phrases suivantes, comblez les pointillés par l'adjectif possessif qui convient et le trait par le pronom réfléchi approprié :

1. Quand on habite longtemps dans une ville, on s'y sent presque chez _____. On y a ..... amis et ..... habitudes.
2. Quand on est malade, on aime bien avoir ses parents auprès de _____.
3. Nous entrons dans l'ère de l'informatique. Bientôt les ordinateurs seront constamment près de nous, dans ..... maisons et ..... écoles.
4. Quand on est égoïste, on ne pense qu'à _____. On ne voit que ..... bien-être et ..... intérêts.

148

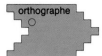

Lisez le texte suivant ; il vous sera ensuite donné en dictée.

Aujourd'hui, la musique est partout. Dans les grands magasins, dans les bus, dans les restaurants, il y a un fond sonore. Les chanteurs modernes ont particulièrement du succès. Mais un écolier peut-il travailler en musique ? Certains le pensent, d'autres ne le croient pas. Tout dépend en fait du moment où l'on travaille. S'il s'agit du soir, après la classe, la musique risque de gêner car l'esprit est fatigué. Peu arrivent à se concentrer dans ces conditions. Le matin, en revanche, quand l'esprit est dispos, la musique n'est pas gênante. Elle peut même stimuler.

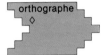

Même consigne que pour l'exercice précédent.

L'office terminé, le roi et la reine, à travers l'épaisse foule des assistants, qui s'écartaient sur leur passage, allèrent s'agenouiller devant le tombeau de saint Martin. [...] L'immense nef, les chapelles rayonnantes, le chœur magnifique et son déambulatoire, étaient combles. On s'écrasait, on s'étouffait, mais on voyait le roi, on invoquait saint Martin, on était content ! Certains avaient dormi dans la basilique, d'autres y étaient arrivés dès l'aube, beaucoup y avaient pris leur premier repas.

Jeanne Bourin, *La chambre des dames*,
Éd. de la Table Ronde.

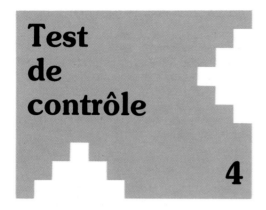

Test de contrôle

4

☆ REPÉRAGE

Exercice 1

Dans le texte suivant, relevez trois pronoms indéfinis et deux pronoms démonstratifs.

LE DÉLUGE

Entre la mer et la terre, il n'y avait plus de différence. Tout n'était plus qu'une plaine liquide, et cette plaine n'avait pas de rives. L'un se réfugie sur une colline ; l'autre, installé dans une barque, se guide à la rame là où il avait labouré naguère. Celui-là navigue au-dessus de son champ de blé ou du toit de sa ferme submergée. Celui-ci prend un poisson au sommet d'un orme.

Ovide, *Les Métamorphoses*,
Livre 1 - Traduction J. Chamouard.
Éditions Garnier-Flammarion.

☆ EMPLOI

Exercice 2

Dans les phrases suivantes, remplacez les pointillés par le pronom indéfini qui convient :

1. Le chasseur est déçu. . . . . . ne bouge à l'horizon. Les champs semblent vides.
2. Les commerçants du quartier sont solidaires. . . . . . n'ouvrira sa boutique ce matin.
3. Les sauveteurs sont intervenus rapidement et se sont partagé les tâches les plus pressantes. . . . . . s'occupaient des blessés tandis que . . . . . balisaient la route pour signaler l'accident.
4. Les élèves sont unanimes ; leurs témoignages sont absolument concordants. . . . . . affirment avoir vu un véhicule orange passer devant le C.E.S.
5. Les organisateurs du cross ont bien fait les choses. Tous les participants seront récompensés. Quel que soit son classement, ... recevra un polo en souvenir.

6. Tu parles sans réfléchir. Tu dis . . . . . .
7. . . . . . est calme dans la rue. La situation est normale.

☆ APPRÉCIATION

Exercice 3

Observez chacune des phrases suivantes, et voyez si la négation n' doit y figurer. Dans l'affirmative, insérez-la ; dans la négative, n'intervenez pas.

1. On entend rien ; l'acoustique est mauvaise.
2. On entend bien ; l'acoustique est bonne.
3. Tout le monde a applaudi.
4. Personne a applaudi.
5. On a aucune nouvelle de Philippe.
6. On a reçu des nouvelles de Philippe.

☆ MANIPULATION

Exercice 4

Répondez affirmativement aux questions ci-dessous en employant un pronom possessif.
Ex. : Ce chien appartient-il à Christian ? → Oui, c'est le sien.

1. Cette veste est-elle à Corinne ?
2. Est-ce le vélo de Jacques qui est contre le mur ?
3. Est-ce notre équipe qu'on appelle sur le terrain ?
4. Est-ce le chat des voisins qui traverse la rue ?
5. Ces gants sont-ils bien à toi ?
6. On a trouvé des maillots dans le vestiaire : ne serait-ce pas ceux de Gilles et de Claude ?

☆ MANIPULATION

Exercice 5

Dans les phrases suivantes, remplacez les groupes nominaux soulignés par le pronom possessif ou le pronom démonstratif qui convient :

1. Ta collection de timbres est belle. Quand tu viendras chez moi, je te montrerai ma collection.
2. Ta moto est rapide, mais je préfère la moto de Delphine.
3. Ton chien est blanc. Le chien de Dominique est roux.
4. Tu as nettoyé tes patins. A présent, tu graisses nos patins.
5. Vous ramassez les gants de François, mais vous oubliez vos gants.
6. Les hortensias de cette région sont moins colorés que les hortensias du pays basque.

Exercice 6

Dans les phrases suivantes, indiquez la nature et la fonction des pronoms soulignés :

1. <u>Chacun</u> fera son devoir.

2. Ces deux posters me plaisent : j'aime <u>celui-ci</u> parce qu'il est coloré, et j'admire <u>celui-là</u> parce qu'il est esthétique.

3. J'ai la tête vide ; je ne pense à <u>rien</u>.

4. Cette jolie table est ton œuvre ; ce guéridon sera <u>la mienne</u>.

5. Je n'ai pas de crayon. Prête-moi <u>le tien</u>.

6. J'enverrai une convocation à <u>tous</u>.

☆ EMPLOI

Exercice 7

Dans chacune des phrases suivantes, remplacez les pointillés par le pronom personnel qui convient :

1. Michel a réuni quelques camarades ; il compte sur . . . . . pour l'aider à rénover le logement de cette personne âgée.

2. Il y a une hôtesse dans le hall. Je vais m'adresser à . . . . . .

3. Appelle Sophie et Nathalie. Nous avons besoin d' . . . . . .

4. N'emporte pas la clef à molettes ; nous . . . . . avons besoin.

5. Marie est malade. Je vais . . . . . écrire.

6. Marie est malade. Je pense à . . . . . .

7. D'ici, le beffroi de notre ville ne . . . . . voit pas.

8. Pour réussir, il faut avoir confiance en . . . . . .

☆ MANIPULATION

Exercice 8

Dans les phrases suivantes, mettez au pluriel les pronoms soulignés :

1. Présentez-<u>le</u>-moi.

2. Donnez-<u>lui</u> de mes nouvelles.

3. Je me confie à <u>elle</u>.

4. Je me confie à <u>lui</u>.

5. Je <u>la lui</u> remettrai.

6. Ne <u>la lui</u> donnez pas.

◇ MANIPULATION

Exercice 9

Mettez les phrases soulignées à l'impératif. Sur ce modèle : Ces planches sont pourries. <u>Tu les jettes.</u> → Jette-les.

1. Cette lettre est pour toi. <u>Tu la prends.</u>

2. Mes amis sont inquiets. <u>Vous les rassurez.</u>

3. Je vais te conduire à l'étang. <u>Tu me suis.</u>

4. Tu es innocent. <u>Tu te défends</u>.

5. La piscine est ouverte. <u>Tu y vas</u>.

6. Ces fruits sont bien mûrs. <u>Tu en manges</u>.

☆ ORTHOGRAPHE

Exercice 10

Dans les phrases suivantes, voyez s'il faut remplacer les pointillés par se pronom personnel, ou ce pronom démonstratif :

1. Vous vous plaignez dès les premiers kilomètres. . . . . . n'est guère encourageant !

2. Jacques est imprudent. Il va . . . . . blesser.

3. De nombreux forains . . . . . sont installés sur la place.

4. Le dentiste me dit : « N'ayez pas peur. . . . . . sera bientôt terminé. » . . . . .

5. J'aime beaucoup mes voisins. . . . . . sont de braves gens.

6. Ce garçon est vaniteux. Il . . . . . surestime.

☆ ORTHOGRAPHE

Exercice 11

Dans les phrases suivantes, remplacez les pointillés par on ou ont, selon les cas :

1. Les pneus de la voiture . . . . . résisté au choc.

2. Enfin, vous voilà ! . . . . . commençait à s'inquiéter.

3. Quand . . . . . a apporté le gâteau, les enfants étaient émerveillés.

4. . . . . . a dit bien des choses sur ce sujet. Tout n'était pas vrai.

5. Des sangliers sont passés ici. Ils . . . . . laissé leurs empreintes dans la neige.

6. Je reconnais les comédiens qui . . . . . donné une représentation hier soir.

☆ EMPLOI

Exercice 12

Dans les phrases suivantes, remplacez les pointillés par le pronom personnel qui convient :

1. Ma mère et . . . . . avons crié.

2. L'entraîneur et . . . . . avez tracé la piste.

3. Vous et . . . . . sommes dans l'erreur.

4. Julie est ravie. Ses sœurs et . . . . . vont faire un stage de voile.

5. Les employés sont déçus. Le maire et . . . . . ne se sont pas compris.

Le tepee

Au centre du tepee, le foyer **est protégé** par des pierres disposées en cercle. Au-dessus, un tripode supporte une marmite ou un pot. Ce récipient contient toujours quelque aliment, le terme d'accueil étant : « As-tu faim ? » (…) Autour du foyer, un chemin circulaire **est tracé.** (…)

L'hiver, le tepee est chaud. Le feu de son foyer ne gêne pas l'habitant, car toute la fumée monte en ligne droite par le trou à fumée. L'été, le bas du tepee **est relevé.** Au moindre courant d'air, une aération **s'établit,** ajoutant au bien-être.

William Camus, *Mes ancêtres les Peaux-Rouges,* Éditions de la Farandole

17 La voix des verbes : voix active - voix passive

1. LA VOIX ACTIVE

• La voix active comprend tous les **temps simples** de la conjugaison d'un verbe :
tu oses - tu oserais - que tu oses - ose - osant, etc.

• La voix active comprend également les **temps composés** de la conjugaison d'un verbe, mais l'auxiliaire varie selon les verbes : les verbes transitifs et la plupart des verbes intransitifs se conjuguent avec **avoir**. Quelques verbes intransitifs se conjuguent avec **être** :
Tu as cassé un bol.   J'ai plié la nappe.   J'ai toussé.
Je suis allé en ville.   Tu es devenu un bon technicien.

RAPPEL 1 - Les verbes **transitifs directs** admettent **un COD** à leur suite. Les verbes **transitifs indirects** admettent un **COI** à leur suite. Les verbes **intransitifs** n'admettent pas de complément d'objet :
Guy félicite son ami.   *Tu parles à Sophie.*   *Je transpire.*
    transitif   transitif   intransitif
    direct   indirect

RAPPEL 2 - Liste des principaux verbes intransitifs conjugués avec « être » :

aller	devenir	mourir	rester
arriver	échoir	naître	venir
décéder	entrer	partir	

ainsi que leurs dérivés : survenir, parvenir, repartir, etc.

• Certains verbes peuvent se conjuguer avec « avoir » ou « être » selon qu'ils sont employés dans une construction transitive ou intransitive :
Je suis sorti.   J'ai sorti la voiture.

• La voix active marque le plus souvent que le sujet fait l'action exprimée par le verbe :
Le chien aboie.   Vous avez grimacé.

• Il arrive cependant que le verbe, ou sa suite, n'exprime pas une action mais un état. Le sujet est alors la personne ou la chose qui se trouve dans cet état :
Tu endures de grandes souffrances.   Ce meuble est branlant.

2. LA VOIX PASSIVE

a. La phrase passive complète

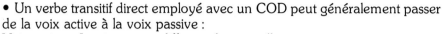

• Un verbe transitif direct employé avec un COD peut généralement passer de la voix active à la voix passive :

Voix active : *Les journaux diffusent la nouvelle.*
sujet   verbe   COD

Voix passive : *La nouvelle est diffusée par les journaux.*
sujet   verbe   compl. d'agent

• Le passage au passif n'est pas possible avec les verbes « avoir », « pouvoir » et « valoir ». Il est peu usité quand le sujet de la phrase active est un pronom personnel, ou quand le sujet et le COD sont introduits par un adjectif possessif :
Je laverai les vitres. → *Les vitres seront lavées par moi.* (peu usité)
Mon père lave sa voiture. → *Sa voiture est lavée par mon père.* (ne se dirait pas)

• A la voix passive, la forme verbale est composée de l'auxiliaire **être** et du **participe passé** du verbe. Le temps de la forme verbale est celui de l'auxiliaire :
*Le coureur **est encouragé** par le public.*
                voix passive
                temps présent

*Le coureur **a été encouragé** par le public.*
                voix passive
                temps passé composé

ATTENTION ! Il ne faut pas confondre le cas particulier d'un verbe intransitif conjugué avec **être** à la voix active, et l'emploi d'un verbe transitif conjugué avec **être** à la voix passive :
Je suis parti six semaines.   *Je suis choqué par ces propos.* (Ces propos me choquent.)
voix active   voix passive

• Dans la phrase passive complète, le complément d'agent est exprimé. Il est introduit par les prépositions **par** et **de** :
*Marc était aveuglé **par** un projecteur.*
*Le joueur était couvert **de** boue.*

b. La phrase passive abrégée

• La phrase passive peut être construite sans complément d'agent. On dit alors qu'elle est **abrégée** :
Les travaux ont été interrompus.

• On peut construire une phrase passive abrégée dans deux cas :
— Le complément d'agent est connu de l'interlocuteur ; il n'est pas utile de l'exprimer :
*La couche de neige était épaisse. **La circulation était ralentie.*** (par la couche de neige)
— Le sujet de la phrase active correspondante est le pronom **on**. Il n'est pas utile de l'exprimer :
Voix active   : *On démolira cet entrepôt.*
Voix passive : *Cet entrepôt sera démoli.*

• En français, on préfère généralement placer un **animé** en tête de phrase, et un **inanimé** en fin de phrase. On a donc tendance à employer le passif quand la phrase active correspondante ne respecte pas cet ordre :

Voix active : *Le soleil gêne le conducteur.*

Voix passive : ***Le conducteur** est gêné par le soleil.*

• De même, on place plus volontiers le **singulier en tête de phrase** et le pluriel à la fin. Il arrive donc qu'on utilise le passif pour respecter cet ordre :

Voix active : *Les journalistes assaillaient le champion.*

Voix passive : ***Le champion** était assailli par les journalistes.*

• De façon générale, le passif **insiste** sur la situation de celui qui subit l'action :

Voix passive : *Le dompteur crie. **Son bras** est lacéré par les griffes du fauve.*
(On insiste sur « le bras ».)

Voix active : *Le dompteur crie. Les griffes du fauve lacèrent son bras.*
(On insiste sur « les griffes ».)

Résumé

• A la voix active, la plupart des verbes se conjuguent avec « avoir ». Certains verbes intransitifs se conjuguent avec « être » :
J'ai souri.   Tu es parti.

• Un verbe transitif direct ayant un COD peut généralement être mis à la voix passive :
Un projectile atteint Philippe.
Philippe est atteint par un projectile.

• La phrase passive peut être complète ou abrégée :
Le passage était obstrué par une avalanche.
L'hôpital sera agrandi.

exercices

EXERCICE 1

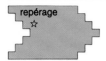

repérage
☆

Dans le texte suivant, relevez à votre choix deux verbes conjugués à la voix active à des temps simples, puis deux verbes conjugués à la voix active à des temps composés :

Le soir tombait. Je sortis de ma retraite et revins à la plage.

Ce que je découvris m'épouvanta. A côté des premières traces que j'avais relevées sur le sable, d'autres, encore fraîches, marquaient le sol. Ainsi, pendant que je dormais, quelqu'un était passé près de mon refuge. M'avait-on vu ?

Henri Bosco, *L'enfant et la rivière*,
Éditions Gallimard.

EXERCICE 2

conjugaison
☆

Conjuguez le verbe « marcher » à la voix active, 1re personne du singulier, en employant les modes et temps suivants : indicatif (présent, futur, imparfait, passé simple, passé composé), conditionnel (présent), subjonctif (présent), impératif (présent), participe (présent).

EXERCICE 3

conjugaison
☆

Même consigne que pour l'exercice précédent, mais avec le verbe « aller ».

EXERCICE 4

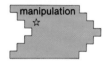

manipulation
☆

Mettez au passé composé les verbes des phrases suivantes :

1. On tourne un film.
2. Nous allons en ville.
3. Yves part rapidement.
4. Il court.
5. Louise reste avec nous.
6. Elle joue avec nous.
7. Sophie rentre.
8. Sophie rentre sa moto.

EXERCICE 5

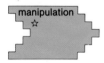

manipulation
☆

Mettez les verbes des phrases suivantes à la voix passive :

1. La décision de l'arbitre avantage ce joueur.
2. La nouvelle bouleversait Frédéric.
3. Cette émission captiva le public.
4. Des panneaux guideront les automobilistes.
5. Des inondations couperaient la route.

EXERCICE 6

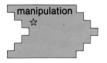

manipulation
☆

Mettez chacune des phrases suivantes à la voix active. Indiquez alors le temps du verbe.

1. Des milliers de personnes sont concernées par cette mesure.
2. En 1984, le Tour de France fut remporté par Laurent Fignon.
3. Les touristes étaient impressionnés par la hauteur de la statue.
4. Le village serait isolé par une avalanche.
5. Un concours sera organisé par la municipalité.
6. Ce restaurant a été dévasté par un incendie.

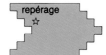

1. Relevez un verbe à la voix passive ; indiquez son temps.
2. Relevez deux verbes à la voix active, l'un de temps simple, l'autre de temps composé.

PARIS AU MOYEN ÂGE

Comme le lui avait recommandé son père, Colin voulait tout voir, mais il y avait tant de choses méritant attention qu'il ne savait où porter ses regards. Les rues étaient encombrées de gens affairés circulant rapidement au milieu des échoppes des marchands. Tout ce monde criait, gesticulait, s'agitait en tous sens. Il semblait que chacun avait quelque chose à vendre ou à acheter.

Jean Lanore, *Colin Bonet,*
Escholier du Moyen Âge, Éditions F. Lanore.

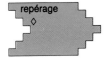

Dans chacune des phrases suivantes, indiquez la voix du verbe :

1. Je suis aidée par des amis.
2. Je suis sortie par cette porte.
3. Tu as blessé Denis.
4. Denis est blessé par ton geste.
5. Tu es resté parmi nous.
6. Tu es couvert de suie.

Dans le texte suivant, relevez trois phrases passives complètes. Soulignez les verbes, indiquez leur temps. Encadrez les compléments d'agent.

LA SOURIS AU BORD DE LA MER

Dès l'après-midi, la Souris avait été attaquée par les oiseaux et les chiens. Elle était couverte de bleus et de blessures. [...] Le soir, elle grimpa lentement une dernière colline et vit la plage se déployer devant elle. Elle vit les vagues rouler sur le sable, l'une après l'autre, et toutes les couleurs du soleil couchant éclabousser le ciel. [...] La Souris s'assit en silence au sommet de la colline. Elle fut submergée par un profond sentiment de paix.

Arnold Lobel, *Fables,* Éditions l'École des Loisirs.

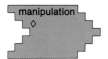

Essayez de mettre les phrases suivantes au passif, et ne retenez que celles où la tournure vous paraîtra acceptable :

1. Mon frère nettoie son vélo.
2. Des parasites couvrent l'arbre.
3. Nous admirons ce dessin.
4. Des grêlons abîmèrent la moisson.
5. As-tu reçu mon colis ?
6. Les souris infestent le grenier.

manipulation
☆

En transformant les phrases ci-dessous, construisez des phrases passives abrégées :

1. On reporte la réunion.
2. On labourait les terres.
3. On organisa un tournoi.

4. On commit des erreurs.
5. On abattra ces arbres.
6. On évitera le pire.

repérage
☆

Dans le texte suivant, relevez une phrase passive complète et deux phrases passives abrégées :

En 1795, l'Allemand Aloys Senefelder invente la lithographie. Le brevet est acheté en France en 1802. Avec l'éveil du romantisme, la lithographie prendra place dans les arts graphiques. Elle sera utilisée par de grands noms : Fantin - Latour, Toulouse - Lautrec, Delacroix. Après la guerre de 1940, cet art tombe dans l'oubli, avec l'apparition de l'offset qui caractérise l'imprimerie moderne. La lithographie est moins enseignée, et les grands noms des Beaux-Arts la délaissent.

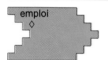

emploi
◇

Voici des phrases passives abrégées. Imaginez leur complément d'agent.

1. Vers 22 heures, les émissions furent interrompues.
2. La circulation est ralentie.
3. L'orateur tenait son public en haleine. Les gens étaient captivés.
4. Vous pouvez emprunter cette passerelle sans danger. Elle est étayée.
5. La comédienne était superbe. Ses yeux étaient mis en valeur.
6. Ce tissu est décoloré.

appréciation
☆

Voyez s'il est préférable de tourner ou non les phrases suivantes au passif. Dans l'affirmative, opérez la transformation ; dans la négative, n'intervenez pas.

1. Le tirage au sort désavantage Rémi.
2. Ton histoire émeut Patrick.
3. Une personne bénévole nettoya la salle.
4. Des nitrates polluent la rivière.
5. Un robot peindra les pièces détachées.
6. Les vagues auraient emporté des centaines de personnes.

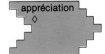

appréciation
◇

1. Recopiez le texte suivant, en soulignant les phrases passives (complètes ou abrégées).
2. Indiquez la raison qui justifie, dans la première phrase, le recours au passif.

Au cours du siècle dernier, quelques villes de Charente ont subi une véritable invasion de termites.

Des rues entières furent attaquées et sournoisement minées par les insectes pullulants et toujours invisibles. Tout La Rochelle fut menacé d'envahissement, et le fléau ne fut arrêté que par le canal de la Verrière. [...] Il fallut étançonner l'Arsenal et la Préfecture. Et l'on eut un jour la surprise de découvrir que toutes les archives étaient réduites en débris spongieux.

M. Maeterlinck, *La vie des termites*,
Éditions Fasquelle.

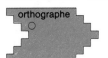

orthographe
○

Lisez le texte suivant ; il vous sera ensuite donné en dictée.

Chaque hiver, des courses de chevaux sont organisées sur la glace du lac de Saint-Moritz. Une large piste est tracée sur la surface immaculée du lac. Elle forme un ovale parfait qu'on appelle « turf blanc ». Glaciers et sapins entourent cet hippodrome que surplombe un ciel bleu. La blancheur de la glace est illuminée par le soleil. C'est un décor de rêve. Les épreuves sont diverses. Il y a d'abord les courses de galopeurs qui donnent lieu à des chevauchées fantastiques. Puis viennent les trotteurs qui tirent des traîneaux. Ceux-ci ont une hauteur suffisante pour protéger le conducteur de la neige. Les courses du lac de Saint-Moritz sont de véritables fêtes du sport.

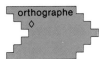

orthographe
◇

Même consigne que pour l'exercice précédent.

UN DÉLUGE
Les blés sont déversés. Sous les yeux du cultivateur éploré, tous les espoirs gisent à terre. Le labeur d'une longue année est anéanti. [...] Entre la mer et la terre, nulle différence n'apparaît plus. Tout n'est plus qu'une plaine liquide. [...] Les dauphins sont les hôtes des forêts, ils se jettent contre les branches. Le loup nage au milieu des brebis. L'onde charrie des lions, charrie des tigres. [...] Sous cet immense débordement, les hauteurs ont disparu. Les êtres vivants sont emportés par l'onde. Ceux que l'onde a épargnés succombent à un long jeûne, faute de nourriture.

Ovide, *les Métamorphoses*, Trad.
J. Chamonard, Éditions Garnier - Flammarion.

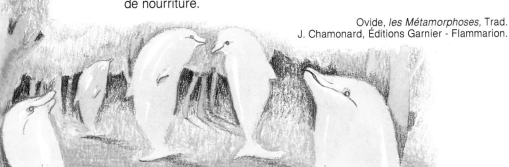

Je ne conçois qu'une manière de voyager plus agréable que d'aller à cheval : c'est d'aller à pied. On part à son moment, on **s'arrête** à sa volonté. On observe tout le pays ; on **se détourne** à droite, à gauche. On examine tout ce qui nous flatte.

Combien de plaisirs différents on rassemble par cette agréable manière de voyager ! Sans compter la santé qui **s'affermit.** (…) Combien le cœur rit quand on approche du gîte ! Combien un repas grossier paraît savoureux ! Avec quel plaisir on **se repose** à table ! Quel bon sommeil on fait dans un mauvais lit !

J.-J. Rousseau, L'Émile, Livre V.

18 La tournure pronominale

1. CONSTRUCTION DE LA TOURNURE PRONOMINALE

• Certains verbes peuvent être utilisés dans une tournure pronominale. Ils sont alors accompagnés d'un pronom personnel réfléchi : « me - te - se - nous - vous ». On dit que le verbe est **pronominal** :
Je me lave.   Tu te sauves.   Vous vous regardez.

• Le pronom réfléchi se place entre le sujet et le verbe, sauf à l'impératif affirmatif : <u>Indicatif</u> : *Je **me** tais.*
  <u>Subjonctif</u> : *Il faut que je **me** lave.*
  <u>Conditionnel</u> : *Il **s'**enfuirait.*
  <u>Impératif affirmatif</u> : *Tais-**toi**.* (pronom accentué)

• Aux temps simples, un verbe pronominal se conjugue de la même façon qu'un verbe à la voix active : *Je me prépare.   Ils se hâtent.*

• Aux temps composés, un verbe pronominal se conjugue **toujours** avec l'auxiliaire **être** : *Je me suis assise.   Vous vous êtes trompés.*

a. Les verbes de sens réfléchi

• Ils indiquent que l'action est faite par le sujet, puis revient sur lui-même. On dit que l'action « **se réfléchit** » sur le sujet :
Tu te coiffes.   Je me prépare une tartine.
(= Tu coiffes toi.)   (= Je prépare une tartine pour moi.)

• Dans cet emploi, le pronom réfléchi est analysable ; il a une fonction dans la phrase : *Je <u>me</u> brosse.   Je <u>me</u> donne du temps pour réfléchir.*
                    COD   COS

b. Les verbes de sens réciproque

• Ils s'emploient essentiellement au pluriel. Ils indiquent que plusieurs sujets exercent les uns sur les autres l'action exprimée par le verbe :
Ils se sont épaulés.

• Le sens réciproque est souvent souligné par le préfixe **entre**, les adverbes **mutuellement**, **réciproquement**, ou les pronoms **l'un/l'autre**, **les uns/les autres** : *Nous nous épaulerons <u>mutuellement</u>.*
Vous vous <u>entr</u>aidez.   Nous nous aiderons <u>les uns les autres</u>.

• Au sens réciproque, le pronom est analysable :

Les joueurs __s'__ encouragent.   *Nous __nous__ écrirons.*
<u>COD</u>   <u>COI</u>

c. Les verbes exclusivement pronominaux

• Ils s'emploient toujours avec un pronom. Celui-ci n'a pas de fonction dans la phrase ; il ne s'analyse donc pas :

Les oiseaux s'enfuient.   *L'enfant se blottit contre moi.*

• Exemples de verbes exclusivement pronominaux :

s'en aller	se blottir	s'envoler	s'évader	se soucier de
s'écrier	s'évanouir	s'enfuir	s'abstenir	se méfier de
s'emparer	se morfondre	se repentir	se souvenir de	s'écrouler

d. Les verbes occasionnellement pronominaux

• Ils s'emploient occasionnellement dans la tournure pronominale. On peut aussi les utiliser à la voix active ou à la voix passive.
<u>Tournure pronominale</u> : *Je __m'attends__ au pire.*
<u>Voix active</u> : *J'__attends__ ma sœur.* <u>Voix passive</u> : *Ce décret __est__ très __attendu__.*

• Le pronom réfléchi des verbes occasionnellement pronominaux n'a pas de fonction dans la phrase ; il ne s'analyse donc pas.

e. Les verbes à valeur passive

• La tournure pronominale peut avoir valeur passive. Elle indique alors que le sujet ne fait pas l'action exprimée par le verbe :

Le mot « carotte » __s'écrit__ avec un « r ».

Phrase active correspondante : *On écrit le mot « carotte » avec un « r ».*

• Dans cette tournure, le pronom ne s'analyse pas. Le sujet est généralement un nom de chose :

Cette tondeuse se manie bien.   *Ce roman se lit facilement.*

RÉCAPITULATIF		
Verbes	**Le pronom s'analyse**	**Le pronom ne s'analyse pas**
de sens réfléchi	*Je __m'__essuie.* (COD) *Elles __se__ font un café.* (COS)	
de sens réciproque	*Nous __nous__ heurtons.* (COD) *Elles __se__ sont parlé.* (COI)	
V. exclusivement pronominaux V. occasionnellement pronominaux V. à valeur passive		*Elle s'évanouit.* *Il se plaint de tout.* *Ce vin se boit frais.*

2. L'ACCORD DU PARTICIPE PASSÉ AVEC LES VERBES PRONOMINAUX

• Le participe passé d'un verbe pronominal ne s'accorde pas de la même façon selon que le pronom s'analyse ou non.

a. Le pronom ne s'analyse pas

• Le verbe s'accorde avec le sujet :
Elles se sont évanouies.   Ils se sont emparés de la ville.

b. Le pronom s'analyse

• Le participe passé fonctionne comme s'il était employé avec **avoir**. Il s'accorde si le COD est placé avant le verbe ; il ne s'accorde pas si le COD est placé après :
*Anne s' est lav**ée**.   Anne s'est lav**é** les cheveux.*
<u>COD</u>   <u>COD</u>
(= Anne a lavé « se », mis pour Anne)   (= Anne a lavé les cheveux de Anne)

*La robe que Jeanne s'est achet**ée** est belle.*
        <u>COD</u>

• Quand le verbe n'a pas de COD, le participe passé ne s'accorde pas :
*Elles se sont parl**é**.*
      COI

• Le participe passé des verbes suivants est toujours invariable dans la tournure pronominale, car ces verbes ne peuvent avoir de COD :
se nuire   se parler   se déplaire   se survivre   s'en vouloir
se sourire   se plaire   se complaire   se suffire   se succéder

Ils se sont nui.   Elles se sont suffi à elles-mêmes.
Les beaux jours se sont succédé pendant deux mois.

Résumé

• Dans la tournure pronominale, le verbe est accompagné d'un pronom réfléchi : *Je **me** présente.   Nous **nous** saluons.*

• Le pronom s'analyse quand les verbes sont de sens réfléchi ou réciproque : *Il se regarde dans la glace.   Elle se parlent.*
        COD   COI

• Le pronom ne s'analyse pas quand les verbes sont exclusivement pronominaux, occasionnellement pronominaux ou à valeur passive :
Les oiseaux s'envolent.   Ils se conforment à la loi.
Le bruit s'entendait à un kilomètre.

• L'accord du participe passé d'un verbe pronominal est déterminé par la fonction du pronom :
Elle s' est lavée.   Elle s' est lavé les cheveux.
      COD   COS

exercices

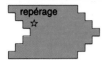

repérage
☆

Recopiez le texte suivant en soulignant les verbes qui sont à la tournure pronominale :

Lancelot part en quête d'aventures. [...] Longtemps, il chevauche sans encombre, escorté de ses écuyers. Tout à coup, le ciel s'obscurcit. Le vent se lève, des tourbillons de poussière aveuglent hommes et chevaux. Des éclairs percent les nuages. Le tonnerre gronde et la pluie se met à tomber violemment. Cette grande tempête dure plusieurs heures. Enfin, elle s'apaise. Lancelot et ses écuyers aperçoivent alors un grand feu qui s'élève vers le ciel.

Lancelot du lac, adapté par F. Johan,
Éd. Casterman, « L'ami de poche ».

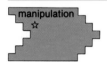

manipulation
☆

Mettez au passé composé les verbes entre crochets dans les phrases suivantes :

1. Luc [cacher] son stylo.
2. Luc [se cacher] dans le grenier.
3. Yves [se laver].
4. Yves [laver] son polo.
5. Les enfants [se battre].
6. Les joueurs [battre] un record.
7. Nos amis [voir] la tour Eiffel.
8. Nos amis [se voir] à Paris.

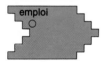

emploi
○

Avec chacun des verbes suivants, faites deux courtes phrases. Dans la première, le verbe sera à la voix active ; dans la seconde, le verbe sera à la tournure pronominale.

présenter - agiter - préparer - adresser.

emploi
◇

Même consigne que pour l'exercice précédent.

disposer - refuser - disputer - douter.

appréciation
☆

Indiquez si les verbes figurant à la tournure pronominale dans les phrases suivantes peuvent s'employer à la voix active. Répondez (O) (oui) dans l'affirmative ; (N) (non) dans la négative.

1. Laurence s'évanouit.
2. Tu te lances dans une grande aventure.
3. Nous nous souvenons de cet incident.
4. Je me rappelle que les chiens ont aboyé.
5. Vous vous querellez continuellement.
6. La rivière se perdait dans les sables.
7. Au coup de fusil, les merles s'enfuirent.
8. Je me suis aperçu de mon erreur.

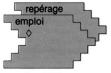

Distinguez parmi les verbes suivants ceux qui peuvent s'employer dans une tournure pronominale. Utilisez-les dans une courte phrase.

occuper - étinceler - engager - espérer - risquer - entourer - gesticuler - parvenir - identifier - tousser.

Dans le texte suivant, relevez les verbes à la tournure pronominale. Indiquez s'ils sont de sens réfléchi ou réciproque.

De virage en virage, la moto tourne, virevolte, et alors que j'ai un moral au beau fixe et que les kilomètres défilent allégrement au compteur . . . vlan ! ma roue arrière dérape dans un virage. Me voici en contact étroit avec le sol . . . Nous nous frottons l'un à l'autre, le temps d'une jolie glissade. Quand je me relève, je fais le bilan de la casse.

J. Gorini, F. Lansel, *La course autour du monde*,
Ed. Nathan.

1. Dans les phrases suivantes, indiquez si le verbe est de sens réfléchi ou de sens réciproque.
2. Indiquez la fonction du pronom.

1. Nathalie se concentre.
2. Les gens se bousculaient.
3. Les joueurs se félicitent.
4. Vous vous communiquez les nouvelles.
5. Nous nous téléphonerons demain.
6. Marc se coupe une tartine.
7. Les adversaires se serrent la main.
8. Dominique se pèse.

Dans le texte suivant, relevez les verbes à la tournure pronominale. Indiquez s'ils sont de sens réfléchi, réciproque, passif, ou s'ils sont exclusivement pronominaux.

Il nous fallait du gui pour décorer la cheminée. Je m'empressai d'aller en chercher en forêt. En affûtant les bords d'une pince, je me fabriquai une sorte de sécateur et je partis. Il faisait sombre. De gros nuages gris se heurtaient dans le ciel tandis qu'une brume blanche arrivait de l'ouest. Je me hissai sur la grosse branche d'un chêne et je coupai du gui. La végétation était givrée et glissait entre mes mains. Habituellement, le gui se cueille plus tôt en saison.

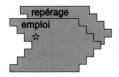

EXERCICE 10

repérage
emploi
☆

Distinguez parmi les verbes suivants ceux qui sont exclusivement pronominaux. Utilisez chacun d'eux dans une phrase :

s'obstiner - se retirer - se méfier - se maîtriser - se réfugier - se calmer - se confier - s'écrier - se couper - se repentir - s'enfuir.

EXERCICE 11

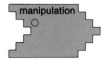

manipulation
○

Mettez les phrases suivantes à la tournure pronominale à valeur passive :

1. On lit la joie dans tes yeux.
2. On trouve ce minerai en Inde.
3. On n'analyse pas ce mot.
4. On achève les travaux.
5. On accumule les détritus.
6. On oublie les mauvais jours.

EXERCICE 12

manipulation
◇

Remplacez les verbes à la voix passive par une construction pronominale à valeur passive. (Respectez le temps de chaque verbe.)

1. Ces galettes sont vendues dans la rue.
2. La montgolfière est gonflée à l'hélium.
3. Ce pays est divisé en quatre provinces.
4. Les travaux furent achevés en décembre.
5. A cette époque, le blé était coupé à la main.
6. Ce problème sera résolu par l'algèbre.

EXERCICE 13

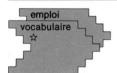

emploi
vocabulaire
☆

Complétez les phrases suivantes par des verbes pronominaux :

1. Les badauds s'at . . . . . autour du camelot.
2. Les guêpes s'ag . . . . . sur le miel.
3. Le sombre donjon se pr . . . . . sur le ciel bleu.
4. Mal soignée, cette plaie va s'in . . . . . .
5. Les électeurs délaisseront les urnes. Ils s'abs . . . . . .
6. Il faut se conf . . . . . au règlement.
7. Un cambrioleur s'in . . . . . dans la maison.
8. Dans le brouillard, les formes s'es . . . . . . On les distingue à peine.

EXERCICE 14

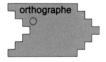

orthographe
○

Dans les phrases suivantes, indiquez la terminaison des participes passés :

1. Les oiseaux se sont envol . . . . .
2. Les biches se sont enfui . . . . .
3. La maison s'est écroul . . . . .
4. Les trains se sont crois . . . . .
5. Lise s'est coup . . . . .
6. Lise s'est coup . . . . . le doigt.

EXERCICE 15

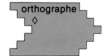

orthographe
◇

Même consigne que pour l'exercice précédent.

1. Annick s'est calm . . . . .
2. Annick s'est essuy . . . . .
3. Les équipes se sont affront . . . . .
4. Ils se sont donn . . . . . un but.
5. Ils se sont parl . . . . .
6. Les visiteurs se sont succéd . . . . .

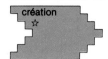

Soulignez les verbes pronominaux inclus dans le poème suivant, puis prolongez le texte de quelques lignes en essayant d'employer à votre tour des verbes pronominaux. (Vous trouverez le texte intégral p. 255.)

LE MOQUEUR MOQUÉ

Un escargot
Se croyant beau, se croyant gros,
Se moquait d'une coccinelle.
Elle était mince, elle était frêle !
Vraiment avait-on jamais vu
Un insecte aussi menu !
Vint à passer une hirondelle
Qui s'esbaudit du limaçon.
— Quel brimborion,
s'écria-t-elle,
C'est le plus maigre du canton !
Vint à passer . . . .

etc.

P. Gamarra,
Le mandarin et la mandarine,
Éd. La Farandole.

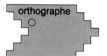

Lisez le texte suivant ; il vous sera ensuite donné en dictée.

Dimanche, Françoise et Chantal sont allées en forêt pour cueillir des jacinthes. Celles-ci se trouvaient surtout dans les sous-bois ; c'est pourquoi les petites filles ont quitté les allées principales et se sont engagées dans les sentiers. Lorsqu'elles ont voulu rentrer, elles ont constaté qu'elles étaient perdues. Elles ne retrouvaient plus le chemin du retour. Sur le coup, Françoise a pleuré ; Chantal s'est maîtrisée mais elle était quand même inquiète. Avec une feuille de papier, elle s'est fabriqué un porte-voix et elle a crié : « Ohé ! Ohé ! » Des promeneurs ont entendu ses appels. Ils ont ramené les deux fillettes dans l'allée centrale.

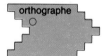

Même consigne que pour l'exercice précédent.

Madame de Fleurville était la mère de deux petites filles, bonnes, aimables, et qui avaient l'une pour l'autre le plus tendre attachement. On voit souvent des frères et sœurs se quereller, se contredire et venir se plaindre à leurs parents après s'être disputés de manière à ce qu'il soit impossible de démêler de quel côté vient le premier tort. Jamais on n'entendait une discussion entre Camille et Madeleine. Tantôt l'une, tantôt l'autre cédait au désir exprimé par sa sœur. La différence de leurs goûts n'empêchait pas leur parfaite union.

Comtesse de Ségur,
Les petites filles modèles.

le verbe tenir

INDICATIF		SUBJONCTIF	

INDICATIF

PRÉSENT
je tiens
tu tiens
il/elle tient
nous tenons
vous tenez
ils/elles tiennent

PASSÉ COMPOSÉ
j'ai tenu
tu as tenu
il/elle a tenu
nous avons tenu
vous avez tenu
ils/elles ont tenu

IMPARFAIT
je tenais
tu tenais
il/elle tenait
nous tenions
vous teniez
ils/elles tenaient

PLUS-QUE-PARFAIT
j'avais tenu
tu avais tenu
il/elle avait tenu
nous avions tenu
vous aviez tenu
ils/elles avaient tenu

PASSÉ-SIMPLE
je tins
tu tins
il/elle tint
nous tînmes
vous tîntes
ils/elles tinrent

PASSÉ ANTÉRIEUR
j'eus tenu
tu eus tenu
il/elle eut tenu
nous eûmes tenu
vous eûtes tenu
ils/elles eurent tenu

FUTUR SIMPLE
je tiendrai
tu tiendras
il/elle tiendra
nous tiendrons
vous tiendrez
ils/elles tiendront

FUTUR ANTÉRIEUR
j'aurai tenu
tu auras tenu
il/elle aura tenu
nous aurons tenu
vous aurez tenu
ils/elles auront tenu

SUBJONCTIF

PRÉSENT
que je tienne
que tu tiennes
qu'il/elle tienne
que nous tenions
que vous teniez
qu'ils/elles tiennent

IMPARFAIT
que je tinsse
que tu tinsses
qu'il/elle tînt
que nous tinssions
que vous tinssiez
qu'ils/elles tinssent

CONDITIONNEL

PRÉSENT
je tiendrais
tu tiendrais
il/elle tiendrait
nous tiendrions
vous tiendriez
ils/elles tiendraient

PASSÉ
j'aurais tenu
tu aurais tenu
il/elle aurait tenu
nous aurions tenu
vous auriez tenu
ils/elles auraient tenu

IMPÉRATIF

PRÉSENT
tiens   tenons   tenez

INFINITIF

PRÉSENT | **PASSÉ**
tenir | avoir tenu

PARTICIPE

PRÉSENT | **PASSÉ**
tenant | tenu(e)   ayant tenu

le verbe venir

INDICATIF

PRÉSENT
je viens
tu viens
il/elle vient
nous venons
vous venez
ils/elles viennent

PASSÉ COMPOSÉ
je suis venu(e)
tu es venu(e)
il/elle est venu(e)
nous sommes venu(e)s
vous êtes venu(e)s
ils/elles sont venu(e)s

IMPARFAIT
je venais
tu venais
il/elle venait
nous venions
vous veniez
ils/elles venaient

PLUS-QUE-PARFAIT
j'étais venu(e)
tu étais venu(e)
il/elle était venu(e)
nous étions venu(e)s
vous étiez venu(e)s
ils/elles étaient venu(e)s

PASSÉ-SIMPLE
je vins
tu vins
il/elle vint
nous vînmes
vous vîntes
ils/elles vinrent

PASSÉ ANTÉRIEUR
je fus venu(e)
tu fus venu(e)
il/elle fut venu(e)
nous fûmes venu(e)s
vous fûtes venu(e)s
ils/elles furent venu(e)s

FUTUR SIMPLE
je viendrai
tu viendras
il/elle viendra
nous viendrons
vous viendrez
ils/elles viendront

FUTUR ANTÉRIEUR
je serai venu(e)
tu seras venu(e)
il/elle sera venu(e)
nous serons venu(e)s
vous serez venu(e)s
ils/elles seront venu(e)s

SUBJONCTIF

PRÉSENT
que je vienne
que tu viennes
qu'il/elle vienne
que nous venions
que vous veniez
qu'ils/elles viennent

IMPARFAIT
que je vinsse
que tu vinsses
qu'il/elle vînt
que nous vinssions
que vous vinssiez
qu'ils/elles vinssent

CONDITIONNEL

PRÉSENT
je viendrais
tu viendrais
il/elle viendrait
nous viendrions
vous viendriez
ils/elles viendraient

PASSÉ
je serais venu(e)
tu serais venu(e)
il/elle serait venu(e)
nous serions venu(e)s
vous seriez venu(e)
ils/elles seraient venu(e)s

IMPÉRATIF

PRÉSENT
viens   venons   venez

INFINITIF

PRÉSENT | **PASSÉ**
venir | être venu(e)

PARTICIPE

PRÉSENT | **PASSÉ**
venant | venu(e)   étant venu(e)

exercices
de conjugaison

Exercice 1

1. Nous (*obtenir*) . . . . . enfin gain de cause.
2. Malgré notre désapprobation, Jean (*maintenir*) . . . . . sa candidature.
3. Quatre gros piliers (*soutenir*) . . . . . la voûte.
4. Seules, deux personnes (*détenir*) . . . . . la combinaison du coffre.
5. Si vous (*maintenir*) . . . . . ce rythme, vous arriverez à l'heure.
6. Si vous me (*dire*) . . . . . d'annuler l'examen, je (*prévenir*) . . . . . aussitôt les candidats.
7. Je (*finir*) . . . . . ce travail et je (*venir*) . . . . . avec toi.
8. Lyse (*entretenir*) . . . . . une correspondance régulière avec son amie suisse.

Exercice 2

Dans les phrases suivantes, mettez au futur de l'indicatif les verbes notés entre parenthèses :

1. Je (*parvenir*) . . . . . à battre mon record.
2. Anne (*s'abstenir*) . . . . . de protester.
3. Nous ne (*nier*) . . . . . pas les avantages du projet, mais nous ne le (*soutenir*) . . . . . pas pour autant.
4. Je me (*souvenir*) . . . . . longtemps de mon entrée en 6e.
5. Quand les hirondelles (*revenir*) . . . . ., le printemps (*être*) . . . . . proche.
6. Il (*convenir*) . . . . . d'avertir la concierge de notre départ.

Exercice 3

Dans les phrases suivantes, mettez au passé simple de l'indicatif les verbes notés entre parenthèses :

1. Surpris par l'obstacle, le cheval (*retenir*) . . . . . son élan, s'arrêta et (*hennir*) . . . . . .
2. Les généraux (*démunir*) . . . . . le flanc gauche de leur armée et (*contenir*) . . . . . les assauts ennemis sur leur droite.
3. Martine (*fournir*) . . . . . un effort remarquable ; ainsi, elle (*parvenir*) . . . . . à obtenir son diplôme.
4. Marc et moi (*intervenir*) . . . . . avec conviction dans le débat.
5. Lorsque je (*définir*) . . . . . les règles du nouveau jeu, j'(*obtenir*) . . . . . le silence général dans la salle.
6. L'été dernier, mes cheveux (*blondir*) . . . . . . Ensuite, ils (*redevenir*) . . . . . châtains.
7. Le comité se (*réunir*) . . . . . rapidement ; le délégué (*intervenir*) . . . . . énergiquement.

Exercice 4

Mettez les phrases suivantes au passé composé :

1. Je viens pour rencontrer Jean-Louis.
2. Cette maison appartient à ma grand-mère.
3. Nous intervenons aussi rapidement que possible.
4. La tapisserie jaunit ; elle devient laide.
5. Nous parvenons à convaincre Sylvie de concourir.
6. Les parents d'élèves tiennent leur réunion trimestrielle.
7. Un événement bizarre survient à l'arrivée du train.
8. Des infirmiers soutiennent le blessé.
9. Vous revenez en France dans de bonnes conditions.
10. Elles s'abstiennent de participer aux épreuves en guise de protestation.

Exercice 5

Dans les phrases suivantes, mettez les verbes notés entre parenthèses aux modes et temps qui conviennent :

1. Il faut que tu (*obtenir*) . . . . . ton brevet de pilote.
2. Que vous (*soutenir*) . . . . . ce projet ne m'étonne pas.
3. Si tu (*maintenir*) . . . . . ta candidature, je voterai pour toi.
4. Si nous (*parvenir*) . . . . . à joindre Sylvie, nous pourrions la convaincre de venir au camp.
5. Appelle Jean et (*prévenir*) . . . . .-le de notre arrivée.
6. Il vaut mieux que vous (*venir*) . . . . . tous ensemble.
7. Je (*venir*) . . . . ., si on me le demande.
8. Je partis par le train et (*revenir*) . . . . . en voiture.
9. En me (*souvenir*) . . . . . du film, j'étais encore toute émue.
10. Le règlement exige que les locataires (*prévenir*) . . . . . de leur départ.

Exercice 6

Dans les phrases suivantes, complétez la terminaison des mots soulignés :

1. Je suis chargé de l'entret . . . . . du matériel.
2. Martine entret . . . . . ses affaires avec soin.
3. Jean a obtenu un entret . . . . . avec un pilote d'Air France.
4. Ce mur sout . . . . . les poutres du plafond.
5. Nous vous assurons de notre sout . . . . . dans cette aventure.
6. Le médecin souhaite le maint . . . . . du malade chez lui.
7. Je maint . . . . . mon désir de parler.

Si vous descendez un jour le cours du Rhin en bateau, les mariniers vous montreront, près de la rive droite, le rocher de la Lorelei au pied duquel bouillonne l'eau du fleuve. Vous regarderez et vous attendrez que le bateau ait gagné un flot moins tumultueux pour demander qui était cette ondine et quelle fut son histoire. On la raconte de mille et une manières, mais tous ceux qui vous parleront de Lorelei s'accorderont à dire qu'elle était d'une incomparable beauté.

B. Clavel, *Légendes des lacs et des rivières*,
Éditions Galaxie.

19 L'indicatif
présent et futur

1. LE PRÉSENT

voix active

1er groupe	2e groupe	3e groupe	
Je lave	Je nourris	Je déçois	Je perds
Tu laves	Tu nourris	Tu déçois	Tu perds
Il lave	Il nourrit	Il déçoit	Il perd
Nous lavons	Nous nourrissons	Nous décevons	Nous perdons
Vous lavez	Vous nourrissez	Vous décevez	Vous perdez
Ils lavent	Ils nourrissent	Ils déçoivent	Ils perdent

voix passive

Je suis lavé(e)	Je suis nourri(e)	Je suis déçu(e)	Je suis perdu(e)

a. Valeur générale

• Le présent exprime généralement une action qui se produit au moment où l'on parle. Parfois cependant, cette action s'étend plus largement dans le temps et déborde le moment où l'on s'exprime :

moment où l'on parle	moment où l'on parle
x	
on sonne	il fait beau

b. Valeurs particulières

• Le présent peut exprimer des actions qui se répètent. On dit alors qu'il a **valeur itérative** (du latin *iterare* : recommencer). Dans cet emploi, le présent exprime souvent des habitudes : *Chaque jour, je sors mon chien.*

• Le présent permet encore d'exprimer des faits dont la valeur est constante. C'est le présent des proverbes et des lois scientifiques. On l'appelle le **présent permanent :**
Bien mal acquis ne profite jamais.   *L'eau gèle à zéro degré.*

• Le présent peut également s'insérer dans un texte au passé. Il actualise alors les actions qu'il présente, ce qui les met en valeur. C'est le **présent de narration** encore appelé **présent historique**.
Nous nous promenions tranquillement. Tout était calme. Soudain, un cheval fou <u>apparaît</u> dans la rue. Il <u>fonce</u> vers nous !

• Le présent peut aussi exprimer une **action passée récente**, ou une **action future imminente**. Dans ces emplois, le verbe est souvent accompagné d'un indicateur de temps :
Sophie sort à l'instant.   J'arrive tout de suite.

• Le présent peut enfin exprimer une action éventuelle dans le cadre d'une hypothèse. On l'emploie alors généralement dans une subordonnée de condition. C'est le **présent à valeur hypothétique :**
Si tu <u>pars</u>, je te <u>suis</u>.   S'il <u>pleut</u>, nous <u>resterons</u> à la maison.
　　présent　　　présent　　　　présent　　　futur

2. LE FUTUR

description

voix active

1er groupe	2e groupe	3e groupe	
J'aiderai	Je punirai	Je prendrai	Je verrai
Nous aiderons	Nous punirons	Nous prendrons	Nous verrons

voix passive

Je serai aidé(e)	Je serai puni(e)	Je serai pris(e)	Je serai vu(e)

ATTENTION !

• Le **e** de la terminaison ne se perçoit pas à l'oral dans la conjugaison des verbes en **ier**, **yer**, **uer**, **ouer** :
*je sci**e**rai - tu pai**e**ras - il remu**e**ra - nous lou**e**rons.*

• Les verbes **voir**, **revoir**/le verbe **courir** et ses composés/le verbe **quérir** et ses composés ont un double **r** au futur :
*je ve**rr**ai - tu cou**rr**as - il parcou**rr**a - nous acqué**rr**ons.*

emploi

a. Valeur générale

• Le futur simple présente généralement une **action à venir** :
Nous passerons nos vacances en Bretagne.

b. Valeurs particulières

• Le futur peut s'employer pour donner un **ordre** :
En sortant du collège, tu achèteras du pain.

• Le futur peut encore exprimer une **action éventuelle** dans le cadre d'une hypothèse. Dans cet emploi, il est généralement associé à une proposition subordonnée de condition dont le verbe est au présent :
S'il neige, le match n'aura pas lieu.

3. LE FUTUR ANTÉRIEUR

voix active

construction transitive	construction intransitive
J'aurai choisi	Je serai parti(e)
Nous aurons choisi	Nous serons parti(e)s

voix passive

J'aurai été choisi(e), etc.

• Le futur antérieur présente généralement une action future qui se produira avant une autre action future :
*J'**aurai terminé** ce travail quand tu rentreras.*

• Le futur antérieur peut également présenter une action à venir qui se produira avant un moment donné du futur. Ce moment est désigné par un indicateur de temps : *J'**aurai résolu** le problème <u>avant midi.</u>*

moment donné
du futur

4. LES FUTURS DU PASSÉ

• Le passé a des futurs qui ont les mêmes formes que celles du conditionnel :

FUTUR SIMPLE DU PASSÉ	FUTUR ANTÉRIEUR DU PASSÉ
voix active	**voix active**
Je choisirais	J'aurais choisi
Nous choisirions	Nous aurions choisi
voix passive	**voix passive**
Je serais choisi(e)	J'aurais été choisi(e), etc.

• On emploie le futur du passé pour présenter une action future par rapport à une action passée :
*Le vétérinaire déclara qu'il **opérerait** mon chien le lendemain.*

Résumé

• La valeur générale du **présent** est d'exprimer des actions contemporaines au moment où l'on parle : *Il pleut. Nous pressons le pas.*

• Le **futur simple** a pour rôle essentiel de présenter des actions à venir : *Je tiendrai un stand à la fête.*

• Le **futur antérieur** est un temps composé. Il présente souvent une action future antérieure à une autre : *Je serai parti quand tu rentreras.*

• Il existe des **futurs du passé**. Leurs formes sont les mêmes que celles du conditionnel : *Ce soir-là, la météo annonça qu'il neigerait.*

exercices

EXERCICE 1

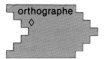

Recopiez les phrases suivantes en mettant au présent les verbes entre crochets :

1. Vous [effacer] le tableau.
2. Nous [effacer] le tableau.
3. Nous [nager] bien.
4. Ils [nager] bien.
5. Tu [semer] du blé.
6. Nous [semer] de l'orge.

EXERCICE 2

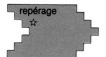

Recopiez les phrases suivantes en écrivant la terminaison des verbes au présent de l'indicatif :

1. Tu fini . . . . . ton travail.
2. Tu reni . . . . . tes engagements.
3. Luc se réfugi . . . . . près de moi.
4. Luc réag . . . . . prudemment.
5. J'envoi . . . . . un colis à Pierre.
6. Je voi . . . . . un arc-en-ciel.
7. Guy débrai . . . . . sèchement.
8. Un âne brai . . . . . dans un pré.

EXERCICE 3

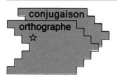

Recopiez le texte suivant en soulignant les verbes au présent. Indiquez la valeur du présent dans ce passage :

Quand fut annoncée l'arrivée du vaisseau d'Athènes, les insurgés de Crète vinrent assister au débarquement des passagers. Spectatrice émue de ce triste défilé, Ariane remarque parmi les jeunes gens l'un d'eux, au port altier et vraiment royal. Elle apprend que Thésée, le propre fils d'Egée, s'est livré volontairement. Elle le connaissait de réputation. Elle connaissait son courage.

E. Genest, *Contes et légendes mythologiques*,
Éd. Nathan.

EXERCICE 4

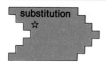

Le texte suivant évoque au passé un incident survenu la nuit à un marin. Cherchez le passage du texte qui mériterait une mise en valeur. Substituez alors aux temps du passé le présent historique dans ce passage.

A la fin de mon quart, je fis une inspection du bateau. Une corde me ceignait la taille comme cela est obligatoire en mer. Elle était reliée au mât central. J'examinai prudemment l'avant du voilier prenant garde à ne pas glisser sur le bois luisant. Soudain, quelqu'un s'empara de la corde et la tira brutalement en arrière. J'évitai la chute de justesse et me retournai, mais il n'y avait personne.

EXERCICE 5

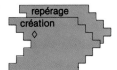

repérage
création
◇

Ménalque est distrait ; c'est pourquoi La Bruyère évoque au présent itératif (présent d'habitude) ses gestes quotidiens...
1. Soulignez les verbes du texte qui sont au présent. 2. Essayez de composer à votre tour le portrait d'un autre personnage comme Le Rêveur, Le Timide, Le Collectionneur, Le Nerveux, etc.

LE DISTRAIT

Ménalque descend son escalier, ouvre sa porte pour sortir ; il la referme. Il s'aperçoit qu'il est en bonnet de nuit, et venant à mieux s'examiner, il se trouve rasé à moitié. Il voit que son épée est mise du côté droit[1] (...) et que sa chemise est par-dessus ses chausses[2]. S'il marche sur une place, il se sent tout d'un coup rudement frapper à l'estomac ou au visage. Il ne soupçonne point ce que ce peut être, jusqu'à ce qu'ouvrant les yeux et se réveillant, il se trouve devant un timon de charrette (...).

La Bruyère,
Les caractères, « De l'homme ».

1. L'épée devrait être mise à gauche.
2. Sa culotte.

EXERCICE 6

conjugaison
☆

Dans les phrases suivantes, mettez le verbe au futur simple et soulignez, dans la terminaison, la voyelle qui ne se prononce pas :

1. Je [remercier] tes parents.
2. Yves se [marier] l'an prochain.
3. Nous [balayer] la cuisine.
4. Vous vous [appuyer] sur moi.
5. Les chiens [aboyer] sûrement.
6. On [remuer] de la poussière.
7. Je [continuer] de t'écrire.
8. Vous [louer] une bicyclette.

EXERCICE 7

conjugaison
◇

Dans les phrases suivantes, mettez le verbe au temps de l'indicatif noté entre parenthèses :

1. Un athlète [courir]. (*imparfait*).
2. Un athlète [courir]. (*futur*).
3. Ils [recourir] à la force. (*présent*).
4. Ils [recourir] à la force. (*futur*).
5. Tu [parcourir] le pays. (*futur*).
6. Tu [parcourir] le pays. (*passé simple*).
7. Nous [acquérir] ce terrain. (*présent*).
8. Nous [acquérir] ce terrain. (*futur*).

175

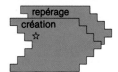

1. *Recopiez le texte suivant et soulignez les verbes qui sont au futur. Indiquez la valeur du futur.*
2. *Imaginez que Dieu ordonne à Noé de construire une fusée spatiale... Composez un paragraphe sur le modèle du texte.*

LE DÉLUGE

Dieu dit à Noé : « La fin de toute chair est arrivée, je l'ai décidé, car la terre est pleine de violence à cause des hommes. Fais-toi une arche en bois résistante. Tu la construiras en roseaux et tu l'enduiras de bitume en dedans et en dehors. Voici comment tu la feras : trois cents coudées pour la longueur de l'arche, cinquante coudées pour la largeur, trente coudées pour sa hauteur. Tu feras à l'arche un toit... Par-dessus, tu placeras l'entrée de l'arche.

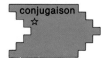

Mettez au futur antérieur les verbes notés entre crochets :

1. Jean [arriver] à destination pour midi.
2. Les alpinistes [rentrer] avant le crépuscule.
3. Quand Géraldine [revenir] d'Espagne, nous la rencontrerons.
4. Nous [escalader] ce rocher rapidement.
5. Quand vous [lire] cette lettre, vous réagirez.
6. Tu [terminer] ces travaux avant ce soir.

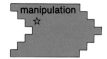

Dans les phrases suivantes, remplacez la proposition en italique par une proposition au futur antérieur :
Exemple : Tu rangeras tes affaires ; tu iras jouer.
Quand tu auras rangé tes affaires, tu iras jouer.

1. *La chaleur tombera* ; nous sortirons.
2. *Les hirondelles partiront* ; l'automne ne tardera pas.
3. *Nous rentrerons de vacances* ; nous nettoierons le jardin.
4. *Le vent faiblira* ; les voiliers sortiront du port.
5. *Le coq chantera* ; le jour se lèvera.
6. *Nous terminerons le repas* ; nous ferons une partie de Monopoly.

Dans le texte suivant, relevez un futur simple du passé et un futur antérieur du passé :

Jeanne aperçut la cheminée de sa maison qui fumait entre les arbres de l'enclos, un peu à l'écart du village. La fumée était bleue. Cela signifiait qu'un feu de bûches flambait dans l'âtre. A cette image, le cœur de Jeanne bondit de joie. Il ferait bon tendre ses mains vers les flammes lorsque le soir serait tombé.

M.-A. Baudouy, *Jeanne aux chevaux,*
Éd. G.T. Rageot.

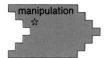

Récrivez les phrases suivantes en mettant à l'imparfait le verbe de la principale. Modifiez en conséquence le verbe de la subordonnée ; indiquez son temps.
Exemple : Le savant déclare qu'on ira bientôt sur Mars.
Le savant déclarait qu'on irait bientôt sur Mars. (futur simple du passé).

1. Le libraire assure que nos livres arriveront en temps voulu.
2. Le médecin affirme que je guérirai rapidement.
3. Ma grand-mère sait que nous lui téléphonerons chaque jour.
4. Christophe jure qu'il aura escaladé le col en deux heures.
5. L'artisan pense qu'il aura terminé son travail dans la semaine.
6. Denis soutient qu'il sera arrivé à Dijon avant moi.

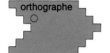

Lisez le texte suivant ; il vous sera ensuite donné en dictée.

Si tu tentes d'attraper une hirondelle par la queue, elle s'échappera et se réfugiera dans son nid. Si tu tentes de capter une hirondelle dans un filet, elle l'évitera et continuera de voler. C'est vainement que tu courras en tous sens. Quant à poser du sel sur la queue de l'hirondelle !... tu essaieras et tu nous diras les résultats. Mais si tu veux admirer une hirondelle, tu te placeras non loin de son nid. Tu la verras arriver à tire-d'aile pour nourrir ses petits.

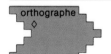

Même consigne que pour l'exercice précédent.

PERDUS DANS LE DÉSERT DE LIBYE

On ne nous cherche toujours pas, ou plus exactement, on nous cherche sans doute ailleurs. Probablement en Arabie. Nous n'entendrons d'ailleurs aucun avion avant demain, quand nous aurons déjà abandonné le nôtre. [...] Je décide de m'en aller seul en exploration. Prévot préparera un feu et l'allumera en cas de visite ; mais nous ne serons pas visités. Je m'en vais donc, et je ne sais même pas si j'aurai la force de revenir. [...] Les Bédouins, les voyageurs, les officiers coloniaux, enseignent que l'on tient dix-neuf heures sans boire.

A. de Saint-Exupéry, *Terre des Hommes*,
Éd. Gallimard.

Second voyage de Sindbad le marin

Nous nous embarquâmes sur un bon navire ; et après nous être recommandés à Dieu, nous commençâmes notre navigation.

Nous allions d'îles en îles, et nous y faisions des trocs fort avantageux. Un jour, nous descendîmes en une, qui était couverte de plusieurs sortes d'arbres fruitiers, mais si déserte, que nous n'y découvrîmes aucune habitation, ni même une âme. Nous allâmes prendre l'air dans les prairies et le long des ruisseaux qui les arrosaient.

Pendant que les uns se divertissaient à cueillir des fleurs, et les autres des fruits, je pris mes provisions et du vin que j'avais porté, et m'assis près d'une eau coulante.

Contes arabes - Traduction Antoine Galland, Éd. Gallimard.

20

L'indicatif :

Les temps du passé

1. LES TEMPS SIMPLES

a. L'imparfait

voix active

1er groupe	2e groupe	3e groupe
Je gênais	Je choisissais	Je servais
Tu gênais	Tu choisissais	Tu servais
Il gênait	Il choisissait	Il servait
Nous gênions	Nous choisissions	Nous servions
Vous gêniez	Vous choisissiez	Vous serviez
Ils gênaient	Ils choisissaient	Ils servaient

voix passive

J'étais gêné(e)	J'étais choisi(e)	J'étais servi(e)

ATTENTION !
- Les verbes en **cer** prennent une cédille devant les terminaisons « ais », « ait », « aient » :
Je lan**ç**ais, ils pla**ç**aient.
- Les verbes en **ger** prennent un **e** devant les terminaisons « ais », « ait », « aient » :
Je nag**e**ais, ils plong**e**aient.
- Dans la conjugaison des verbes en **ier**, **yer**, **gner**, **iller**, le « yod » [j] des terminaisons **ions**, **iez** ne se perçoit pas à l'oral. Il faut donc bien distinguer le **présent** : *nous payons*
et l'**imparfait** : *nous payions*.

- L'imparfait présente le plus souvent une action passée **en cours de déroulement**, mais sans en montrer le début ni la fin. Il marque la durée. On dit qu'il a valeur **durative**. Cette propriété fait que l'imparfait convient particulièrement aux **descriptions**. Il dresse souvent le décor sur lequel viennent s'inscrire les actions présentées au passé simple :
Le soleil se couchait. La mer était calme. Le ciel bleu n'avait pas un nuage. Soudain, une colonne de fumée s'éleva à l'horizon.

- On emploie encore l'imparfait à valeur durative pour **commenter** une action narrée au passé simple :
Nous nous embarquâmes sur un bon navire ; et après nous être recommandés à Dieu, nous commençâmes notre navigation. Nous allions d'îles en îles, et nous y faisions des trocs fort avantageux…

- L'imparfait peut enfin exprimer un **fait hypothétique**. Il est alors généralement employé dans une subordonnée de condition introduite par « si ». La principale est au conditionnel présent :
*Si l'on m'**offrait** ce poste, je le prendrais.*

b. Le passé simple

voix active

1re groupe	2e groupe	3e groupe		
Je levai	J'unis	Je pris	Je crus	Je retins
Tu levas	Tu unis	Tu pris	Tu crus	Tu retins
Il leva	Il unit	Il prit	Il crut	Il retint
Nous levâmes	Nous unîmes	Nous prîmes	Nous crûmes	Nous retînmes
Vous levâtes	Vous unîtes	Vous prîtes	Vous crûtes	Vous retîntes
Ils levèrent	Ils unirent	Ils prirent	Ils crurent	Ils retinrent

voix passive

Je fus levé(e)	Je fus uni(e)	Je fus pris(e)	Je fus cru(e)	Je fus retenu(e)

ATTENTION !

Il ne faut pas confondre : *je parlai* [e] (passé simple) et *je parlais* [ɛ] (imparfait).

• Le passé simple présente des actions passées totalement achevées à un moment donné du passé. Il est sans lien avec le présent :
Le Général de Gaulle mourut en novembre 1970.

• Le passé simple s'emploie surtout à la 3e personne du singulier. Il est le temps du récit et du reportage :
Le chasseur épaula et tira. L'oiseau tournoya un instant, puis s'abattit.

• Les autres formes du passé simple s'emploient principalement dans la langue littéraire. Dans la langue courante, le passé simple est souvent remplacé par le passé composé :
Cet été-là, nous avons fait le tour du mont Blanc à pied.
(= nous fîmes)

2. LES TEMPS COMPOSÉS

CONSTRUCTION TRANSITIVE :		
voix active		
Passé composé	Plus-que-parfait	Passé antérieur
J'ai apprécié	J'avais apprécié	J'eus apprécié
voix passive		
J'ai été apprécié(e)	J'avais été apprécié(e)	J'eus été apprécié(e)

CONSTRUCTION INTRANSITIVE **(voix active)** ET PRONOMINALE		
Passé composé	Plus-que-parfait	Passé antérieur
Je suis venu(e) Je me suis lavé(e)	J'étais venu(e) Je m'étais lavé(e)	Je fus venu(e) Je me fus lavé(e)

a. Le passé composé

• Le passé composé présente généralement une action passée qui garde un lien avec le présent, soit parce qu'elle en est proche, soit parce que ses effets durent encore dans le présent :
La télévision a diffusé cette émission avant-hier.
Cette personne a beaucoup vieilli.

b. Le plus-que-parfait

• Le plus-que-parfait présente généralement une action passée qui s'est produite avant une autre action, exprimée fréquemment à l'imparfait :
Pierre avait terminé son travail. Il se reposait.

c. Le passé antérieur

• Le plus souvent, le passé antérieur présente une action passée qui s'est produite avant une autre action, exprimée fréquemment au passé simple :
Lorsqu'elle eut lavé la voiture, il plut.

• Le passé antérieur peut encore présenter une action passée qui s'est réalisée rapidement. Il est alors accompagné d'un adverbe ou d'un complément circonstanciel de temps :
J'eus terminé en dix minutes.

Résumé

• L'**imparfait** présente les actions qui durent, les états qui se prolongent. Il est surtout le temps de la description :
Cet homme était petit. Il avait les yeux bleus.

• Le **passé simple** présente des actions passées achevées, sans lien avec le présent. Il convient au récit :
L'automobiliste freina et dérapa.

• Le **passé composé** présente souvent des actions qui gardent un lien avec le présent :
Le carrelage de notre cuisine a jauni.

• Le **plus-que-parfait** et le passé antérieur présentent le plus souvent des actions passées qui se sont produites avant d'autres. Le plus-que-parfait s'emploie avec l'imparfait, le passé antérieur avec le passé simple :
Il avait fini son travail. Il se reposait.
Lorsqu'il eut terminé, il se reposa.

exercices

Dans les phrases suivantes, mettez les verbes entre crochets à l'imparfait de l'indicatif :

1. Je [marcher] d'un bon pas.
2. Tu [encourager] tes amis.
3. Guy [effacer] le tableau.
4. Nos voisins [déménager].
5. Je [voir] la fusée.
6. Tu [reprendre] courage.
7. Nous [faire] de notre mieux.
8. Vous [dire] la vérité.

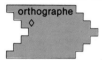

Dans les phrases suivantes, écrivez les terminaisons des verbes :

1. Il est tard et vous travaill . . . . . encore.
2. La nuit tombait, et vous travaill . . . . . encore.
3. Nous voy . . . . . bien que vous étiez épuisés.
4. Nous voy . . . . . bien que vous êtes épuisés.
5. Quand il pleut, nous nous réfugi . . . . . dans la cabane.
6. Quand il pleuvait, nous nous réfugi . . . . . dans la cabane.

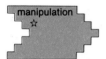

Recopiez le texte suivant en remplaçant le présent par l'imparfait de l'indicatif :

LE VOYAGE DE MANELLE

Lorsque le bassin est à moitié rempli, elle pose en travers la planche à laver, puis s'assied, les jambes allongées sur cette étroite passerelle qui figure un radeau. Deux morceaux de bois lui servent de rames. Au milieu des vagues et des remous, elle vogue ; elle quitte la cour, l'école, le village. Elle laisse derrière elle les rivages de France et s'en va toujours plus loin, vers les contrées tropicales où les singes se balancent aux arbres.

Claire Sainte-Soline,
Et l'enfant que je fus, P.U.F.

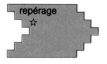

Indiquez la valeur de l'imparfait dans chacune de ces phrases : imparfait itératif, imparfait duratif, ou imparfait hypothétique.

1. Mon chien se faisait vieux.
2. Tous les jeudis, nous allions au marché.
3. Si je gagnais au loto, j'achèterais un kart.
4. A chaque coup de sonnette, je tressaillais.
5. Confortablement installée dans un fauteuil, ma mère lisait.
6. S'il pleuvait, la végétation repousserait.

EXERCICE 5

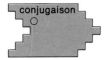

conjugaison
○

Dans les phrases suivantes, mettez le verbe entre crochets au passé simple :

1. Je [sursauter].
2. Je [déplacer] un meuble.
3. Tu [doubler] un cycliste.
4. On [décider] de rentrer.
5. Les touristes [arriver].

6. Nous [protester].
7. On [tenir] conseil.
8. Mes amis [venir] me voir.
9. Vous [rougir].
10. Il [parcourir] la région.

EXERCICE 6

repérage
☆

Dans les phrases suivantes, dites si le verbe est au passé simple ou à l'imparfait :

1. Je terminai mon travail.
2. J'achevais un travail.
3. Je somnolais sur le sable.

4. Je décidai de partir.
5. Je téléphonai à Denis.
6. Je préparais la pâte à crêpes.

EXERCICE 7

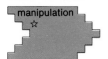

manipulation
☆

Mettez les verbes entre crochets à l'imparfait ou au passé simple, selon le sens :

1. Il [pleuvoir] désespérément depuis des jours. Le sol [être] boueux.
2. Jules César [mourir] en l'an 44 avant Jésus-Christ.
3. Cette année-là, je [faire] un grand voyage.
4. La route [être] dangereuse. A chaque virage, je [ralentir].
5. Vers minuit, le téléphone [sonner]. Je [décrocher] rapidement.
6. Les enfants [déjeuner] lorsque tu [arriver].

EXERCICE 8

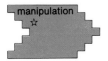

manipulation
☆

Transposez le texte suivant au passé en mettant les verbes à l'imparfait ou au passé simple, selon les cas :

... Rien ne bouge dans le sous-bois. Les gouttes de rosée scintillent au clair de lune. Une légère brise nocturne caresse les brins d'herbe et le feuillage. Au milieu de la clairière, un très vieux chêne, frappé par la foudre, dresse ses bras noueux. [...] Soudain, un frémissement agite l'air, une forme sombre passe en flèche au-dessus de la clairière et, hors d'haleine, Jacobus Ventrecreux s'abat sur le chêne.

Boy Lorsen, *Jacobus Ventrecreux s'en va-t'en guerre,*
Éd. G.T. Rageot.

EXERCICE 9

conjugaison
☆

1. Mettez les verbes entre crochets au passé composé.
2. Récrivez ensuite les phrases en mettant les verbes au plus-que-parfait.

1. Tu [transpirer].
2. Je [jouer] du piano.
3. L'agent de police [siffler].

4. Laurent [revenir].
5. Ma mère [aller] en ville.
6. Le soleil [se coucher].

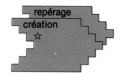

1. Dans le poème suivant, précisez la valeur de l'imparfait par rapport au passé simple.
2. En utilisant ces deux temps, essayez d'écrire un poème du même genre :
« Une lampe naquit sous la mer
Un oiseau chanta
Alors . . . . »

CHERCHE TA VIE...

Une lampe naquit sous la mer
Un oiseau chanta,
Alors dans un village reculé
Une petite fille se mit à écrire
Pour elle seule
Le plus beau poème.
Elle n'avait pas appris l'orthographe
Elle dessinait dans le sable
Des locomotives
Et des wagons pleins de soleil.
Elle affrontait les arbres gauchement
Avec des majuscules enlacées et des cœurs.
Elle ne disait rien de l'amour
Pour ne pas mentir
Et quand le soir descendait en elle
Par ses joues
Elle appelait son chien doucement
Et disait :
« Et maintenant cherche ta vie. »

René-Guy Cadou,
Bruits du cœur, Les Amis de Rochefort.

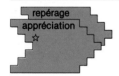

1. Recopiez le texte suivant en soulignant les verbes au passé composé.
2. Indiquez le temps du verbe « emmener ».
3. Indiquez la raison pour laquelle le texte est essentiellement écrit au passé composé.

Cela s'est passé récemment. A Rabat, au centre de la ville, Place Piétri, face au marché aux fleurs, face à l'église. Un arbre a saigné et, paraît-il, a parlé. [...] Au premier coup de hache, le sang a giclé et les voix, du fond de la terre, se sont élevées. L'homme chargé de la besogne s'est trouvé mal. Blessé, il fut emmené à l'hôpital.

Tahar Ben Jelloun, *Le rire de l'arbre*,
Le Monde, 1er et 2 juillet 1979.

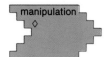

Recopiez le texte suivant en substituant le passé composé au passé simple :

La grosse cloche se mit à sonner. C'était Lyon. Confusément, dans le brouillard, je vis des lumières briller sur l'une et l'autre rive. Nous passâmes sous un pont, puis sous un autre. [...] Je me hâtai de rejoindre ma mère, Jacques et la vieille Annou.

A. Daudet, *Le petit Chose,*
Éd. Fasquelle.

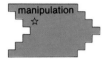

Dans les phrases suivantes, mettez les verbes entre crochets au plus-que-parfait ou au passé antérieur, selon les cas :

1. Quand il [charger] son fusil, il tira.
2. Quand il [nettoyer] son fusil, il le rangeait dans une housse.
3. Patrick [grandir] ; ses vêtements étaient trop courts.
4. Lorsqu'il [manger], il se reposa.
5. Dès qu'elle [revenir], elle nous rendit visite.
6. Dès que je [planter] un rosier, je l'arrosais.

1. Récrivez le texte suivant en mettant chaque verbe au passé simple.
2. Précisez la différence de sens entre les deux textes :

Je me levais en grelottant, et je descendais allumer du bois ; puis je préparais le café (...). Pendant ce temps, mon père se rasait. Nous déjeunions devant le feu à voix basse.

Marcel Pagnol, *Le château de ma mère,* Éd. Pastorelly.

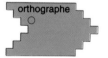

Lisez le texte suivant ; il vous sera ensuite donné en dictée.

Le jour de mes cinq ans, on me donna un tableau. Il était vert, il avait la forme d'une pomme, je pouvais écrire dessus avec des craies de toutes les couleurs. Immédiatement, je le fixai au mur, près de mon lit. Puis, chaque jour, j'y inscrivais des lettres et des signes ; j'y faisais des dessins. Le tableau était mon confident, mon aide-mémoire, mon auxiliaire. Parfois, mon frère venait partager mes jeux. Nous faisions le plan du château fort que nous bâtirions le lendemain. Nous confiions au tableau notre projet. Il était vraiment notre partenaire.

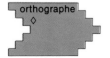

Même consigne que pour l'exercice précédent.

Vers Pontorson, les haies disparurent et l'horizon s'élargit. La mer était toujours invisible... Quand on eut traversé Dol, quelqu'un cria qu'il l'avait vue. On discuta si c'était elle. Je ne la voyais pas. Mais le ciel était tout changé ! Plus vaste, plus mobile... On arriva enfin, et dès la cour poussiéreuse de la gare, j'aperçus la forêt des vergues, les mâtures des navires qui remplissaient les bassins du port. Elle était là !

J. Guéhenno, *Changer la vie,* Éd. Grasset.

Au conditionnel

Si je savais écrire je saurais dessiner
Si j'avais un verre d'eau je le ferais geler et
           je le conserverais sous verre
Si on me donnait une motte de beurre je
           la ferais couler en bronze
Si j'avais trois mains je ne saurais où
           donner de la tête
Si les plumes s'envolaient si la neige fondait
           si les regards se perdaient, je
           leur mettrais du plomb dans l'aile
Si je marchais toujours tout droit devant
           moi, au lieu de faire le tour du
           globe j'irais jusqu'à Sirius et
           au-delà
               (...)

Jean Tardieu, *Comme ceci, comme cela*, Éd. Gallimard.

1. LE CONDITIONNEL PRÉSENT

a. Conjugaison

voix active

1er groupe	2e groupe	3e groupe
J'écouterais	Je choisirais	Je suivrais
Tu écouterais	Tu choisirais	Tu suivrais
Il écouterait	Il choisirait	Il suivrait
Nous écouterions	Nous choisirions	Nous suivrions
Vous écouteriez	Vous choisiriez	Vous suivriez
Ils écouteraient	Ils choisiraient	Ils suivraient

voix passive

Je serais écouté(e)	Je serais choisi(e)	Je serais suivi(e)

b. Particularités de la conjugaison

• Les verbes « voir » et « revoir », le verbe « courir » et ses composés (accourir, parcourir, etc.), le verbe « quérir » et ses composés (acquérir, conquérir, etc.), ont un **double « r »** au conditionnel présent :
*Je ve**rr**ais.   Tu parcou**rr**ais.   Il acque**rr**ait.*

• Les verbes en « ier », « yer », « uer », « ouer », ont dans leur terminaison un **e** qui ne se perçoit pas à l'oral. Il faut donc prendre garde de ne pas l'omettre à l'écrit :
*Je ni**e**rais.   Tu pai**e**rais.   Vous remu**e**riez.   Nous lou**e**rions.*

• A la 1re personne du singulier, il ne faut pas confondre la terminaison du conditionnel : « **rais** » [rɛ] et celle du futur simple : « **rai** » [re]. Pour éviter la confusion, on peut remplacer « je » par « nous ».

Futur simple	Conditionnel
Je marche**rai**	Je marche**rais**
Nous marche**rons**	Nous marche**rions**

c. Valeur générale

• Le conditionnel présent exprime généralement une action possible mais non certaine. L'accomplissement de cette action est lié à la réalisation d'une condition :

*S'il faisait beau dimanche, je **ferais** du vélo.*

• Dans cette construction, le conditionnel est le mode de la **proposition principale**. La subordonnée de condition est à l'imparfait de l'indicatif :

Subordonnée de condition	Principale
Si la mer se calmait,	*Yann sortirait son bateau.*
indicatif imparfait	conditionnel présent

d. Valeurs particulières

• Lorsqu'il n'est pas associé à une subordonnée de condition, le présent du conditionnel peut avoir plusieurs valeurs. Il peut exprimer :

une **supposition**	→ *Un chat pourrait bien avoir volé le rôti.*
une **action imaginaire**	→ *Nous achèterions un tandem et nous ferions le tour de France. Chaque soir, à l'étape, nous camperions.*
une **information non confirmée**	→ *Les prochains Jeux olympiques auraient lieu en Grèce.*
une **demande** ⎫ formulés avec un **conseil** ⎬ politesse un **reproche** ⎭	→ *Voudriez-vous fermer la fenêtre ?* → *Tu devrais écrire plus lisiblement.* → *Vous pourriez faire un effort.*

2. LE CONDITIONNEL PASSÉ

CONJUGAISON

voix active

J'aurais écouté	Je serais venu
Tu aurais écouté	Tu serais venu
Il aurait écouté	Il serait venu
Nous aurions écouté	Nous serions venus
Vous auriez écouté	Vous seriez venus
Ils auraient écouté	Ils seraient venus

voix passive
J'aurais été écouté(e)

• Le conditionnel passé présente généralement une action passée qui n'a pu s'accomplir, parce que la condition dont elle dépendait ne s'est pas réalisée :
*Si la brume s'était dissipée, le match **aurait pu** avoir lieu.*

- Dans cette construction, la proposition principale est au conditionnel passé ; la subordonnée de condition est au plus-que-parfait de l'indicatif :

Subordonnée de condition	Principale
Si j'étais allée à la patinoire, <small>indicatif plus-que-parfait</small>	*j'aurais rencontré Sylvie.* <small>conditionnel passé</small>

- Dans la langue littéraire, le conditionnel passé est parfois remplacé par le plus-que-parfait du subjonctif, notamment à la 3e personne du singulier :
*Si vous étiez intervenus, l'incident **eût été évité**. (= aurait été évité)*

3. LES FUTURS DU PASSÉ (rappel)

- Le passé a un futur simple et un futur antérieur qui ont les mêmes formes que celles du conditionnel :

FUTUR SIMPLE DU PASSÉ	FUTUR ANTÉRIEUR DU PASSÉ
voix active	**voix active**
J'appellerais | Je partirais Nous appellerions | Nous partirions	J'aurais appelé | Je serais parti(e) Nous aurions appelé | Nous serions parti(e)s
voix passive	**voix passive**
Je serais appelé(e) | etc.	J'aurais été appelé(e) | etc.

- Le futur simple du passé présente une action future par rapport à une action passée :
*La veille de mon opération, Laurence vint me voir. Elle promit qu'elle **reviendrait** les jours suivants.*

- Le futur antérieur du passé présente une action future par rapport au passé ; cette action se situe généralement avant une autre :
*Brigitte déclara qu'elle **aurait fini** son travail lorsque je **rentrerais**.*

	PASSÉ		PRÉSENT	FUTUR
Elle déclara	qu'elle aurait fini	lorsque je rentrerais		

Résumé

- Le mode conditionnel comporte un temps simple, le présent ; et un temps composé, le passé :
Je t'inviterais.   Je t'aurais invité.

- Le conditionnel présente généralement des actions dont la réalisation est soumise à une condition :
Si j'avais plus de temps, je ferais du hockey.

- Les futurs du passé ont les mêmes formes que celles du conditionnel :
J'affirmai que je serais parti quand Laurent arriverait.

exercices

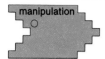

Mettez les verbes entre crochets au présent du conditionnel :

1. Tu [préparer] le repas.
2. Tu [placer] les invités:
3. Ils [voir] un spécialiste.
4. Elles [courir] très vite.
5. Tu [recopier] ce texte.
6. On [remédier] à cette difficulté.
7. On [pallier] cette difficulté.
8. Vous [atténuer] le choc.
9. Des algues [polluer] le lac.
10. Tu [louer] un pédalo.

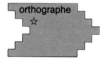

Recopiez les phrases suivantes en indiquant la terminaison des verbes. Notez en regard de chaque verbe son mode et son temps.

1. Je fer . . . . . certainement du basket l'an prochain.
2. Si j'avais un tournevis, je répar . . . . . ce jouet.
3. Si tu m'aidais, je travailler . . . . . plus rapidement.
4. Dès ce soir, je réunir . . . . . mes camarades.
5. Demain matin, je téléphoner . . . . . à Corinne.
6. Yves prétend qu'il va acheter un ouistiti : j'en ser . . . . . bien étonné.

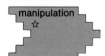

Mettez les verbes entre crochets au mode et au temps qui conviennent :

1. Si la pluie [cesser], les agriculteurs seraient contents.
2. Si vous [marquer] un but, le public applaudirait.
3. Si je [manger] ces piments, je serais malade.
4. Si tu [partir], nous serions désolés.
5. Si les gens [savoir] la nouvelle, ils réagiraient.
6. Si on [vouloir] critiquer ce projet, on ne manquerait pas d'arguments.

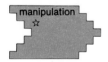

Répondez aux questions posées en utilisant une subordonnée de condition et une principale. Sur ce modèle :

Question :   *Que feriez-vous si vous trouviez un trèfle à quatre feuilles ?*
Réponse :   *Si je trouvais un trèfle à quatre feuilles, je le mettrais dans mon herbier.*

1. Que feriez-vous si vous gagniez au loto ?
2. Que feriez-vous si vous rencontriez un extra-terrestre ?
3. Que feriez-vous si l'on vous proposait d'aller sur la lune ?
4. Que feriez-vous si l'on vous offrait un grand voyage ?
5. Que feriez-vous si un serpent pénétrait dans votre chambre ?
6. Que feriez-vous si vous vous perdiez dans une grande ville ?

repérage
☆

Relevez les verbes des phrases suivantes et classez-les en trois séries : imparfait de l'indicatif, futur de l'indicatif, conditionnel présent.

1. Moins sucrée, cette bière serait meilleure.
2. Dans le jardin, la chienne rongeait un os.
3. Dimanche, je participerai à un rallye.
4. Sans toi, je m'ennuierais.
5. Un jour, je ferai du deltaplane.
6. Chaque soir, j'écoutais de la musique.
7. En prenant le métro, tu gagnerais du temps.
8. Comme tu étais blond à six ans !
9. L'an prochain, j'aurai 14 ans.

manipulation
◇

Voici une série d'informations non confirmées présentées au conditionnel présent, voix active. Transformez-les à la voix passive :

1. On fermerait la piscine du 10 au 20 mai.
2. On reporterait le match à une date ultérieure.
3. On transformerait l'ancienne école en ludothèque.
4. Un cyclone dévasterait la Floride.
5. Un journal anglais annoncerait cette nouvelle.
6. La police rechercherait un pyromane.

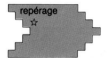

repérage
☆

Indiquez la valeur du conditionnel présent dans ces phrases : action imaginaire, information non confirmée, demande polie, conseil, reproche.

1. Auriez-vous l'obligeance de fermer la fenêtre ?
2. Le prix de l'essence baisserait prochainement.
3. Vous devriez prendre l'itinéraire de délestage.
4. Voici mon projet : nous descendrions la Dordogne en canoë. Parfois, nous travaillerions chez des agriculteurs pour gagner notre vie. Au retour, nous publierions le récit de nos vacances dans un journal.
5. Tu pourrais écouter quand on te parle.

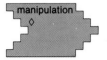

repérage
☆

Même consigne que pour l'exercice précédent.

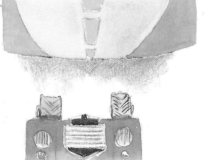

Leila[1] s'allongea, se cala sur les genoux de sa mère, mais elle ne dormit pas. Au-dessus d'elle, il n'y avait que le ciel et des nuages de poussière blonde. Le camion semblait rouler la tête en bas. Et si c'était vrai ?... Le ciel serait la terre et la terre le ciel. Le camion roulerait sur une route bleue. Les roues soulèveraient des nuages de poussière bleue. Tout serait bleu : les tapis et les bagages, et même la peau des trois hommes dans la cabine.

1. Petite fille iranienne.

J. Cervan, *Djinn la malice*, Éd. G.P.

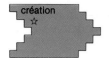

création
☆

Un calligramme est un poème qui prend la forme de la chose qu'il évoque. Ainsi, le calligramme ci-dessous représente un arbre. En utilisant le conditionnel présent, composez un calligramme sur un sujet de votre choix :

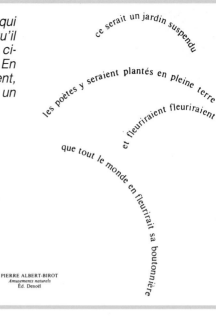

PIERRE ALBERT-BIROT
Amusements naturels
Éd. Denoël

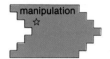

manipulation
☆

Mettez les verbes entre crochets au mode et au temps qui conviennent :

1. Si nous avions insisté, Laurent [aller] à la piscine.
2. Si l'on avait appelé les pompiers, ils [intervenir].
3. Si nos amis avaient pu se rejoindre, ils [s'entraider].
4. S'il s'était mieux entraîné, Patrick [gagner].
5. Si le chien avait entendu du bruit, il [aboyer].
6. Si le brouillard s'était levé, l'avion [décoller].

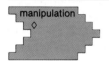

manipulation
◇

Les phrases suivantes expriment des faits qui se sont produits ou qui sont considérés comme certains. Modifiez les verbes de façon à ce que les phrases expriment seulement des faits possibles :

1. L'E.D.F. construira un nouveau barrage dans les Alpes.
2. Le ministre inaugurera le nouveau métro.
3. La finale sera rejouée.
4. Un lion s'est échappé du zoo.
5. Une avalanche aura emporté la passerelle.
6. Gilles aura pris mes clés par mégarde.

manipulation
☆

Dans les phrases suivantes, mettez le verbe de la principale au temps du passé noté entre parenthèses. Modifiez en conséquence le verbe de la subordonnée. Identifiez son temps :

1. Louis est sûr qu'il gagnera le tournoi. (*imparfait*)
2. Ce passager croit qu'on fera escale à Venise. (*imparfait*)
3. Le chirurgien pense qu'il faudra réopérer Dominique. (*imparfait*)
4. Jérôme affirme qu'il sera rentré avant minuit. (*passé simple*)
5. L'artisan déclare qu'il aura terminé son travail rapidement. (*passé simple*)

EXERCICE 13

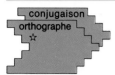

Dans les phrases suivantes, mettez chaque verbe au mode et au temps notés entre parenthèses :

1. Nous [parcourir] l'Alsace *(Ind. présent).*
2. Nous [parcourir] l'Alsace. *(Cond. présent).*
3. Vous [acquérir] de l'expérience. *(Ind. présent).*
4. Vous [acquérir] de l'expérience. *(Cond. présent).*
5. Nous [courir] un danger. *(Cond. présent).*
6. Nous [courir] un danger. *(Ind. imparfait).*

EXERCICE 14

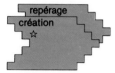

1. Dans le texte suivant, relevez les verbes au conditionnel présent et précisez le type d'actions qu'ils expriment.
2. Construisez un paragraphe sur le thème proposé par la rédaction.

Je me rappelle la dernière rédaction que j'ai faite au lycée. Le sujet était : « Si vous étiez obligé de partir dans le désert en emportant un seul objet, lequel choisiriez-vous ? Justifiez votre choix. » (...) Si on m'obligeait à aller dans le désert avec un seul objet, je demanderais à ce qu'on me permette de ne rien emporter du tout.

Inès Cagnati, *Un jour de congé*, Éd. Denoël.

EXERCICE 15

orthographe
○

Lisez le texte suivant ; il vous sera ensuite donné en dictée.

Demain, je partirai en randonnée en montagne. Je retrouverai l'air pur et la beauté des cimes. J'emporterai une tente et des vivres afin de passer quelques jours là-haut. Les alpages sont magnifiques en cette saison. J'y cueillerai des fleurs et des plantes pour mon herbier. Je ferai de belles photos des sommets grandioses. La nuit, je rêverai et mes songes seront peuplés d'aventures. Un grand oiseau m'apparaîtra et me dira : « Si tu le voulais, tu me rejoindrais dans l'azur. Tu serais un grand champion de deltaplane. On t'appellerait « l'aigle des cimes ». Tu multiplierais les exploits et le public accourrait pour te voir. »

EXERCICE 16

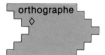

Même consigne que pour l'exercice précédent.

Que deviendrait le jardin si l'esprit qui le gouverne et les nains qui le soignent l'abandonnaient brusquement ?
Il vivrait deux ou trois jours, pas davantage. Tout de suite, les petits semis, les plantes fraîchement repiquées, les végétaux qui demandent un arrosage quotidien se hâteraient de dépérir et ne tarderaient pas à succomber. Ce serait le premier sacrifice. [...] Dès la seconde semaine, une foule de fleurs délicates commenceraient de souffrir et de réclamer des soins. Les fruits pourriraient, les plantes potagères monteraient en graines, l'herbe paraîtrait dans les allées.

G. Duhamel, *Fables de mon jardin*, Éd. Mercure de France.

Alors Dieu parla ainsi à Noé : « **Sors** de l'arche, toi et ta femme, tes fils et les femmes de tes fils avec toi. Tous les animaux qui sont avec toi, tout ce qui est chair en fait d'oiseaux, de bestiaux et de tout ce qui rampe sur la terre, **fais**-les sortir avec toi. » [...]

Dieu bénit Noé et ses fils et il leur dit : « **Soyez** féconds, multipliez, emplissez la terre. **Soyez** la crainte et l'effroi de tous les animaux de la terre et de tous les oiseaux du ciel, comme de tout ce dont la terre fourmille et de tous les poissons de la mer : ils sont livrés entre vos mains. » [...]

La Bible, « La Genèse ».
Traduite en français sous la direction
de l'École Biblique de Jérusalem. Éd. du Cerf.

22 L'impératif

description

a. Caractéristiques

• Le mode impératif est essentiellement caractérisé par le fait qu'il n'a que trois personnes : la 2e personne du singulier, la 1re et la 2e personne du pluriel. Le pronom sujet n'y est pas exprimé :

Marche.   Marchons.   Marchez.
2e p. singulier   1re p. pluriel   2e p. pluriel

b. Conjugaison

1. Impératif présent

1re groupe	2e groupe	3e groupe
Parle	Agis	Viens
Parlons	Agissons	Venons
Parlez	Agissez	Venez

• Les formes de l'impératif présent sont généralement semblables à celles de l'indicatif présent aux personnes correspondantes :

Indicatif présent		Impératif présent
Tu tiens	→	Tiens
Nous tenons	→	Tenons
Vous tenez	→	Tenez

• A la 2e personne du singulier cependant, les verbes du 1er groupe et les verbes du type **ouvrir**, **cueillir**, **offrir**, ne prennent pas de « s ». Leur terminaison est « e » :
chant**e** - ouvr**e** - découvr**e** - cueill**e** - accueill**e** - offr**e**.

• Le verbe **aller** est également dépourvu de « s » à la 2e personne du singulier : **va**.

• L'impératif présent de quelques verbes a des formes proches de celles du subjonctif présent. Il s'agit essentiellement des verbes suivants :

ÊTRE	AVOIR	SAVOIR	VOULOIR
Sois	Aie	Sache	Veuille
Soyons	Ayons	Sachons	Veuillons
Soyez	Ayez	Sachez	Veuillez

2. Impératif passé

Construction transitive	Construction intransitive
Aie terminé	Sois rentré(e)
Ayons terminé	Soyons rentré(e)s
Ayez terminé	Soyez rentré(e)s

• Certains verbes ne se conjuguent pas à l'impératif :
déchoir - éclore - falloir - faillir - frire - pleuvoir.
Quand un verbe ne se conjugue pas à tous les modes et tous les temps, on dit qu'il est « défectif ».

c. Construction

• L'emploi de l'impératif pose le problème de la position des compléments. Cette position est déterminée par les règles qui suivent :

1. Le complément est un groupe nominal

• Le GN se place après le verbe :
*Regarde **cette scène**.   Confiez **ce travail** à Pierre.*
*Ne regarde pas **cette scène**.   Ne confiez pas **ce travail** à Pierre.*

2. Le complément est un pronom introduit par une préposition

• Le pronom se place après le verbe :
*Pensons à **eux**.   Ne pensons pas à **eux**.*

3. Le complément est un pronom sans préposition

• Le pronom se place après le verbe à l'impératif affirmatif :
*Regarde-**moi**.   Rends-**la-lui**.   Donne-**m'en**.   Vas-**y**.*

ATTENTION !
Devant **en** et **y**, le verbe prend un **s** à la 2e personne du singulier : la présence de cette consonne facilite la prononciation. On dit que c'est un « s » d'euphonie :
*Parle**s**-en à Sophie.   Retourne**s**-y.*

• Le pronom se place avant le verbe à l'impératif négatif :
*Ne **me** regarde pas.   Ne **la lui** rends pas.   Ne **m'en** donne pas.*

d. Valeur générale de l'impératif

emploi

• L'**impératif affirmatif** exprime le plus souvent un **ordre**. Celui-ci porte sur le présent ou le futur :
Viens.   Revenez demain.   Soyez rentrés pour minuit.

• L'**impératif négatif** exprime le plus souvent une **interdiction**, c'est-à-dire un ordre négatif. L'interdiction porte sur le présent ou le futur :
Ne bougez pas.   N'empruntez pas l'autoroute dimanche soir.

• L'impératif se prête également à l'expression de différentes nuances proches de l'ordre :

Conseil { *Demande l'avis d'un spécialiste.*
{ *Ne t'aventure pas dans ce sous-bois.*

Souhait : *Guérissez vite.*   *Ne prenez pas froid.*

Prière { *Prêtez-moi votre stylo.*
{ *Ne fermez pas la porte, s'il vous plaît.*

Invitation { *Veuillez vous asseoir.*
{ *Ne craignez pas d'entrer : la visite est gratuite.*

e. Valeur particulière de l'impératif

• L'impératif peut encore exprimer une action **éventuelle**. Il a alors valeur **hypothétique**. Cette valeur est soulignée par l'intonation :
Viens, et je te réserve une surprise.
(= Si tu viens, je te réserve une surprise)
Ne bouge pas, tu t'en féliciteras.
(= Si tu ne bouges pas, tu t'en féliciteras)

Résumé

• L'impératif n'a que trois personnes :
Parle.   Parlons.   Parlez.
Aie.   Ayons.   Ayez.

• L'impératif affirmatif exprime le plus souvent un ordre. L'impératif négatif marque l'interdiction :
Range tes affaires.   Ne touchez pas à cet objet.

exercices

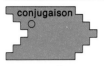

conjugaison
○

Conjuguez à l'impératif présent le verbe « marcher ». Indiquez la personne de chaque forme verbale.

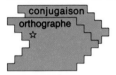

conjugaison
orthographe
☆

Mettez à l'impératif présent (2ᵉ personne du singulier) les verbes entre crochets :

1. [manger] proprement.
2. [ouvrir] la fenêtre.
3. [offrir] ta place.
4. [aller] à la poste.
5. [réfléchir] avant d'agir.
6. [faire] attention.
7. [dire] la vérité.
8. [apprendre] à skier.
9. Ne [boire] pas si vite.
10. Ne [être] pas triste.

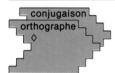

conjugaison
orthographe
◇

Mettez à l'impératif présent et à la personne indiquée les verbes entre crochets :

1. [avoir] du courage.
   (2ᵉ pers. sing.)
2. [avoir] confiance.
   (1ʳᵉ pers. pl.)
3. [avoir] de la patience.
   (2ᵉ pers. pl.)
4. [être] vigilant.
   (2ᵉ pers. sing.)
5. [être] à l'heure.
   (2ᵉ pers. pl.)
6. [savoir] ce que tu veux.
   (2ᵉ pers. sing.)
7. [vouloir] vous asseoir.
   (2ᵉ pers. pl.)
8. [savoir] patienter.
   (1ʳᵉ pers. pl.)

orthographe
☆

Ecrivez la terminaison des verbes dans les phrases suivantes :

1. Tu retir . . . . . ta cravate.
2. Retir . . . . . ta cravate.
3. Tu recouvr . . . . . tes livres.
4. Recouvr . . . . . tes livres.
5. Tu accueill . . . . . ton ami.
6. Accueill . . . . . ton ami.
7. Tu offr . . . . . ton dessin.
8. Offr . . . . . ton dessin.

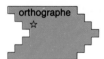

manipulation
☆

Mettez à l'impératif présent et à la personne indiquée les verbes entre crochets :

1. Ne vous [gêner] pas.
2. Ne nous [engager] pas.
3. Ne nous [déplacer] pas.
4. Ne te [fâcher] pas.
5. Ne te [découvrir] pas.
6. Ne t'en [aller] pas.

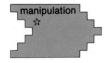

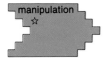

Transformez les phrases ci-dessous sur ce modèle :
Je te demande de ralentir. → Ralentis.

1. Je vous prie de me faire un devis.
2. Vous êtes invités à lire ce document.
3. Vous ne me bousculerez pas.
4. Nous irions volontiers à la pêche.
5. Je te conseille d'aller à la mairie.
6. Prière de vous conformer au règlement.

conjugaison
☆

Mettez à l'impératif passé le verbe « finir », puis le verbe « revenir ».

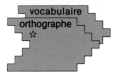

vocabulaire
orthographe
☆

Recopiez chaque phrase suivante en mettant le verbe à l'impératif et en remplaçant les GN compléments par des pronoms personnels.
Exemple : Tu donnes la clef à la concierge. → Donne-la-lui.

1. Tu montres ton dessin à Dominique.
2. Tu expliques la leçon à Françoise.
3. Tu apprends le judo à ton frère.
4. Tu offres ces fleurs à ta marraine.
5. Tu rends ces journaux à ton camarade.
6. Tu donnes tes timbres à tes cousins.

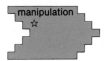

manipulation
☆

Recopiez les phrases suivantes en remplaçant le ou les GN soulignés par un pronom personnel. Modifiez s'il le faut la terminaison du verbe :
Exemple : Allons au cinéma → Allons-y.

1. Allez <u>à la foire</u>.
2. Va <u>chez le dentiste</u>.
3. Donne <u>cette balle</u> à Patrick.
4. Donne <u>de la compote</u> à Denis.
5. Porte <u>des pruneaux</u> à Elise.
6. Parle <u>de ton cas</u> à Marie.

manipulation
☆

Mettez les phrases suivantes à l'impératif négatif. Modifiez au besoin la terminaison du verbe :

1. Regarde-moi.
2. Retourne-toi.
3. Levez-vous.
4. Pressons-nous.
5. Cueilles-en.
6. Vas-y.
7. Penses-y.
8. Montre-la-leur.

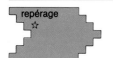

repérage
☆

Recopiez le texte suivant en soulignant les verbes à l'impératif :

Ah ! reine, prends pitié ! Je ne connais que toi parmi les habitants de cette ville et terre . . . . Indique-moi le bourg ; donne-moi un haillon à mettre sur mon dos. (...)
La vierge aux bras blancs regarda Ulysse et dit : « (...) Ne crains pas de manquer d'habits ni de rien que l'on doive accorder, en pareille rencontre, au pauvre suppliant. Va vers le bourg, je serai ton guide. »

repérage
☆

Indiquez la valeur de l'impératif dans les phrases ci-dessous : interdiction, invitation, souhait, ordre, conseil, prière.

1. Sors immédiatement.
2. Venez prendre une tasse de café.
3. Ne touchez pas à cela.
4. Passez de bonnes vacances.
5. Sois prudent.
6. Ecoute-moi, s'il te plaît.

EXERCICE 13

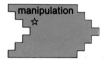

manipulation
☆

Dans les phrases suivantes, l'ordre ou l'interdiction sont formulés à l'infinitif. Exprimez-les à la 2ᵉ personne du pluriel de l'impératif.

1. Suivre l'itinéraire fléché.
2. Se munir d'un passeport.
3. Eteindre votre cigarette.
4. Faire un coulis d'oignons.
5. Prendre la chaussée latérale.
6. Ne pas s'asseoir sur ce banc.

EXERCICE 14

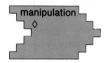

manipulation
◇

Le texte ci-dessous présente un itinéraire à suivre. Transposez-le à l'impératif présent.

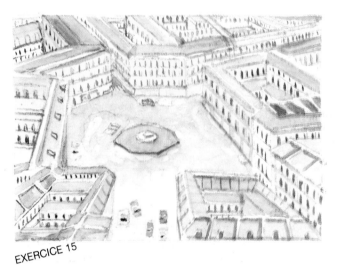

Tu descendras le boulevard Foch jusqu'à la place Mozart. Tu traverseras cette place en diagonale, puis tu prendras la rue Lavoisier. Tu seras prudent à cet endroit en raison de la circulation. Arrivé au bout de la rue Lavoisier, tu ralentiras et tu chercheras le panneau indiquant l'entrée du parking souterrain. Tu auras de la monnaie sur toi car l'accès au parking est payant. Avant de quitter ta moto, tu noteras le numéro de son emplacement.

EXERCICE 15

emploi
☆

Rédigez à votre choix une recette de cuisine, un mode d'emploi ou un itinéraire à suivre. Votre texte sera à l'impératif.

EXERCICE 16

appréciation
☆

Indiquez quel personnage pourrait prononcer chacune des phrases suivantes :

1. Attachez vos ceintures.
2. Ouvrez la bouche.
3. Levez la main droite et dites : « Je le jure. »
4. Rangez vos affaires.
5. Garez-vous sur le côté.
6. Veuillez nous excuser pour cette interruption momentanée de nos programmes.

EXERCICE 17

création
☆

Recopiez le texte suivant en soulignant les verbes à l'impératif, puis composez un poème du même genre :

Ecartez les barrières,
Effacez les frontières,
Laissez les toits ouverts
Et regardez en l'air.
Il neige.

C'est le bal des flocons,
La fête de la terre,
La vie qui tourne dans le silence,
Intacte et douce.
Pour quelques heures.

Gisèle Prassinos, *L'almanach de la poésie*,
Éd. Ouvrières.

EXERCICE 18

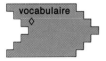
vocabulaire
◇

Complétez les phrases ci-dessous par celui des verbes suivants qui vous paraîtra le plus approprié : interdire - sommer - prohiber - enjoindre.

1. Si Michel parlait, nous serions lavés de tout soupçon. C'est pourquoi je le . . . . . de s'expliquer.
2. D'un geste impérieux, l'arbitre nous . . . . . de regagner nos places. Nous obéissons.
3. L'aggravation de l'œdème pulmonaire . . . . . tout espoir de guérison. Le malade est perdu.
4. Le port des armes à feu est formellement . . . . . ici.

EXERCICE 19

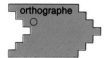
orthographe
○

Lisez le texte suivant ; il vous sera ensuite donné en dictée.

L'enfant avait été piqué par une guêpe. Rapidement, son doigt avait enflé. Il était devenu rouge et douloureux. Pour calmer l'inflammation, il fallait enlever le dard. Opération délicate, car le doigt était bien sensible ! Aussi le médecin a-t-il d'abord rassuré l'enfant : « N'aie pas peur. Détends-toi. Tout se passera bien. Pose ta main sur ce coussin, et laisse-moi faire. » Adroitement, le docteur retira le dard, puis il enduisit le doigt malade d'une lotion calmante.

EXERCICE 20

orthographe
◇

Même consigne que pour l'exercice précédent.

Feu ! Te voici revenu, plus beau que mon souvenir, plus cuisant et plus proche que le soleil. Feu ! Que tu es splendide ! Par pudeur, je cache ma joie de te revoir, je ferme à demi mes yeux où ta lumière amincit la prunelle, et rien ne paraît sur ma figure où est peinte l'image d'une pensée fauve et brune... Ne pétille pas trop, ne crache pas d'étincelles sur ma fourrure, sois clément, Feu varié, que je puisse t'adorer sans crainte.

Colette, *Dialogues de bêtes*,
Éd. Mercure de France.

Un roi réunit un jour ses trois fils pour leur parler de sa succession. Il annonça que celui d'entre eux qui aurait la plus belle femme lui succéderait. Peu de temps après, les trois frères présentèrent leurs épouses au roi.

Quand le roi les vit, ce fut pour dire que le royaume reviendrait à Simplet. Les autres ne voulurent rien entendre et fatiguèrent les oreilles du roi à lui répéter : « Nous ne pouvons pas admettre que Simplet **devienne** roi. » Ils voulaient une nouvelle épreuve entre les femmes. « Qu'elles **sautent** à travers le lustre suspendu au milieu de la salle, dirent-ils, et que la préférence **aille** à la plus capable. »

Grimm, *Contes*, Éd. Flammarion.

23 Le subjonctif

1. LE SUBJONCTIF PRÉSENT

a. Les verbes « être », « avoir », « aller »

Que je sois	Que j'aie	Que j'aille
Que tu sois	Que tu aies	Que tu ailles
Qu'il soit	Qu'il ait	Qu'il aille
Que nous soyons	Que nous ayons	Que nous allions
Que vous soyez	Que vous ayez	Que vous alliez
Qu'ils soient	Qu'ils aient	Qu'ils aillent

b. Les verbes des 1er, 2e et 3e groupes

voix active

1er groupe	2e groupe	3e groupe
Que j'aide	Que j'unisse	Que je reçoive
Que nous aidions	Que nous unissions	Que nous recevions

voix passive

Que je sois aidé(e)	Que je sois uni(e)	Que je sois reçu(e)
Que nous soyons aidé(e)s	Que nous soyons uni(e)s	Que nous soyons reçu(e)s

PARTICULARITÉS

• Lorsque les terminaisons **ions** et **iez** sont précédées de [j] ou [ɲ], on a tendance à les confondre avec celles de l'indicatif présent. Il faut donc bien distinguer les deux modes :

Indicatif présent	Subjonctif présent
Nous veillons	*Que nous veillions*
Vous peignez	*Que vous peigniez*

• Dans la conjugaison de certains verbes du 3e groupe, les terminaisons **e**, **es**, **e** ne se perçoivent pas à l'oral. Il faut donc être vigilant lorsqu'on orthographie ces verbes.
Que je voie - Que tu croies - Qu'il nie - Qu'on fuie.

• Quelques verbes du 3e groupe ont au subjonctif présent des formes très différentes de l'indicatif. Ce sont essentiellement les verbes suivants :

Faire	Savoir	Vouloir	Pouvoir
Que je fasse	*Que je sache*	*Que je veuille*	*Que je puisse*
Que nous fassions	*Que nous sachions*	*Que nous voulions*	*Que nous puissions*

• Le subjonctif exprime généralement des actions incertaines. Elles ne sont qu'**envisagées** par le locuteur :
*Qu'on **vienne** au plus vite.   Je voudrais qu'il **pleuve**.
Je cherche un plat qui **aille** au four.*

On peut employer le subjonctif dans différentes sortes de constructions :

c. Le subjonctif dans les phrases simples ou les propositions indépendantes

• Dans ces constructions, le subjonctif a diverses valeurs. Il peut exprimer :

un ordre : *Qu'il parte !*

une interdiction : *Qu'on n'abatte pas ce chêne.*

une action hypothétique : { *Qu'il vienne, et il s'en repentira.*
{ *Que je trahisse un ami ? Jamais !*

un souhait : *Puissiez-vous réussir ! Dieu vous garde.*

d. Le subjonctif dans les propositions subordonnées

• Le subjonctif présent s'utilise surtout dans les propositions subordonnées.

1. Subordonnées conjonctives COD ou sujet

• Elles sont généralement introduites par **que**. La proposition principale comporte fréquemment l'un des éléments suivants : négation, interrogation, verbe exprimant un sentiment ou une éventualité (volonté, souhait, doute, regret, admiration, attente…), tournure impersonnelle (il faut que…, il arrive que…, etc.).

Je ne crois pas qu'il **pleuve**.   Crois-tu qu'il **fasse** beau à Lille ?
            COD   COD

*Tu voudrais qu'on **parte**.*   *Que tu t'en **ailles** me désole.*
            COD   sujet

*Il arrive qu'on **soit pris** au dépourvu.*
            sujet logique

2. Subordonnées conjonctives circonstancielles

• Il s'agit essentiellement des subordonnées conjonctives qui sont compléments de but, d'opposition, de condition, et des subordonnées compléments de temps qui marquent l'antériorité :

*J'insiste pour que la réunion **ait** lieu.* (but)
*Tu cours bien que tu **aies** mal à la cheville.* (opposition)
*Nous irons en forêt à condition qu'il **fasse** beau.* (condition)
*Rentre avant qu'il ne **soit** trop tard.* (temps)

3. Subordonnées relatives

• La proposition principale comporte généralement une négation, une interrogation, un verbe marquant l'éventualité, un superlatif relatif ou un adjectif de sens analogue *(seul, premier, dernier)* :

*Je cherche un insecticide qui n'**ait** pas d'odeur.*
*Chambord est le plus beau château que je **connaisse**.*

2. LE SUBJONCTIF PASSÉ

voix active

Construction transitive	Construction intransitive
Que j'aie blessé	Que je sois parti(e)

voix passive

Que j'aie été blessé(e)

• Le subjonctif passé s'emploie essentiellement dans les **subordonnées**. Il présente le plus souvent une action antérieure à celle de la proposition principale :

*Je regrette qu'on **ait détruit** ce document.*

3. L'IMPARFAIT ET LE PLUS-QUE-PARFAIT DU SUBJONCTIF

• Les formes de l'imparfait du subjonctif sont proches de celles du passé simple. Les formes du plus-que-parfait sont proches de celles du passé antérieur :

Passé simple de l'Indicatif

Tu fus	Tu osas	Tu fis	Tu vins
Il fut	Il osa	Il fit	Il vint

Imparfait du Subjonctif

Que tu fusses	Que tu osasses	Que tu fisses	Que tu vinsses
Qu'il fût	Qu'il osât	Qu'il fît	Qu'il vînt

Passé antérieur de l'Indicatif		Plus-que-parfait du Subjonctif	
Tu eus parlé	Tu fus parti	Que tu eusses parlé	Que tu fusses parti
Il eut parlé	Il fut parti	Qu'il eût parlé	Qu'il fût parti

• L'imparfait et le plus-que-parfait du subjonctif s'emploient surtout dans la langue littéraire, notamment à la 3e personne du singulier :

*J'aurais voulu qu'on m'**écoutât** davantage.*

Résumé

• Le subjonctif s'emploie surtout dans des propositions subordonnées. Il présente des actions qui ne sont qu'envisagées par le locuteur :
Je souhaite que tu te joignes à nous. (présent)
Je crains qu'on n'ait égaré ce livre. (passé)

• Employé dans une phrase simple ou dans une proposition principale, le subjonctif exprime essentiellement l'ordre :
Qu'elle vienne.   *Qu'on cesse immédiatement ce tapage !*

exercices

EXERCICE 1

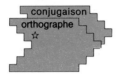

conjugaison
orthographe
☆

Mettez les verbes entre crochets au subjonctif présent de la voix active :

1. Il faut que je [être] rapide.
2. Il faut qu'on [être] joyeux.
3. Il faut que nous [être] exacts.

4. Crois-tu que je [avoir] tort ?

5. Je veux que tu [avoir] un chat.

6. Crois-tu qu'on [avoir] raison ?

7. On a peur que je [s'en aller].
8. On veut que tu [s'en aller].
9. Il arrive que nous [aller] à Caen.
10. Je suis le seul qui te [comprendre].
11. Je doute que vous me [comprendre].
12. Il faut qu'on me [croire].

EXERCICE 2

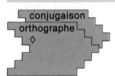

conjugaison
orthographe
◇

Mettez les verbes des phrases suivantes au subjonctif présent (voix active) et à la personne indiquée :
Ex. : [Être] au rendez-vous. (3ᵉ pers. sing.) → Qu'il soit au rendez-vous.
*   elle*

1. [Craindre] ma colère.
(3ᵉ pers. sing.)

2. [Repeindre] ces volets.
(3ᵉ pers. pl.)

3. [Disparaître] !
(3ᵉ pers. pl.)

4. [Savoir] sa leçon.
(3ᵉ pers. sing.)

5. [Se suffire] à eux-mêmes.
(3ᵉ pers. pl.)

6. [Résoudre] ce problème.
(3ᵉ pers. pl.)

7. [Rejoindre] ses cousins.
(3ᵉ pers. sing.)

8. [Battre] son record.
(3ᵉ pers. sing.)

EXERCICE 3

repérage
☆

Dans les phrases suivantes, indiquez le mode et le temps des verbes soulignés :

1. Il faut que nous nous <u>réveillions</u> à cinq heures.
2. Chaque jour, nous nous <u>réveillions</u> à cinq heures et nous partions.
3. Autrefois, vous <u>peigniez</u> des estampes japonaises.
4. J'aimerais que vous <u>peigniez</u> ces tabourets.
5. Avant-hier, nous nous <u>baignions</u> dans l'étang.
6. Je ne crois pas que nous nous <u>baignions</u> aujourd'hui.

EXERCICE 4

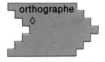

orthographe
◇

Dans les phrases suivantes, complétez la terminaison du verbe :

1. Je voi . . . . . le phare.
2. Il faut que je voi . . . . . le phare.
3. Je veux qu'il se croi . . . . . en sécurité.
4. Il se croi . . . . . en sécurité.

5. Tu souri . . . . . .
6. J'aime que tu souri . . . . . .
7. L'oiseau s'enfui . . . . . .
8. Il vaut mieux qu'on s'enfui . . .
. . .

EXERCICE 5

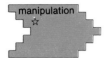

manipulation
☆

Lisez à voix haute les phrases suivantes en mettant le verbe au sub-jonctif présent de la voix active :

1. Il faut que vous [faire] la paix.
2. Crois-tu qu'il [faire] froid ?
3. Je veux que tu [savoir] ton rôle.
4. Il faut que nous [savoir] nos rôles.
5. Penses-tu qu'on m'en [vouloir] ?
6. Je regrette que vous m'en [vouloir].
7. Tu doutes qu'on [pouvoir] venir.
8. Il faut que vous [pouvoir] sortir.

EXERCICE 6

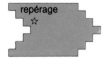

repérage
☆

Recopiez le texte suivant, et soulignez les verbes au subjonctif présent :

Le roi a fait crier ses ordres par ses hérauts : « Qu'on se le tienne partout pour dit, qu'on sache bien mes instructions solennelles : celui qui pourra mettre la main sur Renart ne devra pas le conduire à la cour. Sans attendre ni roi ni comte, il devra le tuer sur-le-champ. »

Le roman de Renart,
traduit d'après l'édition de Mario Roque,
Éd. Honoré Champion.

EXERCICE 7

appréciation
☆

Indiquez la valeur du subjonctif présent dans chacune des phrases sui-vantes : ordre - interdiction - hypothèse - souhait.

1. Puissiez-vous aboutir !
2. Que personne ne sorte.
3. Qu'on m'appelle un taxi.
4. Qu'il sorte, et il sera trempé.

EXERCICE 8

**repérage
création**
◇

1. *Relevez les verbes du texte ci-dessous et classez-les selon qu'ils sont à l'impératif ou au subjonctif.*
2. *Composez un poème qui ait une structure du même genre :*
« *Ecris maintenant pour...*
  Ecris pour...
  Et que... ... », etc.

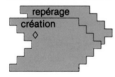

A SOI-MÊME

Ecris maintenant pour le ciel
Ecris pour la courbe du ciel
Et que nul plomb de lettre noire
N'enveloppe ton écriture

Ecris pour l'odeur et le vent
Ecris pour la feuille d'argent
Que nulle laide face humaine
N'ait regard connaissance haleine

Ecris pour le dieu et le feu
Ecris pour un amour de lieu
Et que rien de l'homme n'ait place
Au vide qu'une flamme glace.

Pierre-Jean Jouve, *Diadème,*
Éd. de Minuit.

EXERCICE 9

Mettez les verbes entre crochets au subjonctif présent. Indiquez la fonction de la subordonnée.

1. Je doute qu'on me [recevoir].
2. On attend que tu [revenir].
3. Tu veux que je [sortir].
4. Que tu [agir] ainsi m'étonne.
5. Que vous [partir] désole vos amis.
6. Il importe que tu [être] présent.

EXERCICE 10

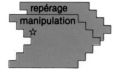

Mettez les verbes entre parenthèses aux mode et temps qui conviennent. Indiquez la fonction de la subordonnée.

1. La fête sera belle pourvu qu'il [faire] beau.
2. Je dispute le match bien que je [être] fatigué.
3. Rentre ta bicyclette avant qu'il ne [pleuvoir].
4. Nous déplacerons ce meuble pour que j'[avoir] plus de place.
5. Poursuis ton effort quoi qu'on [dire].
6. Nous consoliderons cette passerelle afin qu'elle [être] plus stable.

EXERCICE 11

Mettez les verbes entre crochets au subjonctif présent, voix passive :

1. Pourvu que mon appel [entendre].
2. Il faut que Marie [recevoir].
3. Qu'elle [secourir] sans délai.
4. Attendons que ton ami [guérir].
5. Je veux que ces outils [ranger].
6. Souhaitons que Cécile [élire].

EXERCICE 12

Mettez les verbes entre crochets au subjonctif passé, voix active :

1. J'exige que tu [rentrer] à minuit.
2. Pourvu que Yann [aller] en ville.
3. J'attends que le train [passer].
4. Je doute que Bruno [réussir].
5. Je regrette qu'on [déménager].
6. Crois-tu que le chien [aboyer]?

EXERCICE 13

Classez les formes verbales soulignées en deux colonnes, selon qu'il s'agit :
1. du subjonctif présent, voix passive ;
2. du subjonctif passé, voix active.

1. Je regrette que vous soyez rentrés si tard.
2. Il ne faut pas que tu sois impressionné par ces paroles.
3. Nous souhaitons que tu sois reçu par le maire.
4. Bien que je sois allé au Maroc, je connais à peine Marrakech.
5. Je suis heureux que tu sois arrivé à bon port.
6. Tu cherches un gâteau qui soit nappé de chocolat.

emploi
☆

Complétez les phrases suivantes par une proposition subordonnée dont le verbe sera au subjonctif présent ou au subjonctif passé, à votre choix :

1. Je suis content(e) que . . . . . .
2. Crois-tu que . . . . . ?

3. Il faut que . . . . . .
4. Les gens attendent que . . . . . .

repérage
☆

Indiquez le mode et le temps de chaque verbe souligné :

1. On rit parce qu'il <u>éternua</u>.
2. Je sortis bien qu'il <u>neigeât</u>.
3. Luc bougea pour qu'on le <u>vît</u>.

4. Luc bougea si bien qu'on le <u>vit</u>.
5. J'attendais qu'il <u>revînt</u> me voir.
6. Comme convenu, il <u>revint</u> me voir.

orthographe
○

Lisez le texte suivant ; il vous sera ensuite donné en dictée.

L'énorme poisson suit le bateau depuis deux heures. Il est long, noir, puissant ; il a la forme d'un reptile. Pour qu'on le voie mieux, le capitaine fait ralentir le navire. Tout l'équipage est maintenant sur le pont. « C'est le plus gros poisson que j'aie jamais vu », dit Jef. Et ce marin connaît son métier ! Le capitaine pense qu'on peut tenter l'affrontement à condition qu'on ait un harpon solide. Il donne ses ordres en ce sens. Le canonnier choisit une pointe très dure. En vain ! Le poisson plonge et esquive.

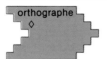

orthographe
◇

Même consigne que pour l'exercice précédent.

J'ai décidé de rentrer seule dans la maison. De toute façon, ce serait une surprise heureuse pour ma mère. J'ai marché vers la porte. Là, j'ai été très surprise parce que Daisy s'est mise à aboyer très fort, d'une drôle de façon. [...] Il était normal qu'on vienne voir ce qui se passait après tout ce bruit que faisait Daisy et cette façon bizarre qu'elle avait d'aboyer. [...] La porte restait ouverte et pendant un long moment il n'y a eu que le grand rectangle de lumière. Ça durait tant que je me suis mise à espérer que ma mère paraisse enfin et que ce soit fini. Et, en effet, une silhouette est apparue dans la lumière, sans un mot. C'était mon père.

Inès Cagnati,
Le jour de congé, Éd. Denoël.

le verbe prendre

INDICATIF		SUBJONCTIF	

INDICATIF

PRÉSENT
je prends
tu prends
il/elle prend
nous prenons
vous prenez
ils/elles prennent

PASSÉ COMPOSÉ
j'ai pris
tu as pris
il/elle a pris
nous avons pris
vous avez pris
ils/elles ont pris

IMPARFAIT
je prenais
tu prenais
il/elle prenait
nous prenions
vous preniez
ils/elles prenaient

PLUS-QUE-PARFAIT
j'avais pris
tu avais pris
il/elle avait pris
nous avions pris
vous aviez pris
ils/elles avaient pris

PASSÉ SIMPLE
je pris
tu pris
il/elle prit
nous prîmes
vous prîtes
ils/elles prirent

PASSÉ ANTÉRIEUR
j'eus pris
tu eus pris
il/elle eut pris
nous eûmes pris
vous eûtes pris
ils/elles eurent pris

FUTUR SIMPLE
je prendrai
tu prendras
il/elle prendra
nous prendrons
vous prendrez
ils/elles prendront

FUTUR ANTÉRIEUR
j'aurai pris
tu auras pris
il/elle aura pris
nous aurons pris
vous aurez pris
ils/elles auront pris

SUBJONCTIF

PRÉSENT
que je prenne
que tu prennes
qu'il/elle prenne
que nous prenions
que vous preniez
qu'ils/elles prennent

IMPARFAIT
que je prisse
que tu prisses
qu'il/elle prît
que nous prissions
que vous prissiez
qu'ils/elles prissent

CONDITIONNEL

PRÉSENT
je prendrais
tu prendrais
il/elle prendrait
nous prendrions
vous prendriez
ils/elles prendraient

PASSÉ
j'aurais pris
tu aurais pris
il/elle aurait pris
nous aurions pris
vous auriez pris
ils/elles auraient pris

IMPÉRATIF

PRÉSENT
prends   prenons   prenez

INFINITIF

PRÉSENT
prendre

PASSÉ
avoir pris

PARTICIPE

PRÉSENT
prenant

PASSÉ
pris, prise   ayant pris

---

le verbe rendre

INDICATIF

PRÉSENT
je rends
tu rends
il/elle rend
nous rendons
vous rendez
ils/elles rendent

PASSÉ COMPOSÉ
j'ai rendu
tu as rendu
il/elle a rendu
nous avons rendu
vous avez rendu
ils/elles ont rendu

IMPARFAIT
je rendais
tu rendais
il/elle rendait
nous rendions
vous rendiez
ils/elles rendaient

PLUS-QUE-PARFAIT
j'avais rendu
tu avais rendu
il/elle avait rendu
nous avions rendu
vous aviez rendu
ils/elles avaient rendu

PASSÉ SIMPLE
je rendis
tu rendis
il/elle rendit
nous rendîmes
vous rendîtes
ils/elles rendirent

PASSÉ ANTÉRIEUR
j'eus rendu
tu eus rendu
il/elle eut rendu
nous eûmes rendu
vous eûtes rendu
ils/elles eurent rendu

FUTUR SIMPLE
je rendrai
tu rendras
il/elle rendra
nous rendrons
vous rendrez
ils/elles rendront

FUTUR ANTÉRIEUR
j'aurai rendu
tu auras rendu
il/elle aura rendu
nous aurons rendu
vous aurez rendu
ils/elles auront rendu

SUBJONCTIF

PRÉSENT
que je rende
que tu rendes
qu'il/elle rende
que nous rendions
que vous rendiez
qu'ils/elles rendent

IMPARFAIT
que je rendisse
que tu rendisses
qu'il/elle rendît
que nous rendissions
que vous rendissiez
qu'ils/elles rendissent

CONDITIONNEL

PRÉSENT
je rendrais
tu rendrais
il/elle rendrait
nous rendrions
vous rendriez
ils/elles rendraient

PASSÉ
j'aurais rendu
tu aurais rendu
il/elle aurait rendu
nous aurions rendu
vous auriez rendu
ils/elles auraient rendu

IMPÉRATIF

PRÉSENT
rends   rendons   rendez

INFINITIF

PRÉSENT
rendre

PASSÉ
avoir rendu

PARTICIPE

PRÉSENT
rendant

PASSÉ
rendu(e)   ayant rendu

exercices
de conjugaison

Exercice 1

Dans les phrases suivantes, mettez à l'indicatif présent les verbes notés entre parenthèses :

1. En cas de réclamation, tu (*rendre*) . . . . . la marchandise et tu (*reprendre*) . . . . . un nouvel article dans les rayons.
2. Des animateurs bénévoles (*intervenir*) . . . . . dans cette association. Ils (*entreprendre*) . . . . . des actions variées.
3. Certes, tu (*défendre*) . . . . ton opinion, mais tu (*comprendre*) . . . . . aussi celles des autres.
4. Le juge (*suspendre*) . . . . . la séance.
5. Tu vois bien que je (*défendre*) . . . . . une cause perdue d'avance.
6. Si vous (*entreprendre*) . . . . . cet entraînement intensif, vous (*suspendre*) . . . . . vos autres activités de loisirs.
7. La pluie menaçant, je (*descendre*) . . . . . dans le jardin et je (*dépendre*) le linge.
8. Le bûcheron (*fendre*) . . . . . les bûches ; puis il (*entreprendre*) . . . . . de les ranger.
9. Faute de matériel personnel, vous (*prendre*) . . . . . les feutres de votre voisin, puis vous les lui (*rendre*) . . . . . .

Exercice 2

Dans les phrases suivantes, mettez les verbes notés entre parenthèses aux temps de l'indicatif qui conviennent :

1. Ce soir-là, je (*surprendre*) . . . . . mon petit voleur de prunes en train de marauder dans le jardin : il se sauva.
2. Demain, nous (*descendre*) . . . . . du train à la gare la plus proche. Des voisins nous (*prendre*) . . . . . en voiture jusqu'à la maison.
3. Quand je (*tendre*) . . . . . le bras droit, la voiture qui me suivait (*reprendre*) . . . . . la file de gauche. Elle me (*surprendre*) . . . . . en me frôlant lors du dépassement.
4. Il connaissait parfaitement l'allemand : il (*comprendre*) . . . . . tout ce qu'on lui disait, et ses interlocuteurs ne le (*reprendre*) . . . . . jamais.
5. L'immeuble flambait. Appelés d'urgence, les pompiers (*entreprendre*) . . . . . de combattre le sinistre.

Exercice 3

Dans les phrases suivantes, mettez les verbes notés entre parenthèses aux modes et temps qui conviennent :

1. Les enfants nous (*surprendre*) . . . . . toujours, par leur candeur et par leur clairvoyance.

2. « Travaillez, (*prendre*) . . . . . de la peine, c'est le fonds qui manque le moins. » (La Fontaine).
3. Il ne faudra pas qu'on se (*méprendre*) . . . . . sur nos intentions lorsque nous (*prendre*) . . . . . cette décision.
4. Je souhaite que tu me (*comprendre*) . . . . . avant de me juger.
5. Nous (*apprendre*) . . . . . beaucoup quand nous voyageons.

Exercice 4

Dans les phrases suivantes, mettez les verbes notés entre parenthèses au passé composé, en utilisant les auxiliaires appropriés et en réglant les accords :

1. Quand nous (*apprendre*) . . . . . ton prochain départ, nous avons été consternés.
2. Nous (*prendre*) . . . . . l'ascenseur pour visiter le beffroi, mais nous (*descendre*) . . . . . par les escaliers.
3. Ils (*prendre*) . . . . . leur petit déjeuner et ils (*partir*) . . . . . à l'école.
4. Les cigognes (*repartir*) . . . . . .
5. Par leur ténacité, elles (*réussir*) . . . . . toutes les activités qu'elles (*entreprendre*) . . . . .
6. Quand son amie (*repartir*) . . . . . , Laurence (*entreprendre*) . . . . . de tout ranger.
7. Les efforts qu'il a faits pour améliorer ses résultats nous (*surprendre*) . . . . . agréablement.
8. Les nouvelles que nous (*apprendre*) . . . . . nous ont réconfortés.
9. Cette information m'(*surprendre*) . . . . . . Pourtant, le directeur ne l'a pas démentie.
10. Stéphane (*prendre*) . . . . . des médicaments pour guérir son angine.

Exercice 5

Dans les phrases suivantes, mettez au subjonctif présent les verbes notés entre parenthèses :

1. Le professeur explique la leçon lentement afin que chacun (*comprendre*) . . . . . bien.
2. Il ne suffit pas que tu (*comprendre*) . . . . . ; il faut aussi que tu (*apprendre*) . . . . . .
3. Les malades espèrent un remède qui leur (*rendre*) . . . . . la santé.
4. Certains hésitent à voyager bien qu'ils ne (*dépendre*) . . . . . de personne.
5. (*Comprendre*) qui pourra !
6. Bien que nous vous (*comprendre*) . . . . . , nous désapprouvons vos réactions.
7. Quelle que soit la cause que tu (*défendre*) . . . . . , tu y mets tant d'ardeur que tu es convaincant.
8. Nous souhaitons que tu (*entendre*) . . . . . cette conférence.
9. Croyez-vous que le bonheur (*dépendre*) . . . . . uniquement des richesses ?
10. Je ne pense pas que la décision (*dépendre*) . . . . . de nous.

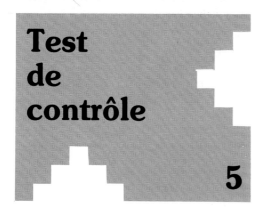

Test de contrôle 5

☆ REPÉRAGE

Exercice 1
Dans le texte suivant, indiquez la voix de chaque verbe en italique. S'il s'agit de la voix pronominale, indiquez son sens : réfléchi, réciproque, etc.

LA FÊTE DES « SERINGUEUX »

Les « Seringueux » *se retrouvent* dans les artères de Solesmes qu'ils *envahissent* pour quelques heures. Sanglés dans leurs imperméables, souvent travestis ou masqués, hommes, femmes et enfants *se pourchassent*, criant et riant. On *s'agresse*, on *se vise*, on *s'arrose*, on *se venge*. L'eau *jaillit* partout. Seuls les vieillards, les infirmes, le médecin et les gendarmes *sont ménagés* par la population.

M. Boudignon-Hamon et J. Demoinet,
Fêtes en France, Éditions Le Chêne.

☆ REPÉRAGE

Exercice 2
Dans les phrases suivantes, indiquez la voix, le mode et le temps de chaque verbe :

1. Luc était allé en ville en fin de matinée.
2. Le phare était caché par d'énormes rochers.
3. Le plancher est couvert d'une moisissure noirâtre.
4. Le docteur est revenu hier soir.
5. La nuit sera tombée avant 18 heures.
6. Le terrain sera éclairé par des projecteurs.

☆ APPRÉCIATION

Exercice 3
Pour chacune des phrases suivantes, voyez s'il est souhaitable ou non d'opérer la transformation passive. Dans la négative, n'intervenez pas ; dans l'affirmative, tournez la phrase au passif :

1. Antoine ramassa un gros caillou.
2. Les détonations affolaient l'enfant.
3. Les six membres du comité directeur ont élu Pierre.
4. Des inconnus ont peint des slogans sur les murs.
5. Une question déconcerta Guy.
6. La famine menace six millions de personnes.

MANIPULATION

Exercice 4
Les phrases suivantes sont au passif. Tournez-les à la voix active, puis indiquez le mode et le temps de leur verbe :

1. L'avenue fut nettoyée par les éboueurs.
2. Une conférence de presse sera donnée par le ministre.
3. Un nouveau timbre est émis par la Principauté de Monaco.
4. Le refrain a été repris par dix mille personnes.
5. Les petits voiliers étaient brisés par les vagues déferlantes.
6. La retransmission du match serait assurée par Thierry Rolland.

☆ REPÉRAGE

Exercice 5
Dans chacune des phrases suivantes, précisez le sens du verbe pronominal : purement pronominal, réfléchi, réciproque, valeur passive.

1. Je me coiffe.
2. Les adversaires se dévisagent.
3. Gisèle s'évanouit.
4. La peur se lit dans vos yeux.
5. Je me tricote une écharpe.
6. Nous nous épaulons.

☆ MANIPULATION

Exercice 6
Transformez chacune des phrases suivantes en utilisant la construction pronominale à valeur passive. Ne modifiez pas pour autant le sens de la phrase :

1. On oublie vite les mauvais jours.
2. On nettoie ce tissu à l'eau tiède.
3. On comprend la réaction de Lucie.
4. On prend ce médicament avec une boisson chaude.
5. On divisera cette région en quatre zones.
6. On démonte ce stand en dix minutes.

☆ REPÉRAGE ET EMPLOI

Exercice 7
*1. Relevez les verbes qui peuvent s'employer à la voix active et à la voix pronominale.
2. Employez-les à chacune de ces voix.*

cacher - pleurer - tousser - ronger - dissimuler - transpirer - atterrir - jouer - venir - préparer.

☆ REPÉRAGE

Exercice 8
Dans les phrases suivantes, indiquez si le pronom souligné est analysable ou non. Dans l'affirmative, donnez sa fonction :

1. Anne s'en va en vacances.
2. Le chat se nettoie.
3. Nous nous voyons régulièrement.
4. La biche s'enfuit.
5. Je me prépare un sandwich.
6. Ils se transmettent la nouvelle.

☆ ORTHOGRAPHE

Exercice 9
Dans les phrases suivantes, complétez la terminaison du participe passé :

1. Des boas se sont évad . . . . . du zoo.
2. Marie s'est débarbouill . . . . . .
3. Mes cousins se sont entraid . . . . . .
4. Ces livres se sont bien vend . . . . . .
5. Lise s'est lav . . . . . les dents.
6. Ils se sont envoy . . . . . des messages.

☆ CONJUGAISON ET ORTHOGRAPHE

Exercice 10
Les phrases suivantes sont au présent de l'indicatif. Complétez la terminaison des verbes :

1. Je prend . . . . . le train à 8 heures.
2. On enten . . . . . des voix.
3. Le gel fen . . . . . la pierre.
4. Je reli . . . . . cette lettre.
5. Un car reli . . . . . Autun à Mâcon.
6. La foule s'écri . . . . . : « But ! »
7. Marc écri . . . . . à son ami.

☆ CONJUGAISON ET ORTHOGRAPHE

Exercice 11
Mettez chacune des phrases suivantes au futur :

1. Je revois ma ville natale.
2. Nous voyons la Seine.
3. Nous déplions la carte.
4. Vous nouez des contacts.
5. Nous saluons tes parents.
6. Tu accours à notre appel.

☆ MANIPULATION

Exercice 12
Dans les phrases suivantes, remplacez la proposition indépendante en italique par une proposition subordonnée introduite par quand ou lorsque.

Le verbe sera au futur antérieur.

1. *Tu dormiras*, la fièvre tombera.
2. *Tu rentreras*, je serai rassuré.

3. *Il franchira le col*, il se reposera.
4. *La nuit tombera*, j'allumerai un feu.
5. *Sylvie partira*, nous discuterons.
6. *La pluie cessera*, nous sortirons.

☆ REPÉRAGE ET ORTHOGRAPHE

Exercice 13
Dans les phrases suivantes, complétez la terminaison des verbes soulignés. Précisez ensuite si le verbe est au futur de l'indicatif ou au conditionnel présent.

1. Si tu partais, je te suivr . . . . . .
2. Si tu pars, je te suivr . . . . . .
3. Demain, je visiter . . . . . Reims.
4. Au cas où tu sortir . . . . . , préviens-moi.
5. En rougissant, je ma trahir . . . . . .
6. A l'avenir, je ser . . . . . plus prudent.

☆ REPÉRAGE ET CRÉATION

Exercice 14
1. Indiquez le rôle tenu par l'imparfait dans le texte suivant. 2. Composez un paragraphe du même genre en choisissant un autre thème (une plage, un étang, une île, une rue, etc.).

Le bois était ténébreux, sans aucun froissement de feuilles. De grands branchages s'y dressaient affreusement. Des buissons chétifs et difformes sifflaient dans les clairières. Les hautes herbes fourmillaient sous la bise comme des anguilles. Les ronces se tordaient comme de longs bras armés de griffes cherchant à prendre des proies. Quelques bruyères, chassées par le vent, passaient rapidement et avaient l'air de s'enfuir avec épouvante devant quelque chose qui arrivait. De tous les côtés, il y avait des étendues lugubres.

V. Hugo, *Les Misérables*, « Cosette ».

☆ REPÉRAGE

Exercice 15
Dans le texte suivant, indiquez le mode et le temps de chaque verbe en italique :

Dans sa course furieuse, l'animal faisait voltiger tant de sable autour de lui qu'on ne *voyait* plus son corps. Un instant, on *crut* que l'acrobate de Minos *était transpercé* par la corne qu'il *avait saisie*. Puis, soudain, on l'*aperçut*, bondissant sur la bête et se maintenant sur l'énorme dos, attendant le moment où le taureau le *secouerait* en arrière pour avoir l'élan nécessaire à un double saut périlleux. [...] Le Minotaure leva la main : « Je n'*ai* jamais rien *vu* de plus beau. Je réclame donc que Nessos *refasse* sa prouesse. »

L.-N. Lavolle, *L'acrobate de Minos*, Éd. de l'Amitié, G.T. Rageot

On sait **que l'Inde connaît une démographie galopante.** Aussi les chantiers de construction s'ouvrent-ils un peu partout dans les villes et les campagnes. Les habitudes ancestrales font **qu'on recrute le personnel sur place par familles entières.** (…)

Les pères sont en principe affectés[1] aux activités les plus pénibles et les plus astreignantes. Mais pour économiser la main-d'œuvre, on leur confie des groupes d'enfants qui n'ont parfois pas dix ans. (…) Il est rare **que tous les salaires dus soient versés à tous les membres de la famille.** Une somme forfaitaire[2] est plutôt remise au père.

Patrick Braun, *Les gosses du désespoir*, Éd. Mercure de France.

1. On leur fait accomplir les tâches les plus difficiles et les plus longues.   2. Une somme globale.

24 La subordonnée conjonctive introduite par « que »

a. Nature

• Une proposition subordonnée peut être introduite par la conjonction de subordination « **que** ». On dit alors que c'est une **proposition subordonnée conjonctive** : *Je voudrais qu'il neige.*   *Il faut qu'on parte.*

• La subordonnée conjonctive introduite par « **que** » ne doit pas être confondue avec la subordonnée relative introduite par le pronom relatif « que ». Ce dernier peut être remplacé par son antécédent, alors que la conjonction « que » ne peut être remplacée par aucun nom :

*Je crois **que** tu te trompes.*   *Voilà la pince **que** je cherchais.* (= je cherchais la pince)
    prop. sub. conjonctive   prop. sub. relative

b. Fonctions

• La subordonnée conjonctive introduite par « que » peut avoir différentes fonctions dans la phrase. La plupart sont des fonctions essentielles :

1. Fonction sujet

Le mode de la subordonnée est alors le **subjonctif**.
Que vous sortiez par ce temps me surprend.
    sujet

2. Fonction sujet réel

La subordonnée conjonctive peut venir à la suite d'une forme verbale impersonnelle. Elle est alors sujet réel (encore appelé sujet logique) :
Il suffira que tu écrives à Pierre.   *Il serait bon que tu sois là.*
    sujet réel   sujet réel

• Dans ces tournures, le mode de la subordonnée dépend de l'intention du locuteur. Si ce dernier considère comme **réelle** l'action exprimée par la subordonnée, celle-ci est à l'**indicatif**. Si le locuteur ne fait qu'**envisager** l'action, la subordonnée est au **subjonctif** :

Il est exact que Jean a gagné au tiercé. (action attestée)
Il est possible que Jean ait gagné au tiercé. (action envisagée)

ATTENTION !
Lorsque la proposition principale est à la forme négative ou interrogative, la subordonnée peut être au subjonctif : *Il n'est pas exact que Jean ait gagné au tiercé.*

3. Fonction attribut

• En fonction attribut, la subordonnée conjonctive vient généralement à la suite du verbe « être ». Son mode dépend de l'intention du locuteur :
Ma conviction est que Benoît a du talent. (action attestée)
Mon souhait est que Benoît ait du talent. (action envisagée)

4. Fonction COD

• C'est la fonction qu'occupe le plus souvent la subordonnée conjonctive introduite par « que » :
Je comprends que tu hésites.   *On annonce qu'il va neiger.*
            COD   COD

• Le mode de la subordonnée COD dépend à la fois du type de phrase employé et de l'intention du locuteur. De façon générale, dans une phrase **déclarative**, la subordonnée est à l'**indicatif** quand elle suit après un verbe d'**opinion**, de **déclaration**, de **perception**.

La subordonnée est au **subjonctif** quand elle suit après un verbe exprimant l'**ordre**, la **volonté**, ou un **sentiment**.

INDICATIF	SUBJONCTIF
Opinion : *Je crois qu'il est loyal.*	Ordre : *J'exige qu'il soit loyal.*
Déclaration : *On dit qu'il sait tout.*	Volonté : *On veut qu'il sache tout.*
Perception : *Je sens qu'il fait froid.*	Sentiment : *J'aime qu'il fasse froid.*

• Dans une phrase interrogative ou négative, la subordonnée est généralement au subjonctif :
Je ne crois pas qu'il ait neigé.   *Crois-tu que Laurent soit guéri ?*

• Après les verbes exprimant la crainte ou l'empêchement, la subordonnée comporte souvent l'adverbe **ne**. Ce mot n'est nullement nécessaire au sens de la phrase ; il n'a pas de valeur négative. On dit que c'est un « ne » **explétif** :
*Je crains qu'il **ne** pleuve.*

5. Fonction complément du nom

• En fonction de complément du nom, la subordonnée conjonctive introduite par « que » peut suivre immédiatement le nom ou en être disjointe. Son mode dépend de l'intention du locuteur :
Je suis sensible au fait que Jean m'ait salué. (sentiment)
          Complément du nom « fait »
La preuve est établie que j'avais raison. (certitude)
        Complément du nom « preuve »

6. Fonction complément de l'adjectif

• La subordonnée conjonctive peut être complément de l'adjectif. Son mode dépend de l'intention du locuteur :
Je suis surpris que vous ayez crié. (sentiment)
Je suis sûr que vous avez crié. (certitude)

• On emploie la subordonnée conjonctive :

— pour combler l'absence d'un GN :
Je veux que vous vous empariez du ballon.

(Il n'y a pas de nom correspondant au verbe « s'emparer ».)

— pour remplacer un GN qui ne s'emploierait pas à la suite de certains verbes :
Jean prétend que Gilles démissionne.

(« Jean prétend la démission de Gilles » → ne peut se dire.)

— pour se substituer à un GN et permettre une formulation plus usitée :
Je veux que tu viennes rapidement. (formulation usitée)
Je veux ta venue rapide. (formulation peu usitée)

• Parfois cependant, la subordonnée conjonctive et le GN se concurrencent dans l'emploi. On utilise indifféremment l'une ou l'autre tournure :
Nous souhaitons ton élection.   *Nous souhaitons que tu sois élu.*

• Enfin, la subordonnée conjonctive introduite par « que » s'emploie dans le **style indirect**, c'est-à-dire pour rapporter indirectement les paroles de quelqu'un :
Pierre annonce qu'il est reçu.

Style direct : Pierre annonce : « Je suis reçu. »

Résumé

• La proposition subordonnée conjonctive introduite par « que » peut avoir de multiples fonctions dans la phrase :
Il arrive que tu sois en retard. (sujet réel)
Je crois que tu te trompes. (COD)

• Cette subordonnée est généralement à l'indicatif ou au subjonctif. Le choix du mode dépend de l'intention du locuteur :
J'affirme qu'il pleut.   *Je voudrais qu'il pleuve.*
(Le locuteur considère l'action comme réelle.) (Le locuteur souhaite la réalisation de l'action.)

exercices

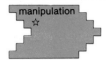

Les phrases ci-dessous sont formées de deux propositions indépendantes juxtaposées ; transformez-les de façon que l'une des propositions devienne une subordonnée conjonctive introduite par « que ».
Ex. : Nous réussirons, je le pense. → Je pense que nous réussirons.

1. L'hiver sera rude, je le crois.
2. Bruno se décourage, on le comprend.
3. Les jours diminuent, on le voit.
4. Ces jeux me déplaisent, tu le sais.
5. Tout ira bien, je te le promets.
6. Le supermarché va fermer, on le dit.

Dans le texte suivant, relevez les subordonnées conjonctives introduites par « que » :

LE CHIEN NÉRON
Néron mordit le tuyau d'alimentation en eau de la machine à laver. Quand l'inondation gagna le salon, nous comprîmes que ce chien avait horreur de la solitude et qu'il était un compagnon joyeux et fort distrayant ! Au lendemain de cette soirée agitée, Pilar[1] m'informa par téléphone qu'elle filait en Espagne passer ses vacances.

Maurice Denuzière, *Un chien de saison*,
Éd. J.-C. Lattès.

1. La domestique de l'auteur.

Dans les phrases suivantes, indiquez si la subordonnée introduite par « que » est une conjonctive ou une relative :

1. Je crois que nous sommes en retard.
2. Je te montrerai le poster que j'ai acheté.
3. L'oiseau que je photographie est un colibri.
4. Vous regrettez qu'on ait supprimé ce train.
5. Nous prêterons à Marc la ponceuse que nous venons d'acheter.
6. Tu ne souhaites pas qu'on annule la réunion.

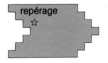

Dans les phrases suivantes, indiquez la fonction de la subordonnée conjonctive introduite par « que » :

1. Je crois que nous gagnerons ce match.
2. Tu voudrais qu'on se réunisse rapidement.
3. Qu'on démolisse ce bâtiment paraît utile.
4. Il arrive qu'on fasse des erreurs.
5. Ma chance est que tu sois près de moi en ce moment.
6. J'ai la certitude que nous sommes sur la bonne voie.

EXERCICE 5

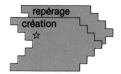

repérage
création
☆

*1. Dans le texte suivant, relevez deux subordonnées conjonctives intro-
duites par « que ».
2. Imaginez une suite au texte en vous limitant à un maximum de
dix lignes ; votre texte comportera au moins deux subordonnées
conjonctives.*

Une souris dit à son père et à sa mère qu'elle allait faire une promenade au bord de la mer.

« Nous allons nous faire un sang d'encre ! s'écrièrent-ils. Le monde
est si cruel. N'y va pas ! »

« J'ai pris ma décision, dit fermement la Souris. Je n'ai jamais vu
l'océan et il est grand temps que j'y aille. Rien ne pourra me faire changer d'avis. »

Arnold Lobel, *Fables*,
Éd. L'Ecole des Loisirs.

EXERCICE 6

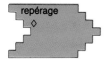

repérage
◇

*Dans le texte suivant, relevez chaque subordonnée introduite par « que ».
Indiquez sa nature et sa fonction :*

Au dessert, papa demanda
qu'on allumât toutes les lampes, et
réclama le silence. Il se leva de
table et se fit un turban avec sa ser-
viette. Il nous apparut qu'il se con-
centrait comme un fakir. Ses sourcils se fronçaient sous l'effort qu'il
faisait pour entrer en contact avec
les esprits. [...] Brusquement
immobile, il nous sembla qu'il avait
trouvé.

C. Paysan, *Nous autres les Sanchez*,
Éd. Denoël.

EXERCICE 7

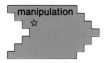

manipulation
☆

*Dans les phrases suivantes, mettez le verbe de la subordonnée à l'indi-
catif ou au subjonctif selon les cas :*

1. Il faut que tout [aller] bien.
2. Il est vrai que tout [aller] bien.
3. Il est certain que je [être] gai.

4. Il vaut mieux que je [être] gai.
5. Il est rare que ce chien [mordre].
6. Il est exact que ce chien
[mordre].

EXERCICE 8

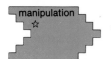

manipulation
☆

Même consigne que pour l'exercice précédent.

1. Je dis qu'il [être] sincère.
2. Je doute qu'il [être] sincère.
3. Tu annonces qu'il [faire] beau.

4. Tu voudrais qu'il [faire] beau.
5. J'atteste qu'elle [être] malade.
6. Je regrette qu'elle [être] malade.

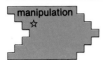

manipulation
☆

En vous fiant au sens et à la syntaxe, reliez chaque proposition de A à celle de B qui lui correspond :

A	B
Tintin assure	que l'atterrissage est difficile.
Le pilote regrette	que les secours vont venir.
Le blessé se dit	que Milou soit astucieux.
Le pilote reconnaît	que les secours viennent.
Tintin apprécie	que l'atterrissage soit difficile.
Le blessé attend	que Milou est astucieux.

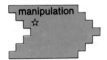

manipulation
☆

Dans les phrases suivantes, mettez le verbe de la subordonnée aux mode et au temps qui conviennent :

1. Je pense que nous [avoir] tort.
2. Je ne pense pas que nous [avoir] tort.
3. Vous croyez qu'on [pouvoir] faire mieux.
4. Croyez-vous qu'on [pouvoir] faire mieux ?
5. Je dis que nous [être] responsables.
6. Je ne dis pas que nous [être] responsables.

emploi
☆

En employant des verbes comme : « annoncer, déclarer, ordonner, souhaiter, estimer, demander », imaginez un sujet pour chacune des phrases suivantes. (Changez au besoin le mode des phrases.)
Ex. : Le train a du retard.
    Le chef de gare annonce que le train a du retard.

1. La séance est levée.
2. Il va pleuvoir.
3. On dératise le quartier.

4. Le match peut avoir lieu.
5. L'épreuve est annulée.
6. On rétablit le train de 8 h 13.

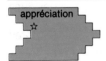

appréciation
☆

Lisez les phrases suivantes, et relevez celles dans lesquelles on peut substituer à la subordonnée conjonctive un nom correspondant à son verbe. Opérez la substitution lorsque c'est possible.

1. Nous attendons que vous interveniez.
2. Je voudrais que tu nous rejoignes au plus vite.
3. Je ne supporte pas qu'on me dévisage.
4. Nous souhaitons que tu réussisses.
5. Je ne veux pas qu'on abîme ce jouet.
6. Tu mérites qu'on te félicite.

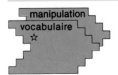

manipulation
vocabulaire
☆

Remplacez chaque subordonnée conjonctive par un GN :

1. Je remarque que tu es pâle.
2. Je sens que tu hésites.
3. Je redoute que vous échouiez.

4. Je vois que vous êtes émus.
5. Je regrette que tu sois réticent.
6. Je crois que Luc est innocent.

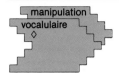

Même consigne que pour l'exercice précédent.

1. On apprend que l'assemblée est dissoute.
2. Il faut attendre qu'on proclame les résultats.
3. Il faut attendre qu'on affiche les résultats.
4. Je crois que cet homme est coupable.
5. On annonce que l'équipe est disqualifiée.
6. On attend que le témoin ait déposé.

Dans les phrases suivantes, remplacez le GN souligné par une subordonnée conjonctive introduite par « que » :

1. Je comprends ta déception.
2. Je crois à ta guérison.
3. J'apprécie ton honnêteté.

4. On m'avertit de ton absence.
5. Je devine ta terrible inquiétude.
6. Je vois la vanité de nos efforts.

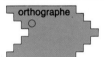

Lisez le texte suivant ; il vous sera ensuite donné en dictée.

En quelques minutes, le ciel prend une couleur d'acier tandis que le vent monte soudainement. Je me précipite vers la maison. Il faut que j'aie le temps de fermer les volets avant que l'orage n'éclate. Je sens qu'il est imminent. Déjà, de grosses gouttes s'écrasent sur le sol. Le premier éclair est orangé ; le second est bleuâtre. Puis, le ciel devient livide tandis qu'une pluie diluvienne s'abat. Je crains que nous n'essuyions un orage violent. Il n'est pas rare que des tornades se produisent après une journée caniculaire.

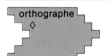

Même consigne que pour l'exercice précédent.

Au milieu de ma solitude souterraine, j'avais trouvé une petite araignée. J'avais été très étonné de trouver un être vivant à cette profondeur et dans ce milieu si froid et si humide. Je ne pensais pas qu'il puisse y avoir une vie animale dans ce gouffre. J'avais engagé une sorte de dialogue avec l'araignée. Je lui parlais, je m'inquiétais de son sort, je la regardais s'agiter. Mais j'eus la malencontreuse idée de vouloir lui donner à manger : deux jours après, elle était morte. Ce fut une grosse déception, et je me dis que j'aurais pu l'éviter.

Michel Siffre, *Expériences hors du temps*,
Éd. Fayard.

Je somnole à moitié. **Comme je n'ai pas envie de me faire enlever par un paquet de mer,** je passe un bout de corde autour de ma taille et je le tourne sur les taquets[1] d'écoute[2] placés derrière moi. Autant je ne crois guère au harnais de sécurité pour manœuvrer, autant je crois utile de s'amarrer pour barrer par mauvais temps. (…) Les eaux de l'Atlantique Nord sont souvent glaciales **si bien qu'on y meurt de froid très rapidement.** Cette perspective ne m'enchante que très médiocrement, et je fais confiance à mon bout d'écoute bien capelé[3] autour de mes reins.

Éric Tabarly, Victoire en solitaire - Atlantique 1964, Éd. Arthaud.

1. Pièce de bois ou de métal qui sert à amarrer un cordage.
2. Ecoute : cordage fixé au bas d'une voile.
3. Bien capelé : bien enroulé.

25

Les subordonnées circonstancielles : cause, conséquence, but

1. LA SUBORDONNÉE DE CAUSE

a. Termes introducteurs

La proposition subordonnée conjonctive de cause est le plus souvent introduite par les locutions suivantes : **parce que**, **puisque**, **comme**, **sous prétexte que** : *Je m'absente parce que j'ai une course à faire*.

b. Mode

La subordonnée de cause est le plus souvent à l'**indicatif** car l'action qu'elle présente est généralement réelle. Quand l'action est éventuelle, la subordonnée est au **conditionnel** :
Comme le brouillard tombait, les recherches ont été suspendues.
J'emporte un parapluie parce qu'il pourrait pleuvoir.

• Chaque locution conjonctive de cause correspond à une intention particulière du locuteur.

parce que — s'emploie surtout pour **expliquer** un fait présenté dans la proposition principale :
Ce jour-là, je n'ai pas suivi l'entraînement, parce que j'avais une contracture musculaire.

puisque — s'emploie pour **démontrer**, pour établir que la cause d'un fait est incontestable : *Marc ne peut être soupçonné du vol puisqu'il était absent ce jour-là*.

comme — s'emploie pour **déduire**. On marque que le fait exprimé par la principale se déduit logiquement de celui qu'exprime la subordonnée. Pour cette raison, la subordonnée introduite par « comme » se place souvent en tête de phrase : *Comme j'étais aphone, je ne pouvais crier et avertir Luc du danger.*

sous prétexte que — s'emploie pour **mettre en doute** la cause énoncée : *Jacques n'a pas parlé sous prétexte qu'il avait mal aux dents. En fait, il ne voulait pas donner son avis.*

2. LA SUBORDONNÉE DE CONSÉQUENCE

a. Termes introducteurs

La subordonnée conjonctive de conséquence peut être introduite par les locutions suivantes : **de sorte que**, **de façon que**, **de manière que**, **si bien que**, **au point que**, **tant et si bien que** :

A cette époque, les bateaux se manœuvraient simplement si bien que les équipages étaient sommaires.

• La subordonnée de conséquence peut encore être introduite par **que**. Cette conjonction est alors mise en liaison avec un terme d'intensité présent dans la principale. On dit que les deux propositions sont **corrélatives** :

Le brouillard est si dense qu'on ne voit rien à dix mètres.

b. Mode

La subordonnée de conséquence est le plus souvent à l'**indicatif**. Elle est au **conditionnel** quand l'action qu'elle évoque n'est qu'éventuelle :

J'avais fermé les volets de sorte qu'il faisait frais dans la maison.
Anne est si grippée qu'elle pourrait déclarer forfait pour le match.

• Les différents termes pouvant introduire une subordonnée consécutive permettent d'exprimer la conséquence **sans intensité** ou **avec intensité**.

1. Expression non intense

de sorte que
de façon que
de manière que
{ s'emploient souvent pour exprimer la conséquence d'un geste, d'une manœuvre, d'une façon d'agir :
J'avais réglé le thermostat de la gazinière de sorte que le gigot était cuit à point quand je rentrai.

si bien que
{ s'emploie pour **déduire**. Cette locution marque le caractère logique de la conséquence :
J'avais oublié mes papiers si bien que je n'ai pas pu voter.

2. Expression intense

au point que
{ exprime une intensité extrême. On emploie cette locution quand la principale et la subordonnée évoquent des faits d'une grande dimension :
Le vacarme était assourdissant au point qu'on ne s'entendait plus.

tant et si bien que
{ s'emploie pour marquer la conséquence d'une accumulation :
Le public cria, siffla, lança des projectiles, envahit le terrain, tant et si bien que le match fut interrompu.

si ......
tant .....
tel(le) ... } **que** {
tellement
souligne la conséquence d'un fait intense exprimé dans la principale :
Il neige tant qu'on ne voit plus les maisons d'en face.
fait intense   conséquence

3. LA SUBORDONNÉE DE BUT

a. Termes introducteurs

La subordonnée conjonctive de but peut être introduite par ces locutions conjonctives : **pour que, afin que, de sorte que, de façon que, de manière que, de crainte que, de peur que**.
Les gens font une pétition pour qu'on construise une crèche dans le quartier.

Après « de crainte que », « de peur que », la subordonnée comporte souvent un « ne » explétif :
Je crie de peur qu'on ne m'enferme dans ce bâtiment.

b. Mode

La subordonnée de but est toujours au subjonctif :
J'insiste pour que Patrick fasse un effort.

• Les différentes locutions qui introduisent la subordonnée de but correspondent à des intentions différentes du locuteur :

**pour que
afin que**
{ s'emploient pour désigner le but qu'on se donne :
Ils font des économies pour que leurs enfants puissent partir en vacances.

**de peur que
de crainte que**
{ s'emploient pour désigner le but qu'on veut éviter :
Je ferme les fenêtres de peur que les voisins ne nous entendent.

**de sorte que
de manière que
de façon que**
{ s'emploient pour désigner le résultat qu'on veut donner à une action :
Nous voulons déplacer ce meuble de manière que la pièce paraisse plus grande.

ATTENTION !
Il ne faut pas confondre la subordonnée de conséquence et la subordonnée de but. La première désigne une conséquence réalisée ou éventuelle ; la seconde, une conséquence qu'on cherche à réaliser et qui devient, dès lors, un but :
J'élevai la voix de sorte qu'on m'entendit. (conséquence réalisée)
Je sortirais à pas feutrés de sorte qu'on ne m'entendrait pas. (conséquence éventuelle)
Parle plus fort de sorte que je t'entende. (conséquence recherchée → but)

Résumé

• Les subordonnées de cause, de but et de conséquence sont introduites par des locutions conjonctives qui correspondent à des intentions différentes du locuteur :
Je ne peux témoigner puisque je n'ai rien vu.
(Subordonnée de cause → le locuteur démontre)
Pierre grelotte parce qu'il a de la fièvre.
(Subordonnée de cause → le locuteur explique)

• Les subordonnées de cause et de conséquence sont le plus souvent à l'indicatif. La subordonnée de but est au subjonctif :
Dors, parce qu'il est tard. (cause)   *Il a si mal qu'il gémit* (conséquence)
Dépêche-toi pour que nous voyions le début du spectacle. (but)

exercices

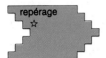

repérage
☆

Dans les phrases suivantes, relevez les subordonnées conjonctives complément circonstanciel de cause et indiquez leur mode :

1. Je ne te retiens pas puisque tu es pressé.
2. Comme j'étais en Ecosse, j'ai acheté un kilt.
3. Je connais cette région parce que j'y ai séjourné.
4. N'agace pas ce chien parce qu'il te mordrait.
5. Fabien rentre sous prétexte qu'il a froid.
6. Pierre ne défilera pas sous prétexte que ce serait inutile.

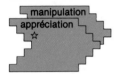

manipulation
appréciation
☆

Reliez entre elles les propositions en utilisant les locutions suivantes :
parce que, puisque, comme, sous prétexte que.

1. J'ai encouragé Frédéric . . . . . il le méritait.
2. Inutile de mentir . . . . . nous connaissons la vérité.
3. . . . . . il n'y avait pas de taxiphone sur cette route, je n'ai pu téléphoner.
4. Le coureur abandonne . . . . . il est malade. En fait, il est découragé.

repérage
manipulation
☆

Dans le texte suivant, relevez une subordonnée conjonctive complément circonstanciel de cause. Indiquez si l'intention de celui qui l'emploie est de mettre en doute, de démontrer ou d'expliquer.

LE SOUS-PRÉFET AUX CHAMPS

A voix basse, sous la feuillée, on se demande quel est ce beau seigneur en culotte d'argent... Pendant ce temps-là, M. le sous-préfet, ravi du silence et de la fraîcheur du bois, relève les pans de son habit, pose son claque sur l'herbe et s'assied dans la mousse au pied d'un jeune chêne...
— C'est un artiste ! dit la fauvette.
— Non, dit le bouvreuil, ce n'est sûrement pas un artiste puisqu'il a une culotte en argent. C'est plutôt un prince.

A. Daudet, *Les Lettres de mon moulin*,
Éd. Fasquelle.

226

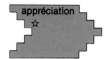

appréciation
☆

Dans les phrases suivantes, indiquez si l'intention est d'expliquer, de démontrer, de déduire ou de mettre en doute :

1. Je suis attaché à ce jouet, parce qu'il me rappelle un bon souvenir.
2. Tu ne peux nier ta participation à ce congrès puisqu'on t'y a photographié.
3. Gilles n'est pas venu à la réunion sous prétexte qu'il n'a pas été prévenu.
4. Comme l'autoroute est fermée, Pierre prendra la Nationale 7.

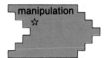

manipulation
☆

En utilisant les prépositions ou locutions suivantes, substituez aux subordonnées de cause un GN introduit par l'un de ces termes : par - pour - de - grâce à - en raison de - faute de.
Exemple : Pierre a salé la crème parce qu'il était étourdi.
→ *Pierre a salé la crème par étourderie.*

1. Paul agit ainsi parce qu'il est méchant.
2. Parce qu'il était en colère, Xavier a déchiré ma lettre.
3. Cet homme est poursuivi parce qu'il a commis un vol à main armée.
4. Le blessé est sauvé parce que le SAMU est intervenu.
5. Le Salon est fermé parce qu'il y a une grève de l'E.D.F.
6. Parce qu'il n'y avait pas d'arbitre, le match ne put avoir lieu.

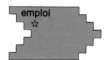

emploi
☆

Chacune des phrases suivantes évoque un fait. Essayez d'en imaginer la cause et de l'exprimer au moyen d'une subordonnée conjonctive :

1. Ma voisine était inquiète . . . . . .
2. Tu n'as pas pu voir de cigognes à Lille . . . . . .
3. . . . . . , le moniteur m'a dispensé d'entraînement.
4. Luc refuse de nous aider . . . . . .

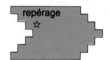

repérage
☆

Dans le texte suivant, relevez deux subordonnées conjonctives complément de conséquence. Indiquez si elles sont ou non corrélatives d'une autre proposition.

Il était quatre heures du matin et la nouvelle lune s'était couchée de sorte qu'il faisait sombre. Mais les étoiles brillaient. [...] Notre camarade vit soudain devant lui la face la plus grande et la plus hideuse qu'aucun de nous eût jamais aperçue. Cette bête monstrueuse atteignait une telle grosseur et une telle laideur qu'un spectre n'aurait pu nous impressionner davantage.

Thor Heyerdhal, *L'expédition du Kon-Tiki*, Éd. Albin Michel.

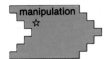

Reliez entre elles ces propositions en utilisant les locutions suivantes :
si bien que, tant et si bien que, de sorte que, au point que.

1. Elle a mangé trois pizzas, une omelette, des rillettes, une choucroute et une dizaine de crêpes . . . . . elle a eu une indigestion.
2. J'avais promis de garder le secret . . . . . je ne pouvais parler.
3. L'animateur utilisait un porte-voix . . . . . on l'entendait bien.
4. Le visage de Sylvie enfla . . . . . on ne vit plus ses yeux.

Dans les phrases suivantes, remplacez le terme souligné par un adverbe d'intensité, puis subordonnez la seconde proposition à la première.
Exemple : Cette perle est très petite ; elle glisse entre les doigts.
→ Cette perle est si petite qu'elle glisse entre les doigts.

1. Le vent est très violent, il ploie les arbustes.
2. Le chanteur a beaucoup de talent, il deviendra célèbre.
3. Tu jouas avec un très grand brio, tu enthousiasmas le public.
4. Cet artiste m'impressionne beaucoup, je n'ose lui parler.

Imaginez la conséquence de chacun des faits suivants et exprimez-la à l'aide d'une subordonnée conjonctive.
Ex. : Les autobus ne roulaient pas si bien que j'ai dû prendre le train.

Si la phrase proposée comporte un terme marquant l'intensité, vous pouvez lui substituer un autre terme.
*Ex. : Phrase proposée : J'avais **très** froid. Phrase réalisée : J'avais **si** froid que je ne sentais plus le bout de mes pieds.*

1. J'avais oublié mon passeport . . . . . .
2. Luc me hissa sur ses épaules . . . . . .
3. Guy hésita, louvoya, atermoya, se fit prier . . . . . .
4. La neige étincelait . . . . . .
5. Ma peur était très grande . . . . . .
6. Tu avais beaucoup de fièvre . . . . . .

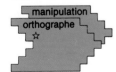

En utilisant les termes notés en italique, reliez les phrases 2 aux phrases 1 de façon à en faire des subordonnées conjonctives de but. Changez le mode et le temps du verbe de la subordonnée comme il convient.

SÉRIE 1	SÉRIE 2
On aménage ce bureau.	Il sera plus grand. (*pour que*)
On branche un radiateur.	Tu auras moins froid. (*pour que*)
Je lui parlerai.	Il saura la vérité. (*afin que*)
On règle le moteur.	Il fera moins de bruit. (*de façon que*)
On couvre le blessé.	Il prendra froid. (*de peur que*)
Je parlerai à Pierre.	Il m'en voudra. (*de crainte que*)

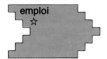

Complétez les phrases ci-dessous au moyen d'une subordonnée conjonctive introduite par « de sorte que ». Cette subordonnée sera complément de but ou de conséquence selon les indications fournies en regard des phrases.

1. On me frictionna énergiquement . . . . . (*conséquence*)
2. Je me cache derrière un arbre . . . . . (*but*)
3. L'automobile serra à droite . . . . . (*conséquence*)
4. Fais-lui un plan détaillé . . . . . (*but*)
5. On sable l'autoroute enneigée . . . . . (*but*)
6. Un mécanicien régla le carburateur . . . . . (*conséquence*)

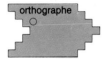

Lisez le texte suivant ; il vous sera ensuite donné en dictée.

On entendait un bruit bizarre dans le jardin, mais comme il faisait nuit, on ne distinguait rien. Je sortis. Marc prit la lanterne et m'accompagna. Le bruit se répétait de sorte qu'on le situait bien. Il provenait d'un buisson d'hortensias. Je dis à mon frère : « Lève la lanterne de façon qu'on voie bien l'intérieur des feuillages. » Il obéit, et nous découvrîmes alors un spectacle attendrissant : une chienne avait mis bas sept chiots. C'étaient eux qui vagissaient et remuaient si bien qu'on entendait ce bruit étrange qui m'avait inquiété.

Même consigne que pour l'exercice précédent.

Lorsque les tables sont desservies, Merlin se lève, prend la parole et dit : « Que le roi Arthur réunisse ses chevaliers autour d'une table. Elle sera ronde pour qu'on voie bien qu'il n'y a pas de place d'honneur. Tous ceux qui devront y prendre place auront en effet le même rang. Le siège à la droite du roi devra rester vide, personne ne devra jamais s'y asseoir sous peine de connaître un sort terrible, hormis le meilleur chevalier du monde, celui qui fera la conquête du Graal et en connaîtra la signification.

Les enchantements de Merlin,
Adapté par F. Johan, L'Ami de poche,
Éd. Casterman.

le verbe mettre

INDICATIF		SUBJONCTIF	
PRÉSENT	**PASSÉ COMPOSÉ**	**PRÉSENT**	**IMPARFAIT**
je mets	j'ai mis	que je mette	que je misse
tu mets	tu as mis	que tu mettes	que tu misses
il/elle met	il/elle a mis	qu'il/elle mette	qu'il/elle mît
nous mettons	nous avons mis	que nous mettions	que nous missions
vous mettez	vous avez mis	que vous mettiez	que vous missiez
ils/elles mettent	ils/elles ont mis	qu'ils/elles mettent	qu'ils/elles missent

		CONDITIONNEL	
IMPARFAIT	**PLUS-QUE-PARFAIT**	**PRÉSENT**	**PASSÉ**
je mettais	j'avais mis	je mettrais	j'aurais mis
tu mettais	tu avais mis	tu mettrais	tu aurais mis
il/elle mettait	il/elle avait mis	il/elle mettrait	il/elle aurait mis
nous mettions	nous avions mis	nous mettrions	nous aurions mis
vous mettiez	vous aviez mis	vous mettriez	vous auriez mis
ils/elles mettaient	ils/elles avaient mis	ils/elles mettraient	ils/elles auraient mis

PASSÉ SIMPLE	PASSÉ ANTÉRIEUR	IMPÉRATIF	
je mis	j'eus mis	**PRÉSENT**	
tu mis	tu eus mis	mets mettons mettez	
il/elle mit	il/elle eut mis		
nous mîmes	nous eûmes mis	**INFINITIF**	
vous mîtes	vous eûtes mis	**PRÉSENT**	**PASSÉ**
ils/elles mirent	ils/elles eurent mis	mettre	avoir mis

FUTUR SIMPLE	FUTUR ANTÉRIEUR	PARTICIPE	
je mettrai	j'aurai mis	**PRÉSENT**	**PASSÉ**
tu mettras	tu auras mis	mettant	mis(e) ayant mis
il/elle mettra	il/elle aura mis		
nous mettrons	nous aurons mis		
vous mettrez	vous aurez mis		
ils/elles mettront	ils/elles auront mis		

exercices de conjugaison

Exercice 1

Dans les phrases suivantes, mettez les verbes notés entre parenthèses à l'indicatif présent :

1. Nous (*admettre*) ..... votre point de vue.
2. Vous (*compromettre*) ..... l'avenir du club.
3. J'(*émettre*) ..... des réserves sur notre participation au cross.
4. La radio (*retransmettre*) ..... le match.
5. Les indices ne (*permettre*) ..... pas de conclure à la culpabilité du prévenu.
6. Si tu ne te (*soumettre*) ..... pas à cette visite médicale, tu ne pourras obtenir ton visa.

Exercice 2

Dans les phrases suivantes, mettez les verbes notés entre parenthèses à l'indicatif futur :

1. N'ayez aucune crainte, je (*remettre*) ..... les livres sur les rayons.
2. Vous (*transmettre*) ..... cette circulaire à tous les chefs de service.
3. Je vous (*soumettre*) ..... le texte de la pétition.
4. Nous ne te (*permettre*) ..... pas de partir.
5. Ces bonimenteurs vous (*promettre*) ..... vainement la réussite.

Exercice 3

Dans les phrases suivantes, mettez les verbes notés entre parenthèses au passé simple :

1. L'arrière central (*commettre*) ..... une faute.
2. Le secrétaire (*omettre*) ..... d'avertir tous les membres du club.
3. Les délégués (*remettre*) ..... leur rapport.
4. En cette circonstance, la poste (*émettre*) ..... un timbre commémoratif.
5. Des télescopes puissants (*permettre*) ..... de mieux observer l'éclipse.

Exercice 4

Dans les phrases suivantes, mettez les verbes notés entre parenthèses aux modes et temps qui conviennent :

1. Il faut que l'on (*remettre*) ..... la lettre au maire.
2. Si votre décision était positive, je la (*soumettre*) ..... au comité.
3. Il suffit que vous (*transmettre*) ..... le dossier au service concerné.
4. Essaie de rencontrer Bruno et (*transmettre*) .....-lui mon amical souvenir.

le verbe devoir

INDICATIF		SUBJONCTIF	
PRÉSENT	**PASSÉ COMPOSÉ**	**PRÉSENT**	**IMPARFAIT**
je dois	j'ai dû	que je doive	que je dusse
tu dois	tu as dû	que tu doives	que tu dusses
il/elle doit	il/elle a dû	qu'il/elle doive	qu'il/elle dût
nous devons	nous avons dû	que nous devions	que nous dussions
vous devez	vous avez dû	que vous deviez	que vous dussiez
ils/elles doivent	ils/elles ont dû	qu'ils/elles doivent	qu'ils/elles dussent

IMPARFAIT	**PLUS-QUE-PARFAIT**	**CONDITIONNEL**	
je devais	j'avais dû	**PRÉSENT**	**PASSÉ**
tu devais	tu avais dû	je devrais	j'aurais dû
il/elle devait	il/elle avait dû	tu devrais	tu aurais dû
nous devions	nous avions dû	il/elle devrait	il/elle aurait dû
vous deviez	vous aviez dû	nous devrions	nous aurions dû
ils/elles devaient	ils/elles avaient dû	vous devriez	vous auriez dû
		ils/elles devraient	ils/elles auraient dû

PASSÉ SIMPLE	**PASSÉ ANTÉRIEUR**	**IMPÉRATIF**		
je dus	j'eus dû	**PRÉSENT**		
tu dus	tu eus dû	dois	devons	devez
il/elle dut	il/elle eut dû			
nous dûmes	nous eûmes dû	**INFINITIF**		
vous dûtes	vous eûtes dû	**PRÉSENT**	**PASSÉ**	
ils/elles durent	ils/elles eurent dû	devoir	avoir dû	

FUTUR SIMPLE	**FUTUR ANTÉRIEUR**	**PARTICIPE**		
je devrai	j'aurai dû	**PRÉSENT**	**PASSÉ**	
tu devras	tu auras dû	devant	dû, du(e)	ayant dû
il/elle devra	il/elle aura dû			
nous devrons	nous aurons dû			
vous devrez	vous aurez dû			
ils/elles devront	ils/elles auront dû			

exercices de conjugaison

Exercice 1

Dans les phrases suivantes, mettez les verbes notés entre parenthèses à l'indicatif présent :

1. Luc et toi (*devoir*) . . . . . rentrer tout de suite.
2. C'est toi qui (*devoir*) . . . . . écrire cette lettre.
3. Puisque nous (*devoir*) . . . . . faire cette besogne, mettons-nous au travail.
4. Les élèves de 5e (*devoir*) . . . . . se réunir incessamment.
5. Le relevé des notes (*devoir*) . . . . . être fait pour demain.

Exercice 2

Dans les phrases suivantes, mettez les verbes notés entre parenthèses à l'indicatif futur :

1. Dimanche prochain, je (*devoir*) . . . . . repeindre ma chambre.
2. Voilà le chemin que nous (*devoir*) . . . . . suivre.
3. Vous (*devoir*) . . . . . sans doute repeindre le local.
4. Les candidats (*devoir*) . . . . . se présenter à 8 heures.
5. Anne (*devoir*) . . . . . repasser son examen.

Exercice 3

Dans les phrases suivantes, mettez les verbes notés entre parenthèses au passé composé :

1. Nous (*devoir*) . . . . . faire demi-tour.
2. Dès qu'ils (*apercevoir*) . . . . . nos phares, les braconniers (*s'enfuir*) . . . . . . Ils (*devoir*) . . . . . se réfugier dans les sous-bois.
3. Vous (*devoir*) . . . . . recevoir un compte rendu.
4. Voilà la facture que nous avons (*devoir*) . . . . . payer.

Exercice 4

Dans les phrases suivantes, mettez les verbes notés entre parenthèses aux modes et temps qui conviennent :

1. Si ton père l'exigeait, nous (*devoir*) . . . . . partir.
2. Bien qu'il (*devoir*) . . . . . partir, le directeur va vous recevoir.
3. Vous (*devoir*) . . . . . venir à 8 heures ; or, il était 9 heures quand vous vous êtes présenté.
4. Qu'on (*devoir*) . . . . . demander l'autorisation de camper me semble normal.
5. Jean s'opposa d'abord à notre projet. Mais il (*devoir*) . . . . . l'accepter ensuite sous la pression du comité de classe.

Test de contrôle

6

☆ REPÉRAGE

☆ REPÉRAGE

Exercice 1

Dans les phrases suivantes, indiquez si la subordonnée introduite par que est conjonctive ou relative :

1. Je comprends que tu sois inquiet. (*conj*)
2. J'admire le timbre que tu as acheté. (*conj*) *rel*
3. Le vin que je bois est sucré. (*conj*) *rel*
4. Tu sais que Michel est sincère. (*conj*)
5. Qu'on reporte le match me déçoit. (*conj*)
6. On pense que le match sera reporté. (*conj*)

☆ REPÉRAGE

Exercice 2

Indiquez la fonction de la subordonnée conjonctive dans chacune des phrases suivantes :

1. Les techniciens espèrent que la fusée partira. *COD*
2. Qu'on ferme cette bibliothèque désole mes parents. *sujet*
3. Il arrive qu'il neige en avril. *COD*
4. Nous sommes heureux que tu viennes nous voir. *COD*
5. Je frémis à l'idée que la collision aurait pu se produire. *COD*
6. Ma fierté est que notre équipe joue bien. *attribut*

☆ MANIPULATION

Exercice 3

Dans les phrases suivantes, mettez le verbe de la subordonnée conjonctive au mode qui convient :

1. L'ingénieur affirme que le pont [*être*] solide.
2. Tu doutes que Sylvie [*être*] prudente.
3. Il paraît que Denis [*avoir*] une angine.
4. Il faut qu'on [*avoir*] de la patience.
5. Il est curieux que tu [*faire*] ce voyage.
6. Il est évident que tu [*faire*] trop de bruit.

☆ EMPLOI

Exercice 4

Complétez chacune des phrases suivantes par une subordonnée conjonctive. Employez à chaque fois le mode qui convient :

1. La radio annonce que . . . .
2. Il arrive que . . . .
3. Je crains que . . . .
4. On dit que . . . .
5. Je voudrais que . . . .
6. Que . . . . est inadmissible.

☆ REPÉRAGE

Exercice 5

Dans le texte suivant, relevez une subordonnée conjonctive de cause, une subordonnée de conséquence et une subordonnée de but :

Cet homme est un vrai misanthrope. Il vit dans une maison souterraine. Il l'a fait enfouir sous terre parce qu'il déteste être vu. Par ailleurs, trois redoutables molosses gardent le jardin qui avoisine la maison de façon que personne ne puisse approcher. C'est un homme solitaire et quasiment inabordable, si bien que peu de gens ont eu l'occasion de le voir.

☆ EMPLOI

Exercice 6

Les propositions suivantes entretiennent entre elles un rapport de cause. Pour manifester ce rapport, utilisez à chaque fois la locution conjonctive qui convient. Vous la choisirez parmi celles-ci : sous prétexte que - parce que - comme - c'est que - puisque.

1. J'ai dû changer de chemisette . . . . . j'avais transpiré.
2. Benoît rougit . . . . . il a chaud, mais en fait il est ému.
3. . . . . . j'étais pris dans une file de voitures, je ne pouvais faire demi-tour.
4. Vous ne pouvez dire que vous ignoriez la date du mariage . . . . . vous avez reçu un faire-part.
5. Lorsque le médecin prit la parole, chacun se tut ; . . . . . le diagnostic pouvait être terrible !

☆ MANIPULATION

Exercice 7

Chacune des phrases suivantes comporte une subordonnée de conséquence. Transformez cette subordonnée en proposition principale. Indiquez la fonction de la nouvelle subordonnée que vous emploierez.

1. Je n'avais pas de pneus à clous si bien que je ne pouvais freiner.

2. Tu pris ton virage trop rapidement de sorte que tu dérapas.
3. Il faisait si froid que l'eau de mer gela.
4. Vous m'évitez si bien que je ne tiens pas à vous rencontrer.
5. Nous étions bouleversés au point que nous ne pouvions plus parler.
6. Je connaissais l'anglais si bien que j'ai compris ce qu'ils disaient.

☆ EMPLOI

Exercice 8
Les phrases suivantes entretiennent entre elles un rapport de conséquence. Manifestez la présence de ce rapport en utilisant une locution conjonctive. Choisissez à chaque fois celle qui convient : si bien que - tant et si bien que - au point que - de sorte que.

1. Elle allongea le tissu, l'étendit, le repassa, l'étira au maximum . . . . . elle finit par le trouer.
2. Cette allocution n'était pas prévue au programme . . . . . il a fallu improviser.
3. Dans les ténèbres, le cri était horrible . . . . . je crus à un assassinat.
4. Mes amis rapprochèrent leurs chaises . . . . . qu'ils purent converser à voix basse.

☆ VOCABULAIRE

Exercice 9
Dans les phrases suivantes, remplacez le ou les mots soulignés par un terme précis que vous choisirez dans la liste ci-dessous. Chacun de ces termes appartient au vocabulaire de la conséquence :
incidences - effets - corollaire - séquelles - aboutissement - répercussions - consécutivement à - consécutif.

1. L'augmentation du gaz et de l'électricité aura des conséquences sur la hausse générale des prix.
2. Ce médicament guérit certes le psoriasis, mais il n'est pas encore commercialisé, car on ignore ses conséquences secondaires sur l'organisme.
3. Paul gardera une certaine surdité et une raideur de la jambe gauche. Ce sont là les conséquences durables de sa maladie.
4. Cette consigne n'est que la conséquence annexe de l'ordre général qui a été donné.
5. On n'a pas fini de parler de cette affaire. Elle aura des conséquences en de nombreux domaines.
6. Ton succès est la conséquence finale d'un long travail.
7. Mon lumbago est dû à un effort violent.

8. Luc est sorti malgré l'avis du médecin. Et la rechute est venue en conséquence de cette imprudence.

◇ EMPLOI ET VOCABULAIRE

Exercice 10
Exprimez par un mot la conséquence des faits évoqués ci-dessous.
Ex. : Spectacle médiocre → mécontentement.

1. Incendie dans un grand magasin.
2. Punition imméritée.
3. Opération « escargot » des poids lourds.
4. Victoire de l'équipe de France.
5. Verglas sur les routes.
6. Entrée d'une chauve-souris dans la classe.

☆ MANIPULATION

Exercice 11
Réunissez les phrases 1 aux phrases 2 au moyen de la locution conjonctive placée en regard. Modifiez comme il convient le mode du verbe.

1. J'insiste. 2. On prendra des mesures énergiques. (*pour que*)
1. Parle plus fort. 2. On pourra te comprendre (*pour que*)
1. Je dirai la vérité. 2. On saura bien qui a fait cette erreur. (*afin que*)
1. On approche le bébé de la fenêtre. 2. Son frère pourra le voir. (*de façon que*)
1. Elargissez ce caniveau. 2. L'écoulement d'eau sera plus rapide. (*de sorte que*)
1. Mets ces côtelettes au réfrigérateur. 2. Elles pourriront (*de peur que*)
1. J'enverrai une invitation à Pierre. 2. Il m'en voudra (*de peur que*)
1. Tu accélères. 2. Nous serons en retard. (*de crainte que*)

☆ MANIPULATION

Exercice 12
Dans les phrases suivantes, indiquez si la subordonnée conjonctive est complément de but ou de conséquence :

1. On a abattu cette maison de sorte que le virage est bien dégagé.
2. Ouvre la fenêtre de sorte qu'on voie mieux le paysage.
3. Nous avons pratiqué un bon jeu collectif de sorte que l'adversaire eut rarement le ballon.
4. Vous aviez sonorisé la salle de sorte qu'on entendit bien l'orateur.
5. Plonge ce mastic dans de l'eau tiède de sorte qu'il mollisse un peu.
6. Je vais déplacer légèrement notre tente de sorte qu'elle soit orientée vers le Sud.

Alentour naissaient mille bruits
Mais si pleins encor de silence
Que l'oreille croyait ouïr
Le chant de sa propre innocence.

Tout vivait en se regardant,
Miroir était le voisinage,
Où chaque chose allait rêvant
A l'éclosion de son âge.

Les palmiers trouvant une forme
Où balancer leur plaisir pur
Appelaient de loin les oiseaux
Pour leur montrer leurs dentelures.

Un cheval blanc découvrait l'homme
Qui s'avançait à petit bruit,
Avec la terre autour de lui
Tournant pour son cœur astrologue.

Le cheval bougeait les naseaux
Puis hennissait comme en plein ciel,
Et tout entouré d'irréel
S'abandonnait à son galop.

Dans la rue, des enfants, des femmes,
A de beaux nuages pareils,
S'assemblaient pour chercher leur âme
Et passaient de l'ombre au soleil.

Mille coqs traçaient de leurs chants
Les frontières de la campagne,
Mais les vagues de l'océan
Hésitaient entre vingt rivages.

L'heure était si riche en rameurs,
En nageuses phosphorescentes
Que les étoiles oublièrent
Leurs reflets dans les eaux parlantes.

J. Supervielle, *Gravitations*,
Éd. Gallimard, 1925.

26 L'origine et la formation des mots

1. L'ORIGINE DE LA LANGUE FRANÇAISE

a. L'origine latine

• Le français est une langue romane, c'est-à-dire une langue issue du latin. En recherchant l'**étymologie** des mots, on retrouve donc fréquemment un mot latin.

Ex : *fleur (< florem)*   *grand (< grandem)*

REMARQUE
Du gaulois, langue d'origine celtique parlée au moment de la conquête romaine, il subsiste quelques mots qui concernent la vie rurale :
chemin, dune, tonneau.
A ce fonds primitif s'ajoutèrent des mots d'origine germanique. Ces termes appartiennent souvent au vocabulaire militaire et agricole :
blesser, éperon, gerbe, jardin.

b. L'évolution des mots

Les mots n'ont cessé d'évoluer pour donner d'abord l'ancien français, puis le français actuel.

1. Evolution de la forme des mots
C'est souvent la syllabe accentuée du mot latin (prononcée avec plus d'intensité) qui a été maintenue en subissant diverses modifications. D'autres syllabes ont disparu :
hospitálem → ostel → hôtel.

2. Evolution de l'emploi des mots
Certains mots disparaissent peu à peu de l'usage. On dit qu'ils deviennent ainsi des **archaïsmes.**
palefroi : cheval qu'on utilisait autrefois dans les parades.
choir : verbe remplacé par le verbe « tomber ».
ire : vieux nom remplacé par « colère ».

3. Evolution du sens des mots
Le sens de certains mots a évolué au cours des siècles.
formidable { sens ancien = effrayant, épouvantable.
{ sens moderne = énorme, extraordinaire.

c. Les emprunts

La langue s'est enrichie, et s'enrichit encore, de mots empruntés à diverses langues :

1. Emprunts au latin et au grec

• Au fil du temps, on a enrichi la langue en « francisant » des mots latins et des mots grecs.
On dit que ces mots sont de « formation savante ».
(latin) cor, cordis → *cordial.*
(grec) kardhia → *cardiaque.*

Un même mot latin a parfois donné deux mots français : l'un de formation populaire (formé peu à peu par l'évolution orale), l'autre de formation savante (calqué sur le mot latin). On dit que ces mots forment des **doublets.**
navigare → *nager* (formation populaire).
         → *naviguer* (formation savante).

• Certains mots latins ont été intégrés dans leur forme d'origine : *aquarium, omnibus, veto, agenda.*

2. Emprunts aux autres langues

• Favorisés par les échanges commerciaux et culturels, ces emprunts sont nombreux. En voici quelques exemples :

Mots d'origine arabe : *alcool, algèbre, bazar, zéro.*
Mots d'origine italienne : *opéra, caporal, soldat, saltimbanque.*
Mots d'origine germanique : *blocus, sabre, bivouac.*
Mots d'origine espagnole : *camarade, cigare, moustique, cédille.*
Mots d'origine anglaise : *bifteck, jockey, rail, wagon, week-end.*

• Actuellement, il y a beaucoup d'**anglicismes** : *marketing, mass média, tee-shirt, tuner,* etc.

2. LA FORMATION DES MOTS

a. Les types de mots

Dans la langue, on distingue généralement plusieurs types de mots.

Les mots simples : ils ne sont formés que d'un radical. On les appelle aussi des « mots radicaux » : *jour, jaune,* etc.

Les mots dérivés : ils ont un radical auquel s'ajoutent un ou plusieurs éléments (préfixes ou suffixes) : *nom* → **dé**nommer - nom**ination**.

Les mots composés : ils sont formés de deux radicaux réunis :
un chauffe-eau, un rez-de-chaussée.

REMARQUE
Il existe encore deux autres types de mots.
Les onomatopées : ces mots reproduisent des bruits.
boum, tic tac, ronronner.
Les sigles : ce sont souvent des mots formés de l'ensemble des initiales d'une expression.
EDF = Electricité De France.

b. Les préfixes

A partir d'un mot radical, il est possible de créer des mots dérivés de même nature grammaticale. On appose au radical un préfixe :

tourner → ***dé****tourner* → ***re****tourner*
   verbe   verbe   verbe

Les préfixes peuvent avoir diverses significations :

négation	(mé- in- dés- a- mal-)	**mé***content*, **a***normal*
opposition	(anti- non-)	**anti***pathique*
intensité	(archi- hyper- hypo- sous-, etc.)	**sous**-*estimer*
répétition	(re-)	**re***construire*
lieu	(in- ad- ab- ex- trans-, etc.)	**trans***percer*
temps	(pré- anté- post-)	**pré***céder* - **post***dater*
accompagnement	(ac- con- com-)	**con***vocation*

c. Les suffixes

Le suffixe est un élément qui s'ajoute à la suite d'un radical. Il permet de créer des mots de natures différentes :

des verbes   : *minim****iser****, touss****oter****, tambour****iner****,* etc.
des adjectifs : *désir****able****, sol****uble****, vis****ible****, atom****ique****,* etc.
des noms   : *feuill****age****, délivr****ance****, fin****ition****, dans****eur****,* etc.
des adverbes: *solid****ement****, fort****ement****, vrai****ment****,* etc.

REMARQUE
On a souvent recours à la suffixation pour introduire dans la langue des mots nouveaux :
banlieue → *banlieusard ; août* → *aoûtien.*
Tout mot nouveau s'appelle un ***néologisme***.

Résumé

• La plupart des mots français viennent du latin et sont le résultat d'une évolution complexe :
bellus → *beau*

• D'autres mots ont été directement empruntés au latin et au grec (formation savante) ou à d'autres langues :
hippos (cheval) → *hippique*

• Les mots simples ne sont constitués que d'un radical :
jour, mur, maison

• Les mots dérivés sont des mots formés d'un radical et d'un ou plusieurs éléments (préfixes ou suffixes) :
concentration, encouragement

• Les mots composés sont construits avec deux radicaux reliés parfois par une préposition :
un rouge-gorge, un avant-propos, un hors-d'œuvre

exercices

EXERCICE 1

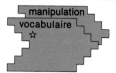

manipulation
vocabulaire
☆

Chacun des mots suivants est à l'origine de doublets. Cherchez, à côté du mot de formation populaire proposé, le mot d'origine savante correspondant. (Les deux mots devront être de même nature grammaticale.)

directum (droit) →   fragilem (frêle) →
masticare (mâcher) →   separare (sevrer) →
pastorem (pâtre) →   pensare (peser) →
porticum (porche) →   rationem (raison) →

EXERCICE 2

repérage
○

Dans la liste de mots suivants, rapprochez les doublets :

raide - âcre - rigide - muer - aigre - cavalier - ausculter - muter - chenal - hanter - verre - écouter - col - premier - vitre - habiter - cou - chevalier - primaire - canal.

EXERCICE 3

repérage
◇

Même consigne que pour l'exercice précédent.

volatile - espèce - fabrique - entier - gémir - aspérité - forge - déchéance - intègre - volaille - geindre - âpreté - épice - décadence.

EXERCICE 4

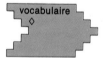

vocabulaire
◇

Dans ces phrases, les mots soulignés sont des archaïsmes. Essayez de les remplacer par des mots ou expressions plus actuels.

1. Le financier eut beau faire moult propositions, personne ne l'écoutait.
2. Les gardes s'étant endormis, le château fut pris sans coup férir.
3. Les voitures qu'on utilisait naguère étaient peu confortables.
4. Faire la révérence nous semble aujourd'hui une pratique surannée.

EXERCICE 5

vocabulaire
☆

Dans les phrases suivantes, remplacez les expressions latines soulignées par un mot synonyme ou une expression de sens voisin :

1. Jean-Marc et Bruno sont arrivés ex aequo au cross régional.
2. A la fin du document, nous ajouterons un nota bene pour expliquer les mots inconnus.
3. Vous réexpédierez notre courrier à notre adresse de vacances ; idem pour les colis.
4. J'ai déposé mon bulletin-réponse in extremis.

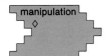

manipulation
◇

Voyez si vous connaissez le sens des mots proposés. Sinon, consultez un dictionnaire. Placez ensuite chacun de ces mots dans l'une des phrases ci-après :
ultimatum - critérium - auditorium - erratum - pensum - référendum.

1. Grâce à sa bonne performance dans le . . . . . des amateurs, ce jeune champion cycliste pourra disputer les Jeux Olympiques.
2. Le forcené ne voulant pas se rendre, la police lui a lancé un . . . . . : il a une heure pour capituler.
3. Après la réunion, il faut rédiger un compte rendu. C'est un véritable . . . . . qui ne me réjouit guère.
4. Une erreur s'est glissée dans l'article précédent ; le journal publie aujourd'hui un . . . . . pour rectifier l'information.
5. Le concert aura lieu dans l' . . . . . du centre culturel.
6. Le gouvernement a décidé de consulter la population par . . . . . .

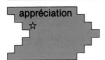

appréciation
☆

Dans les phrases suivantes, essayez de remplacer les « anglicismes » soulignés par un mot français équivalent :

1. Un hold-up a eu lieu à la banque.
2. Ce livre apparaît comme le best-seller de l'année.
3. L'appartement est intéressant : son hall d'entrée est vaste.
4. Dans mon planning de la semaine, je n'ai aucune matinée libre.
5. Au cours du meeting, les responsables ont invité les manifestants à la grève.

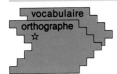

vocabulaire
orthographe
☆

1. Recopiez les phrases suivantes en orthographiant les mots notés en alphabet phonétique international (cf. p. 254).
2. Donnez le sens de chacun de ces mots.

1. Cette voiture propose en option un [apɥitɛt] à chaque siège.
2. Tu ne peux entrer qu'avec un [lesepase].
3. L'[ɑ̃tɛt] de la lettre est imprimé.
4. Les voûtes de la cathédrale sont soutenues par d'énormes [arkbutɑ̃].
5. Bruno habite un [plɛ̃pje] en bordure de l'Oise.

vocabulaire
orthographe
☆

Au moyen du préfixe a, formez un verbe à partir de chacun des mots proposés. (Attention : parfois, la consonne initiale du mot est doublée.)

longer : _____   grand : _____
triste : _____   grave : _____
nul : _____   lourd : _____
souple : _____   meilleur : _____
léger : _____   courir : _____

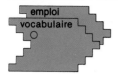

emploi vocabulaire

A partir des mots grecs et latins proposés ci-après, cherchez les mots qui correspondent aux définitions suivantes :

ignis : le feu   *dromos* : la course   *anthropos* : l'homme
pes-pedis : le pied   *zoon* : l'animal   *chronos* : le temps

1. Champ de course : h . . . .
2. Qui hait les hommes : m . . . .
3. Succession des faits dans le temps : ch . . . .
4. Animal à quatre pattes : q . . .
5. Rendre ininflammable : i . . . .
6. Science des animaux : z . . . .

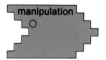

manipulation

Remplacez les mots en italique par un mot formé d'un radical et d'un préfixe.

1. Après une intervention chirurgicale, on redoute les complications *qui suivent l'opération*.
2. *Le train qui traverse la Sibérie* parcourt 6 000 kilomètres.
3. L'infirmière fait au malade une piqûre *dans les veines*.
4. Les compétitions *qui auront lieu entre les classes* vont débuter.
5. En Belgique, les phares *spéciaux pour temps de brouillard* sont obligatoires.
6. Cette usine est *ce qu'il y a de plus moderne*.

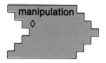

manipulation

Même consigne que pour l'exercice précédent.

1. Les régions *qui sont sous les tropiques* sont pluvieuses.
2. Dans cette tribu, les fêtes *qui précèdent un mariage* sont belles.
3. Yann est un musicien *doué au-delà de la moyenne*.
4. Si le président du club ne peut assister au match, le *président adjoint* le remplacera.
5. Il y a les antinucléaires et les *partisans du nucléaire*.
6. Guy tient des propos *qui manquaient de courtoisie*.

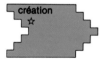

création

Le poème suivant emploie des verbes comportant un préfixe. A votre tour, essayez de composer un poème qui emploie des verbes formés d'un préfixe :

LES PRÉFIXES

A mesure que je vois
J'oublie
Tout ce que je vois.

A mesure que je pense
Je dépense je dépense !

A mesure que je vis
Je dévie je dévie !

Mais à mesure que je meurs
Je demeure je demeure

A mesure que je . . . .

Jean Tardieu, *Le fleuve caché*,
Éd. Gallimard.

240

Décrivez la scène ci-dessous en vous efforçant d'employer au moins un nom comportant un suffixe -tion, -eur, -age, té.

Le tour de la Gaule d'Astérix.

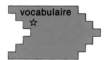

Chacun des mots suivants n'est guère employé parce qu'il correspond à des activités qui ont presque disparu. Dites en quoi consistaient ces activités :

savetier - palefrenier - rémouleur - troubadour - vannier.

Lisez le texte suivant ; il vous sera ensuite donné en dictée.

Les jeux vidéo nous fascinent de plus en plus. Pourtant, leur scénario varie peu : il s'agit souvent de courses de bolides ou de batailles intersidérales. Il faut alors déjouer les pièges pour atteindre la cible rêvée. Il arrive, par exemple, que des envahisseurs déferlent sur la terre ; il faut détruire en un minimum de temps leurs vaisseaux à rayons laser et leurs kamikazes[1] fous. L'objectif est ensuite de désintégrer leur super-forteresse spatiale dans une formidable explosion de neutrons. Chacun devient alors une sorte de Superman maître de l'univers.

1. Avions-suicides.

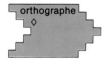

Même consigne que pour l'exercice précédent.

Plus j'avançais dans ma solitude, plus je me sentais chez moi. La voûte rocheuse se confondait avec l'espace et lorsque je rêvais dans le noir absolu, assis sur les blocs de rochers, à la base du puits de quarante mètres, je projetais de temps en temps le faisceau lumineux de ma lampe torche dans les ténèbres. La cheminée verticale était affreusement déchiquetée par les éboulements et d'énormes plaques de glace translucide couvraient certaines parois. Parfois, par expérience, j'allumais et j'éteignais ma lampe électrique une centaine de fois en quelques secondes, un peu comme si je faisais des signaux en morse. La sensation était fantastique et me donnait le vertige.

Michel Siffre, *Expériences hors du temps*,
Éd. Fayard.

241

Quelques longs nuages obscurcissaient parfois le disque luisant de la lune ; alors dans la pénombre le désert semblait se limiter, rapprochant du même coup la fuyante image d'horizon après laquelle ils couraient depuis deux jours ; les ténèbres apportaient un peu d'ombre.

Au matin, une mince couche de sable recouvrait hommes et bêtes de la mission. Les rafales avaient cessé ; il s'était établi un courant d'air permanent au ras du sol qui chassait sans trêve la fine poussière du reg[1], comme si la terre avait été recouverte sur près d'un mètre d'un épais brouillard translucide. Quand le soleil sortit brusquement, il apparut déformé et d'une coloration amarante[2], absolument anormale.

R. Frison-Roche, *La piste oubliée*,
Éd. Arthaud.

1. Plaine caillouteuse.   2. Rouge.

27 Le sens des mots

1. LE SENS D'UN MOT

• Beaucoup de mots ont plusieurs sens. Par exemple, le dictionnaire donne pour le mot « caisse » les définitions suivantes :

---

1. caisse [kɛs] n. f. 1° Coffre, boîte faits de planches assemblées : *Une caisse de douze bouteilles de champagne. Un commerçant qui reçoit une caisse de savon. Un casier à livres fait dans une vieille caisse. Une caisse à outils* (syn. : COFFRE). — 2° Carrosserie d'automobile. — 3° *Pop.* Poitrine : *Il s'en va de la caisse* (= il est tuberculeux). — 4° *Grosse caisse*, gros tambour en usage dans une clique.

2. caisse [kɛs] n. f. 1° Boîte métallique où l'on recueille de l'argent ; meuble où un commerçant range sa recette : *Vous mettrez le produit de la collecte dans cette caisse, dont voici la clef. Puiser dans la caisse.* — 2° *Avoir une somme en caisse*, disposer comme capitaux de cette somme : *Quand la faillite a été déclarée, la société n'avait plus un sou en caisse.* — 3° Bureau, guichet d'une administration où se font les paiements : *Se présenter à la caisse pour toucher un chèque.* — 4° Organisme qui gère des ressources selon certains statuts : *Caisse d'épargne. Caisse de solidarité. La caisse de la Sécurité sociale. Une caisse départementale d'allocations familiales.* — 5° *Vous passerez à la caisse*, se dit parfois à un employé que l'on congédie.

D.F.C., Éd Larousse

On dit que le mot « caisse » est **polysémique**.

• Lorsqu'il s'agit d'un adjectif ou d'un verbe, c'est parfois la construction qui permet de déterminer le sens d'un mot. Ainsi, pour le verbe « recevoir », construction intransitive :

Ce soir, mes voisins reçoivent. (= organisent une réception)

construction transitive :

Vous recevrez une réponse à votre lettre. (= vous aurez)

construction pronominale :

Un gardien de but doit apprendre à se recevoir. (= à retomber sans se faire mal après un saut)

2. LES HOMONYMES

• Certains mots se prononcent de la même façon, mais ont des sens différents. On dit que ce sont des **homonymes.**
fard - phare [Far]

• On distingue deux classes d'homonymes : les **homophones**, qui se prononcent de la même façon mais s'écrivent différemment :
seau, sot, saut, sceau
et les **homographes**, qui s'écrivent de la même façon :
une coupe de bois/une coupe de champagne.

REMARQUE
Il est important d'identifier le sens des mots en tenant compte du texte où ils figurent, c'est-à-dire du contexte.

3. LES PARONYMES

• Il existe des mots dont on confond parfois le sens parce qu'ils se prononcent presque de la même façon. Ce sont les paronymes :
Dans son discours, le maire a fait allusion à notre victoire.
Si tu crois que Valérie va faire ton travail, tu te fais des illusions.

4. LES SYNONYMES

• Certains mots ont le même sens ou un sens proche. On les appelle des synonymes. Dans la phrase suivante :
Le président interrompit la réunion,
le verbe « interrompre » peut être remplacé par « suspendre ».

• Le choix d'un mot est souvent lié au niveau de langue qu'on emploie :
Je suis crevé. (langage familier)
Je suis fatigué. (langage usuel)
Je suis las. (langage soutenu)

Attention ! Deux synonymes n'ont pas toujours la même construction :
{ *Lise s'oppose à mes idées.*   { *Ce militaire est capable de commander.*
{ *Lise conteste mes idées.*   { *Ce militaire est apte à commander.*

5. LES ANTONYMES

• Quand des mots ont des sens contraires, on dit qu'ils sont antonymes :
uniforme-varié / lentement-rapidement

• Un même mot peut avoir plusieurs antonymes. C'est souvent le contexte qui permet de choisir entre eux :

Virginie a montré beaucoup de <u>*vivacité*</u>*.*

Antonymes possibles : *indolence, mollesse, nonchalance, paresse, pondération, faiblesse.*

• Pour opposer deux termes, on a encore recours à des préfixes négatifs ou à des suffixes :

ordre, <u>*dés*</u>*ordre - franco*<u>*phile*</u>*, franco*<u>*phobe*</u>*.*

Résumé

• Lorsqu'un mot a plusieurs sens, on dit qu'il est polysémique.

• Les homonymes sont des mots qui se prononcent de la même façon :
cher - chair

• Les paronymes sont des mots qui se prononcent presque de la même façon :
percepteur - précepteur

• Les synonymes sont des mots de même sens ou de sens voisin :
diriger - gouverner

• Les antonymes sont des mots de sens contraire :
grandeur - petitesse

exercices

EXERCICE 1

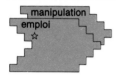

manipulation
emploi
☆

1. Classez les mots ci-dessous selon qu'ils sont polysémiques ou non.
2. Choisissez l'un des mots polysémiques et employez-le avec des sens différents.

Verbes : louer - nier - disposer - guider - mépriser - retenir - réfléchir - éprouver - exécuter.

Noms : vitre - page - buffet - rengaine - bureau - port - alibi - mine - impotent - perception.

EXERCICE 2

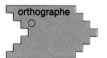

orthographe
○

Dans chacune des phrases suivantes, orthographiez le mot proposé en alphabet phonétique international (cf. p. 254) :

1. [ɑ̃ k r] a. L'..... de ce cargo pèse près d'une tonne.
   b. Je n'ai pu enlever cette tache d'......
2. [f ɛ̃] a. Luc est parti avant la ..... du film.
   b. Le bébé pleurait parce qu'il avait ......
3. [k ɔ̃ t] a. Anne nous a rendu ..... de la réunion de classe.
   b. C'est Marcel Aymé qui a écrit les ..... *du Chat perché.*
4. [t ɑ̃ t] a. Pour les vacances, nous achèterons une nouvelle ......
   b. J'ai reçu un colis de ma ......
5. [k u r] a. Tu ..... plus vite que moi.
   b. Tu as acheté un manteau trop ......
6. [k u] a. Le ..... des réparations s'élève à 1 000 F.
   b. Sylvain a heurté le poteau en pleine course. Sur le .....
   il a presque perdu connaissance.

EXERCICE 3

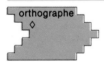

orthographe
◇

Même consigne que pour l'exercice précédent.

1. [st at y] a. Il faut rédiger les ..... de l'association.
   b. Le musée expose des ..... du XIIᵉ siècle.
2. [difer ɑ̃] a. Un ..... oppose les deux personnes.
   b. Ces appareils sont ..... de ceux que tu as achetés.
3. [v w a r] a. Nous allons ..... un film de science-fiction.
   b. Au sujet des horaires, les avis étaient divergents, ...
   opposés.
4. [s ɛ l] a. Le jockey ..... son cheval.
   b. Le maçon ..... les gonds de la barrière.
5. [p l ɛ̃ t] a. On entendait des ..... sortir des taillis.
   b. L'électricien a caché les fils électriques dans les ......

246

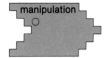

A chacun des mots soulignés, cherchez un homonyme et employez-le dans une phrase :

1. Les fruits coûtent <u>cher</u>.
2. Le <u>poids</u> du colis dépasse 1 kg.
3. La <u>chaîne</u> de mon vélo est cassée.
4. Toute phrase se termine par un <u>point</u>.
5. Je t'ai téléphoné plusieurs <u>fois</u>.
6. <u>Délace</u> ta chaussure.

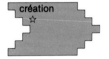

Dans le texte suivant, l'auteur joue avec les homonymes. A votre tour, composez un texte qui comportera plusieurs homonymes.

Il y a le vert du cerfeuil
Et il y a le ver de terre.
Il y a l'endroit et l'envers,
L'amoureux qui écrit en vers,
Le verre d'eau plein de lumière,
La fine pantoufle de vair
Et il y a moi, tête en l'air,
Qui dis toujours tout de travers.

M. Carême, Le mât de Cocagne,
Éd. Colin-Bourrelier.

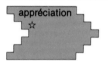

Dans les phrases suivantes, voyez si tous les mots sont bien employés. Sinon, cherchez un paronyme au mot impropre.

1. Nous chercherons un endroit ombrageux pour nous reposer.
2. Laurent a encore oublié ses lunettes ; c'est un étourdissement qui lui arrive fréquemment.
3. Le merlan manquait dans les poissonneries, car la tempête avait retardé l'arrivage de poisson dans les ports.
4. Le micro ne fonctionnant pas, la conférence était à peine compréhensive.
5. J'ai été surpris par la question de l'examinateur. J'ai eu beaucoup de mal à recouvrer mon sang-froid.
6. Les biologistes ont réussi à climatiser cette plante chez nous.

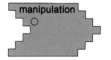

Dans les phrases suivantes, remplacez les mots soulignés par un synonyme que vous choisirez parmi ces mots :

notoire - vanter - crédule - se hâter - abréger - ténacité.

1. Tu crois tout ce qu'on te dit. Tu es <u>naïf</u>.
2. Tous les journalistes <u>louent</u> les mérites de la championne.
3. <u>Dépêche</u>-toi : nous allons être en retard.
4. Il faut <u>écourter</u> ton discours car les gens s'impatientent.
5. M. Yzèbe est une personnalité <u>connue</u>.
6. Grâce à sa <u>persévérance</u>, Lise a gagné le concours de danse.

Dans les séries de mots suivants, soulignez le terme qui n'est pas synonyme des autres :

1. provoquer - causer - produire - entraîner - entraver - déclencher - occasionner.
2. réduire - minimiser - diminuer - amoindrir - rétrécir - majorer - restreindre.
3. destruction - vandalisme - dégât - dévastation - désapprobation - dommage - dégradation.

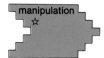

Recopiez les phrases suivantes en remplaçant le verbe souligné par un synonyme. (Attention à la construction des verbes employés.)

1. Je me souviens encore de mon premier jour d'école.
2. Il s'agit d'un animal dont j'ai peur.
3. Nous nous servons d'un fusain bleu pour faire ce dessin.
4. Le règlement nous permet de sortir à midi.
5. Tu me donneras la liste des livres conseillés.

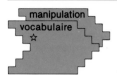

Dans les phrases suivantes, remplacez le verbe « mettre » par un synonyme :

1. Martine met les bibelots sur l'étagère.
2. Ils ont mis la discorde partout.
3. Les parieurs vont surtout mettre de l'argent sur le n° 10.
4. Le texte est rédigé en anglais. Voudriez-vous le mettre en français.
5. Les villageois avaient mis leurs costumes régionaux.
6. En attendant les convives, mets la table.

Dans les phrases suivantes, remplacez le verbe « faire » par un synonyme plus précis :

1. Les architectes font le plan du futur quartier.
2. Tu feras la lettre selon nos indications.
3. On ne croirait jamais que cette dame a 80 ans. Elle fait jeune pour son âge.
4. Petit à petit, je me fais à ma nouvelle vie.
5. Depuis qu'elle fait un sport d'équipe, Christèle est moins timide.
6. Pour la fête de fin d'année, on fera un tournoi interclasses.
7. Pour retrouver son maître, ce chien a fait 10 kilomètres.

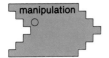

Dans les phrases suivantes, remplacez les mots soulignés par un mot de sens contraire :

1. La <u>maladresse</u> de François est bien connue.
2. Le chiffre d'affaires de l'entreprise <u>progresse</u>.
3. Nous avons une équipe <u>homogène</u>.
4. Les propositions d'Éric <u>divisent</u> les élèves.
5. J'ai obtenu cet objet pour une somme <u>importante</u>.

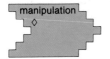

Même consigne que pour l'exercice précédent.

1. Marie rêve d'une vie <u>nomade</u>.
2. Tu me <u>persuades</u> de signer.
3. Son analyse des faits est <u>objective</u>.
4. L'industrie du disque <u>prospère</u> d'année en année.
5. C'est un emploi <u>stable</u>.
6. Nous avons examiné le dossier avec <u>sévérité</u>.

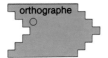

Lisez le texte suivant ; il vous sera ensuite donné en dictée.

La pêche au thon passe pour un sport de haute lutte, car, dans ce combat, le poisson ne part pas battu d'avance. Il a même un atout majeur : sa rapidité. En vitesse de pointe, le thon peut atteindre les 80 km/heure. D'ailleurs son nom signifie « vitesse ». Ce poisson est rapide parce qu'il a une forme effilée et une hydrodynamique parfaite. Ses yeux eux-mêmes sont « carrossés » et ses accélérations sont fulgurantes. Cette grosse bête est en fait un redoutable coureur de fond marin. Voyageur infatigable, il se moque des distances pour traquer sans relâche sa nourriture. Contre lui, le pêcheur doit faire preuve de ruse, de persévérance et de force.

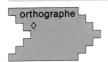

Même consigne que pour l'exercice précédent.

Deux adolescents ayant presque la taille d'hommes se tapirent contre une racine qui serpentait au-dessus de l'eau recouverte d'une mince pellicule de glace. Identiques à deux branches poussant sur un tronc, ils s'appuyèrent contre le bois à quelque distance l'un de l'autre, parfaitement silencieux.

Pleins d'espoir, ils contemplèrent le rougoiement du soleil couchant disparaître sur le lac Champlain. Le crépuscule est l'heure du chasseur : les animaux diurnes cherchent refuge tandis que les animaux nocturnes s'animent. Mais, en cette fin d'après-midi d'automne, rien ne bougea derrière l'écran de roseaux. Le paysage semblait dénué de toute vie animale.

A.E. Crompton, *Souvenirs d'un visage pâle,*
Éd. de l'Amitié - G.T. Rageot.

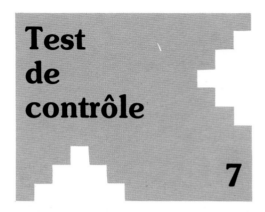

Test de contrôle

7

REPÉRAGE

Exercice 1
Dans le texte suivant : 1. Indiquez l'origine des mots soulignés (latin, anglais, etc.).
2. Cherchez deux mots radicaux, deux mots dérivés et un mot composé.

Je m'applique à trouver un point de repère quand un moteur a un raté violent. Une gerbe d'étincelles défile de chaque côté de mon cockpit. Avec un choc au cœur, je m'aperçois que la flamme renaît, intermittente entre mes pieds. C'est mon réservoir de fluide hydraulique qui, percé d'éclats, a fui sous mes pieds. Le liquide, détrempant un des conduits électriques, a provoqué un court-circuit entre les pédales du palonnier ; une fumée acide me prend à la gorge à travers mon masque à oxygène (...). Décidé à sauter immédiatement si le feu s'aggrave, je vérifie rapidement mes courroies. Je prends de l'altitude pour avoir une bonne marge de sécurité. (...) Vais-je sauter en parachute ? Dois-je risquer un atterrissage roues rentrées ?

P. Clostermann, *Le grand cirque*, Éd. Flammarion.

☆ MANIPULATION ET EMPLOI

Exercice 2
Cherchez deux mots dans lesquels figure l'un des éléments suivants. Employez-les ensuite dans une phrase.

mono (« seul ») graphie (de *graphein*, « écrire »)
auto (« de soi-même ») logie (de *logos*, « science »)

☆ REPÉRAGE

Exercice 3
Voici le début d'une fable de La Fontaine. Relevez les mots qu'on n'emploie plus aujourd'hui. Cherchez leur signification.

LA MORT ET LE BUCHERON
Un pauvre Bûcheron, tout couvert de ramée,
Sous le faix du fagot aussi bien que des ans
Gémissant et courbé, marchait à pas pesants,
Et tâchait de gagner sa chaumine enfumée. (...)

☆ REPÉRAGE

Exercice 4
La colonne A présente des mots anglais parfois utilisés en français. Pour chacun d'eux, cherchez dans la colonne B l'expression française correspondante :

A	B
un scoop	un message publicitaire
un baffle	une postsonorisation
un play-back	un palmarès
un hit-parade	une exclusivité
un spot	une enceinte acoustique

☆ MANIPULATION

Exercice 5
Dans les expressions suivantes, remplacez le complément de nom en italique par un adjectif dérivé.

1. Les eaux *de pluie*.
2. Une journée *de pluie*.
3. Les autorités *du lieu*.
4. Le trafic *par mer*.
5. Une réaction *d'enfant*.
6. La chaleur *du soleil*.
7. Une partition *de musique*.
8. Une couche *de sable*.

☆ MANIPULATION

Exercice 6
Transformez les expressions ci-dessous sur le modèle suivant : du métal dur → la dureté du métal.

1. Un jongleur adroit.
2. Un homme sobre.
3. Un tyran cruel.
4. Un joueur distrait.
5. Une chèvre entêtée.
6. Un teint pâle.
7. Des paroles grossières.
8. Un tunnel obscur.

☆ MANIPULATION

Exercice 7
Dans les phrases suivantes, remplacez les mots en italique par un adverbe :

1. Elles sont sorties *avec précipitation*.
2. Cet escroc a agi *sans se faire punir*.
3. Nous refuserons ta proposition *avec obstination*.
4. Les graviers sont répartis *de façon uniforme*.
5. Les gains sont répartis *de façon équitable*.
6. Vous renverrez le talon rempli *comme il se doit*.
(Vous renverrez le talon d . . . . . rempli.)

Exercice 8

Dans les phrases suivantes, remplacez la proposition relative en italique par un adjectif :

1. Nous avons opté pour une fête *qui aura lieu tous les deux ans.*
2. Les adversaires ont émis des avis *qui se contredisent.*
3. Le mot « palais » est un mot *qui a plusieurs sens.*
4. Un accord est passé avec les pays *qui sont situés alentour.*
5. J'ai rencontré une personne *qui parle plusieurs langues.*
6. Pour stimuler l'économie, le parlement a voté un plan *qui s'étend sur cinq ans.*

☆ MANIPULATION

Exercice 9

Dans les phrases suivantes, remplacez les adjectifs soulignés par un antonyme :

1. Ce travail est obligatoire.
2. Ce boxeur est invincible.
3. Il s'agit d'un peuple nomade.
4. Tu découvriras une route droite.
5. Le jugement me semble sévère.
6. Le malade a un sommeil paisible.
7. Il a parlé d'une voix claire.
8. Luc est économe de son temps.

☆ MANIPULATION .

Exercice 10

Dans les phrases suivantes, remplacez les mots soulignés par un antonyme :

1. Cette région s'enrichit de plus en plus.
2. Ce décret concerne une majorité de gens.
3. Les manifestants se regroupent spontanément.
4. Pour l'expérience, il faut prendre une substance opaque.
5. Ce qui t'arrive me réjouit.
6. Le ministre a démenti l'annonce de sa démission.

☆ ORTHOGRAPHE

Exercice 11

Dans chacune des phrases suivantes, orthographiez le mot proposé en alphabet phonétique :

1. Les inscriptions au concours sont [kloz] _____.
2. Lis attentivement les [kloz] _____ du contrat.
3. J'ai dû payer une [amɛ̃d] _____ de 100 F.
4. Achète une livre d'[amɑ̃d] _____ pour garnir le gâteau.
5. La couverture de cet album présente un [desɛ̃] _____ très drôle.
6. Le [desɛ̃] _____ de cet homme d'affaires est de régner sur le marché du pétrole.

☆ MANIPULATION

Exercice 12

Dans les phrases suivantes, remplacez les mots en italique par un synonyme. Vous le choisirez parmi la liste ci-dessous :
unanimité - archaïsme - néologisme - innovation - éloquence - similitude.

1. Le verbe « férir » est un *vieux mot* qu'on n'emploie plus.
2. Le mot « vidéoclip » est un *mot nouveau.*
3. Il existe une *ressemblance* troublante entre les deux affaires.
4. Il y eut *accord total* dans l'assemblée pour voter le texte.
5. Cet orateur est doué d'une *aptitude à bien s'exprimer* que chacun apprécie.
6. Le directeur favorise les *nouveautés* dans les méthodes de gestion.

☆ REPÉRAGE ET CRÉATION

Exercice 14

1. Dans le poème suivant, relevez les mots qui sont des emprunts à une autre langue.
2. Composez un texte qui utilise un ou plusieurs mots d'origine étrangère passés dans la langue française.

Dans les westerns on voit
Des Indiens des cow-boys
Des saloons des trappeurs
Des belles au grand cœur
Des soldats des héros
Et des desperados.
On entend des banjos.
Des colts et des locos.
La diligence part...
Le shérif inquiet
Allume son cigare...
Et moi, qui suis assis
Dans le noir, au ciné
Ou bien à la télé
Je suis heureux, je sais
Que les vilains bandits
Seront toujours punis...

G. Jean, *Le plaisir des mots,*
Éd. Gallimard.

Conjugaison de quelques verbes

Infinitif Présent-Passé	Indicatif Présent	Indicatif Imparfait	Indicatif Passé simple	Indicatif Futur	Conditionnel Présent	Subjonctif Présent	Impératif Présent
ACHETER avoir acheté	j'achète nous achetons	j'achetais nous achetions	j'achetai nous achetâmes	j'achèterai nous achèterons	j'achèterais nous achèterions	que j'achète que nous achetions	achète achetons
ALLER être allé	je vais nous allons	j'allais nous allions	j'allai nous allâmes	j'irai nous irons	j'irais nous irions	que j'aille que nous allions	va allons
APERCEVOIR avoir aperçu	j'aperçois nous apercevons	j'apercevais nous apercevions	j'aperçus nous aperçûmes	j'apercevrai nous apercevrons	j'apercevrais nous apercevrions	que j'aperçoive que nous apercevions	aperçois apercevons
APPELER avoir appelé	j'appelle nous appelons	j'appelais nous appelions	j'appelai nous appelâmes	j'appellerai nous appellerons	j'appellerais nous appellerions	que j'appelle que nous appelions	appelle appelons
APPRÉCIER avoir apprécié	j'apprécie nous apprécions	j'appréciais nous appréciions	j'appréciai nous appréciâmes	j'apprécierai nous apprécierons	j'apprécierais nous apprécierions	que j'apprécie que nous appréciions	apprécie apprécions
AVOIR avoir eu	j'ai nous avons	j'avais nous avions	j'eus nous eûmes	j'aurai nous aurons	j'aurais nous aurions	que j'aie que nous ayons	aie ayons
COMMENCER avoir commencé	je commence nous commençons	je commençais nous commencions	je commençai nous commençâmes	je commencerai nous commencerons	je commencerais nous commencerions	que je commence que nous commencions	commence commençons
CROIRE avoir cru	je crois nous croyons	je croyais nous croyions	je crus nous crûmes	je croirai nous croirons	je croirais nous croirions	que je croie que nous croyions	crois croyons
DEVOIR avoir dû	je dois nous devons	je devais nous devions	je dus nous dûmes	je devrai nous devrons	je devrais nous devrions	que je doive que nous devions	dois devons
DIRE avoir dit	je dis nous disons vous dites	je disais nous disions	je dis nous dîmes	je dirai nous dirons	je dirais nous dirions	que je dise que nous disions	dis disons dites

Infinitif	Présent	Imparfait	Passé simple	Futur	Conditionnel	Subjonctif présent	Impératif
DORMIR avoir dormi	je dors / nous dormons	je dormais / nous dormions	je dormis / nous dormîmes	je dormirai / nous dormirons	je dormirais / nous dormirions	que je dorme / que nous dormions	dors / dormons
ÊTRE avoir été	je suis / nous sommes	j'étais / nous étions	je fus / nous fûmes	je serai / nous serons	je serais / nous serions	que je sois / que nous soyons	sois / soyons
FAIRE avoir fait	je fais / nous faisons / vous faites	je faisais / nous faisions	je fis / nous fîmes	je ferai / nous ferons	je ferais / nous ferions	que je fasse / que nous fassions	fais / faisons / faites
JETER avoir jeté	je jette / nous jetons	je jetais / nous jetions	je jetai / nous jetâmes	je jetterai / nous jetterons	je jetterais / nous jetterions	que je jette / que nous jetions	jette / jetons
PARAÎTRE avoir paru	je parais / nous paraissons	je paraissais / nous paraissions	je parus / nous parûmes	je paraîtrai / nous paraîtrons	je paraîtrais / nous paraîtrions	que je paraisse / que nous paraissions	parais / paraissons
PAYER avoir payé	je paie (paye) / nous payons	je payais / nous payions	je payai / nous payâmes	je paierai (payerai) / nous paierons (payerons)	je paierais / nous paierions	que je paie (paye) / que nous payions	paye (paie) / payons
RÉPONDRE avoir répondu	je réponds / nous répondons	je répondais / nous répondions	je répondis / nous répondîmes	je répondrai / nous répondrons	je répondrais / nous répondrions	que je réponde / que nous répondions	réponds / répondons
SAVOIR avoir su	je sais / nous savons	je savais / nous savions	je sus / nous sûmes	je saurai / nous saurons	je saurais / nous saurions	que je sache / que nous sachions	sache / sachons
SERVIR avoir servi	je sers / nous servons	je servais / nous servions	je servis / nous servîmes	je servirai / nous servirons	je servirais / nous servirions	que je serve / que nous servions	sers / servons
SUIVRE avoir suivi	je suis / nous suivons	je suivais / nous suivions	je suivis / nous suivîmes	je suivrai / nous suivrons	je suivrais / nous suivrions	que je suive / que nous suivions	suis / suivons
VIVRE avoir vécu	je vis / nous vivons	je vivais / nous vivions	je vécus / nous vécûmes	je vivrai / nous vivrons	je vivrais / nous vivrions	que je vive / que nous vivions	vis / vivons
VOIR avoir vu	je vois / nous voyons	je voyais / nous voyions	je vis / nous vîmes	je verrai / nous verrons	je verrais / nous verrions	que je voie / que nous voyions	vois / voyons

Alphabet phonétique international

Voyelles

[a] : b**a**l, p**a**r, femme
[ɑ] : **â**ne, cr**â**ne
[e] : f**ée**, carr**é**
[ɛ] : l**ai**, m**è**re, r**ei**ne
[ə] : d**e**, j**e**
[φ] : p**eu**, n**œu**d
[œ] : p**eu**r, j**eu**ne
[i] : r**i**z
[y] : r**u**e
[u] : r**ou**e, c**ou**
[ɔ] : p**o**rt, c**o**r
[o] : p**o**t

Voyelles nasales

[ɑ̃] : l**am**pe, p**en**te
[ɛ̃] : f**aim**, t**im**bre, p**ein**t
[œ̃] : h**um**ble, j**eun**
[ɔ̃] : p**on**t, t**om**be

Consonnes

[p] : **p**âte
[b] : **h**ibou
[t] : **t**ente
[d] : **d**ate
[k] : **q**ui, **c**ou, **k**épi
[g] : **g**are, **g**ui
[f] : **f**ête, **ph**are
[v] : **v**alse, **w**agon
[s] : gar**ç**on

[z] : **z**one, ro**s**e
[ʃ] : **ch**âteau
[ʒ] : **j**our, pi**g**eon
[l] : **l**ivre
[r] : **r**ire
[m] : **m**oule
[n] : **n**ul
[ɲ] : pei**gn**e

Semi-consonnes

[j] : p**i**éton, pa**y**er
[ɥ] : n**u**it, s**u**er
[w] : **o**ie, o**u**i

Fin des textes
proposés dans les exercices

Conseils donnés par une sorcière
p. 39 ex. 10

N'ouvrez votre fenêtre
qu'aux petites planètes
que vous connaissez bien !

Confidence pour confidence :
vous qui venez me consulter,
méfiance, méfiance !
On ne sait pas ce qui peut arriver.

J. Tardieu, *Colloques et Interpellations,*
Éd. Gallimard

Des mots pour une maman
p. 58 ex. 13

Un jour de blés, un jour de vignes,
Un jour de figues, de muscats,
Un jour de raisins délicats
Un jour de colombes, de cygnes.

Je te souhaite un jour de diamant,
De saphir et de porcelaine,
Un jour de lilas et de laine,
Un jour de soie, ô ma maman.

Et puis un autre jour encore,
léger, léger, un autre jour
Jusqu'à la fin de mon amour
Une aurore et puis une aurore.

Car mon amour pour toi, ma mère
Ne pourra se finir jamais
Comme le frisson des ramées
Comme le ciel, comme la mer.

P. Gamarra,
Des mots pour une maman, Éd. Ouvrières

La guirlande de Julie
p. 76 ex. 13

Août pour dire « l'homme est heureux
[d'être homme ».
Septembre pour dire au blé « change-toi
[en or ».
Octobre pour dire « camarades, la
[liberté ».
Novembre pour dire aux arbres
[« déshabillez-vous ».
Décembre pour dire à l'année « adieu,
[bonne chance ».
Et douze mois de plus par an,
mon fils,
pour te dire que je t'aime.

Alain Bosquet,
in *La Guirlande de Julie,* Éd. Ouvrières

Divertissement grammatical
p. 99 ex. 8

On mange la soupe aux choux
Et qui tombe sur des cailloux
Risque de s'écorcher les genoux.

La lettre *x* est la vieille agrafe
Qui fixe encore l'orthographe
Du pluriel des sept noms en *ou*
Qu'on énumérait d'un seul coup :

Bijou, caillou, chou, genou, hibou...

Et puis... Il y a les *joujoux*
Que l'on donne aux petits hiboux.

Il y aurait même les *poux,*
Mais ils n'y tiennent pas du tout.

Pierre Menanteau,
Au rendez-vous de l'arc-en-ciel,
Éd. Ouvrières

Matin
p. 148 ex. 13

Là-bas, ici l'on ouvre des volets,
L'un dort, l'autre déjà transpire dans
[l'usine,
Plus d'un mène sa fille à la classe
[enfantine,
L'un est blanc, l'autre est noir, chacun
[est comme il est.

Ils sont pourtant pareils et font le même
[rêve,
Et le même désir est en nous qui se lève,
Nous voulons vivre plus, atteindre ce
[degré
De plénitude où sont les couleurs de la
[pomme.
Et du citron que le matin vient éclairer.
Nous voulons être heureux, heureux,
nous autres hommes.

E. Guillevic, *Trente et un sonnets,* Éd. Gallimard

Le moqueur moqué
p. 167 ex. 16

Vint à passer un caneton.
— Cette hirondelle est minuscule,
voyez sa taille ridicule !
dit-il sur un ton méprisant.
Or, un faisan
aperçut le canard et secoua la tête :
— Quelle est cette minime bête
au corps si drôlement bâti ?
On n'a jamais vu plus petit ! [...]
— Je n'en disconviens pas.
Tout ceci est fort bien,
tu vas, tu viens,
tu vires,
mais tu ne servirais de rien
sans un chauffeur pour te conduire.

P. Gamarra, *Le mandarin et la mandarine,*
Éd. de la Farandole

Table des illustrations

Imprimé en Italie par V. Bona s.r.l. - Turin - Dépôt légal n° 13009 - Juin 1992